儒學與中國宗教傳統

陳詠明● 著

臺灣商務印書館發行

自序

本書主要從宗教視角研究中國儒學，探討儒家的宗教觀。儒學作爲古代社會兩千多年的正統思想，缺乏當代所謂「宗教」的主要屬性和內涵。如它不以出世解脫爲終極目標，不存在嚴格意義上的、與世俗職務劃清界限的專門的教會或獨立神職人員團體，缺乏其他宗教所建構的宗教性宇宙結構論，其理論體系也不是以先驗性的範疇爲主要支援，在形態上也不存在超驗與世俗的緊張對立。他們的社會政治理想，明顯地訴諸於世俗道德而不是宗教權威。尤其是儒家基本上否定靈魂、神靈和神性意義上的鬼神存在。靈魂觀念是中外宗教的一般特性和理論基礎，而儒教則以無神論的傾向和現實世界的定位凸顯出鮮明特性。

儒教之世俗性的確定，與商周兩代的宗教傳統的特殊性是密切相關的。商代的宗教具有一個不同於一神教或多神教的多元的上帝系統，他們缺乏確定的神話原型，在文明高度發展階段中宗教祭祀與繁多的巫術形式並存。商民族作爲中國上古的東方複合民族，富有熱情奔放的浪漫主義精神，他們把情感更多地投入到祭祀活動本身，而不十分注意所祭祀的鬼神。周代宗教的至上神或天的信仰同樣缺乏神話原始類型或原始意象，又表現出明顯的自然化、規律化、抽象化的趨勢。加之很少顯示神蹟或超自然能力的特徵，造成上帝神性向代表社會秩序的自然法則逐漸轉化。

儒教之理性主義特徵，又能夠從春秋戰國時期的社會歷史找到根源。西周的制度結構以封建宗法制爲中堅，正是宗法制度自身，不斷使許多小宗的貴族子孫在一定世代後自然地遺落了貴族身份，成爲平民。西周宗法制作爲化解內部矛盾、維護貴族團體利益的工具，又天然地製造並壯大最後瓦解自身的異端群體。春秋戰國時期的戰亂加速了宗法制的崩潰，失去貴族身份而又掌握一定文化知識的貴族後裔迅速增多，最終形成一個具有政治主導力量的士民階層。這個社會群體提供了包括儒家在內的參加百家爭鳴的諸子學派。同時他們被拋離貴族階層、或從宗法制之制度的分裂瓦解中破殼而出的時候，本身即成爲一種宗教權威的異己力量，與密切聯繫宗法制的宗教傳統有一種天然的疏離感覺。士民階層在遺失貴族身份的同時，也一定程度上擺脫了神權的羈絆，而能從新的社會地位找到傾向於非宗教性的新的視角審視社會現實。

儒教展示出無神論的特徵，亦與其自身的目的和理論形態之特點有關。儒家的社會理想定位於現實政治的合理性，其價值系統的核心是強調人與人之間的關係，進而推展爲世俗道德體系，而不是基於宗教信仰和人與神之關係上的宗教道德體系。儒家所追求的道德倫理目標的實現，是建立在人們對行爲規範的自我判斷和自我修養的基礎之上的，行爲之合道德性不依靠神的意志和外在的他律約束。另外，儒學建立起《易傳》那樣符合經驗世界的認知模式，使得其宇宙論和自然觀方面停留在理智經驗範圍之內，不越雷池一步。

儒教在科學尚不昌明、宗教權威根深蒂固的歷史語境中保持和發展非宗教性的人文理性精神，還在於兩漢以前的儒學思想家們自覺地利用傳統，自覺吸收一切可爲其所用的文化成果。他們在吸收傳統的理性因素的同時，爲自己的理論精心建設起一種傳統輪廓。

爲了迎合時代潮流，更深刻地接觸人的內心生活，滿足人們之自然情感的需要，儒家策略地利用民間信仰和神秘主義思潮，通過藝術性質的認知方式超越理性的疆界，探尋具有無限可能性的人生意義和完善人的生命意識。他們在弘揚人文理性的同時，注意與感性自然保持和諧，追求理智與非理智的經驗統一性，從而使理性主義精神得到非理性因素的必要補充。這使得儒家的價值系統避免與宗教信仰產生激烈衝突，並能夠長期共存，相互補充。其理論在漫長歷史時期的延續性中成爲具有權威性的新的傳統。

目次

第二部分 儒家學說與宗教

第一部份

商代之「帝」與周代之「天」

第一章　商代之「帝」的多元性

夏、商、周三代文化是中國儒家思想的根源。儘管儒家思想是前代禮崩樂壞、社會體制和文化傳統全面崩潰坍塌之後的新變革和新產物，但畢竟與三代傳統存在著歷史的不解之緣，其中既有繼承也有揚棄。因此，從宗教學的視角考察儒學之性質及其宗教觀，必要以三代宗教傳統爲緣起。

一、儒家學說與三代傳統

儒家與諸子百家中的其他學派相比較，最顯示出其特色的地方在於認眞地保存前代文化遺產，整理並佔有前代文化資源。孔子自稱信而好古，述而不作。雖然儒家並非全盤接受古代的東西，事實上也建立起一套有別於古代的新的價值系統和理論體系。不過比較而言，儒家畢竟最認眞地對待傳統文化，並以《詩》、《書》、《禮》、《樂》、《易》等古代文獻和文化素材作爲自己的文本基礎。儒家學說不是宗教，然而不能不承認它是從前代宗教傳統中脫胎而來的。它的理論，吸收了許多宗教傳統中的營養成分。從宗教的視界考察儒學，則必須以三代宗教爲基礎，由此才能更深刻地理解儒家與宗教的關係，對宗教的態度，以及經過與宗教之異同的比較而揭示的其自身之深層結構。

因此，認眞剖析儒家以前、主要是有文獻可考的商周的宗教傳統，乃是從宗教角度揭示儒學本質的必要而且重要的組成部分。

夏、殷、周皆有「禮」。所謂「禮」，可以說是古代社會的制度和文化之傳統，其中也包括宗教傳統。而且，宗教信仰是古代人類傳統中最重要的內容，最能集中反映各個氏族和部落之間的風俗、習慣和生活方式的差別。在上古，在氏族和部落內部起到集合人群之重要作用的是宗教祭祀活動，所以《說文》把「禮」釋爲「祭神以致福」。然而禮並不僅限於宗教，還廣泛地包括古代不同人群之個體外部的一切行動、思想和感覺的方式。它們逐漸被集體化、固定化、條理化，成爲規定社會行爲的不同法則、規範和儀式，統稱作「禮」。歸根到底，中國古代稱作禮的這些不同的法則、規範和儀式，就是不同傳統的反映。

夏、殷、周三代的禮有所承傳又有所不同。孔子說：「殷因於夏禮，所損益可知也。周因於殷禮，所損益可知也。其或繼周者，雖百世可知也。」（《論語・爲政》）他回顧三代的歷史，認爲殷禮是以夏禮爲基礎、而有所損益因革的；周禮是以殷禮爲基礎而有所損益因革的。所謂「禮」的內容，既有廣義文化傳統的，也有狹義禮教的。我們從廣義上理解孔子所說的「禮」，應該說是三代的傳統。從夏至周三代的傳統發生過繼承與改革的變化，即所謂「損益因革」。最後所成的周禮、即周代的傳統是儒學形成的直接淵源。

從狹義的禮教而言禮，則其意義既非傳統，也不僅限於「祭神致福」。由於宗教信仰和鬼神觀念是古代社會之傳統的主幹，因此談到三代傳統時，宗教觀念是其主要表徵。如《禮記．表記》說：「夏道遵命，事鬼敬神而遠之。……殷人尊神，率民以事神。……周人尊禮尚施，事鬼敬神而遠之。」這大體是說夏道親而不尊，重視政治上的「忠」和四時教令，而不很重視宗廟祭祀，是近人而遠鬼神；殷代尊而不親，崇尚鬼神虛無之事，重視宗廟祭祀而不重視政治禮教；周人也是親而不尊，建立起尊卑貴賤之秩序，重禮教文飾而輕鬼神。按〈表記〉，則夏人與周人之傳統相近，兩者不但都是「事鬼敬神而遠之」，而且皆亦「近人而忠焉」。

可知從夏至周，三代傳統發生過較大的變化，似乎是一個否定之否定的過程。夏代重人事和政治而輕鬼神；商代專重鬼神；周代又向夏代復歸，同樣重人事和政治而輕鬼神，但是建立起社會等級秩序，把這種等級秩序作爲政治的依據。〈表記〉對於殷人和周人之傳統的描述，確實抓住了一些符合事實的特徵，如商代宗教祭祀的繁濫，周代宗法制的建立和宗教的儀式化傾向，都是現在可以證實的事實。另外，按其所述，夏與周的傳統較接近，而與殷代的區別較大，又與現代歷史學影響最大的「夷夏東西說」不謀而合。史學界大多認爲三代爲東西兩大系文明之對峙，殷族屬東系，夏、周同屬西系。儘管弄清夏代的情況很有意義，但我們畢竟不敢相信〈表記〉所說「夏道」的情況。因爲在歷史學和考古學上，現在仍缺乏有關夏代之確實可靠的傳世文獻和實物的證據，難以判斷〈表記〉這幾段太過簡略的介紹，究竟是有所根據，還是出自臆想而又與歷史暗合的？

中國的古史悠久緜長，冥昭懵闇，莫知其極。傳說中最早的夏王朝，按《古本紀年》、《漢書．律曆記》引《帝系》、《帝王世紀》、《通鑑外紀》等文獻所記夏帝年數，或曰四百七十多年，或曰四百三十多年。建國應在西元前二〇〇〇年左右，距今已有四千多年。現代史學界關於夏的年代，一般都認爲約在西元前二十一到前十六世紀。司馬遷作《夏本紀》，記有十七王名字，但事跡很少。按《史記．三代世表序》，他可能主要依據《世本》和《諜記》兩種材料寫成的。然其所列世系，與數百年後晉人在汲塚所發現的戰國時人所撰《竹書紀年》記載大致相合，可證中國歷史上確實有一個夏代。中國與世界其他各國比較，具有一種更明顯的歷史理性，這從後世的治史薪傳便可以得知。故《史記》及相關史籍的記載，和其他典籍中關於夏朝的傳說，不會是空穴來風。

根據從古至今學者之考證，夏部落是由包括夏氏族在內的十多個氏族聯合發展而成的。其活動地區，西至今河南西部和山西南部，東至河南、河北和山東三省交界的地方。夏禹治水的傳說表明夏人活動於黃河流域，與洪水作過堅苦卓絕的鬥爭。在政治上已產生傳子制，這表明已進入父系氏族社會，但也許並不等於原始公社的解體與消滅，僅說明氏族內部已有了特殊顯貴家庭的最初萌芽。夏代是否有文字，也是一個懸而未決的問題，至今沒有發現夏代有文字的可靠證據。

過去商文化與夏文化一樣，也是不很清楚的。按孔子自稱「信而好古」、「好古，敏以求之者」，比起現代學者，去古不可謂遠，所見及所收羅之古籍，應遠勝過現代。

但他猶言「夏禮吾能言之，杞不足徵也。殷禮吾能言之，宋不足徵也。文獻不足故也。足則吾能徵之矣。」（《論語・八佾》）按舊注可能基於孔聖應無所不知的考慮，把「徵」釋爲「成」義，解釋爲「夏、殷之禮吾能說之，杞、宋之君不足以成之」，把這話變成了批評二國君闇弱無能的意思。其實「徵」亦有徵召、徵求之義。即以「成」義論，也未必是說要在杞、宋二國成夏、殷之禮。孔子是提倡周禮的，又主張匯集古今、參酌成之，沒有一定要恢復夏殷之禮的道理。故考其文意，故孔子這段話大意是說周禮資料充足，尚可與論，而夏、殷之禮當孔子之時即已出現「文獻不足」的情況，難以在夏殷之後裔杞、宋二國中徵求到足夠的資料，故孔子雖有聽聞、大體可言，亦不敢妄言。他曾說：「君子於其所不知，蓋闕如也。」（《論語・子路》）對於沒有充分證據的事情，正確的態度應該是付諸闕如。

不過，至一八九九年發現了甲骨文，殷墟出土的大批有字甲骨（此後還有鄭州二里岡發現的三片），終於使孔子感到文獻不足的商代文化顯揚於世。王國維提出以「地下之新材料」，印證「紙上之材料」的「二重證據法」，辨明了許多史料。一九五四年，在山西洪洞坊堆發現西周的有字甲骨，後來又在陝西豐鎬、周原遺址也發現了許多西周甲骨文。加之對出土器物或銅器銘文的研究，使商、周兩代文化呈現出基本特色。

除甲骨文和金文外，《尚書》中的〈商書〉和《詩經》中的〈商頌〉，保存了確實屬於殷代的許多珍貴的原始資料。另《左傳》、《國語》、《竹書紀年》、《世本》和先秦諸子著作中也保存了一些有關商代的零星史料。《史記・殷本紀》記敘商代世系特別系統詳細。後王國維著《古史新證》，利用甲骨卜辭、金文和其他史料對照參證，證明《殷本紀》所述有商一代帝王世系，「雖不免小有舛駁，而大致不誤。」由此證明有關商代的傳說和記載確爲信史。王國維說：

可知《史記》所據之《世本》，全是實錄。而由殷周世系之確實，因之推想夏後氏世系之確實，此又當然之事也。又雖謬悠緣飾之書如《山海經》、《楚辭天問》；成於後世之書如《晏子春秋》、《墨子》、《呂氏春秋》；晚出之書如《竹書紀年》，其所言古事，亦有一部分確實性。然則經典所記上古之事，今日雖有未得二重證明者，固未可以完全抹殺也。（《古史新證》，清華大學出版社一九九四年十二月版。）

對於這個結論，我們以爲是不錯的。不僅是上古之事，即漢人所述先秦諸子的學說內容及源流分合，除了具有全面而無可辯駁的證據外，也不能根據「小有舛駁」即加以妄疑或全盤抹殺。今帛書楚簡等出現，足以證之。然而於不可確證者，也必須付諸「闕如」。如於夏代史實，至今未得到「二重證明」。雖世系可能是眞實的，但史料又散碎不成片斷，且茫昧謬悠，難以作確實的論述。研究先秦上及三代的文化現象，材料辨析是最應愼重的。

夏代史實除一些散見於古籍的零散傳說外，夏代對中國文明所作的貢獻，雖有確實蹤跡可尋，甚至比商之先公時期的資料更少。考古學上發現相當於新石器晚期的龍山文化，尤其是河南偃師二里頭遺址的文化，有些學者認爲可能與夏文化有關。但它們既可能是夏文化，又可能是先商文化、先周文化，甚至可能是其他少數民族的原始文化，沒有一種推斷是完全精確的。夏文化傳統難以考知，可謂「遂古之初，誰傳道之?」

儘管孔子也許沒有見到過有文字的龜甲獸骨和金石，比較現有的文獻，孔子所見的文獻數量要多，整體性要強，時空兩方面的辨析要更加清楚。孔子所難言者，今又未見實物證據，我們更不應輕率對待。關於夏代的歷史，我們只能寄希望於考古學，將來終有一天能取得突破性的進展，憑翼惟像，有以知之。

在此之前，只能非常遺憾地將夏代置諸闕如，而以商、周兩代的信史，作爲考辨儒學之源的依據。

關於中國古代的宗教傳統和鬼神觀念，在殷商與西周兩代即呈現出不同於世界其他民族的獨特形態。殷周之際東西兩系文明融合在一起，商代原有的宗教傳統發生了較大變化，新的宗教觀念與分封宗法制結合在一起，「事鬼敬神而遠之」，呈現出更加特殊的範式。春秋戰國之時，宗教與宗法一起瓦解，破碎的傳統外殼中孵化出一個天然地具有理性基因的士民群體。這個群體是促使傳統產生又一新變的社會載體，其思想意識開儒家理性主義精神和諸子宗教批判運動之先軌。

商、周時期的宗教，以「帝」與「天」這兩個核心概念爲特徵，至關重要。商人崇「帝」，周人尊「天」。雖然它們在宗教意義上講，都有天神的性質，但在其宗教神性的外觀之內，還含有建立在種種不同民族傳統和社會結構基礎上的、內涵和屬性方面的千頭萬緒的差別。以殷之「上帝」與周之「天命」爲象徵的宗教系統本身，可以說是中國傳統文化的源頭，它們之間的接續和過渡，又形成一種初始性的趨向，對包括儒家在內的整個中國傳統文化的發展具有導向性作用。中國古代形成以非宗教性的、理性主義的儒家學說爲主導的、又有多種宗教並存的文化形態，可以從殷周宗教中找到它的基因和萌芽。

殷代宗教呈現出特別令人感興趣的地方是，作爲一個至少經過夏代的漫長歷史時期的高度文明的社會，它的宗教卻仍保持著與巫術的廣泛聯繫，同時擁有一個多元的上帝系統。這個上帝系統泛稱爲「帝」。從表面看，「帝」似乎是與世界其他民族宗教中掌管自然與人類社會的統一的至上神爲同一意義。但進一步觀察，則可知這種「至上」的地位若有若無，上帝自身的本質和神話原型既無可考，其至上地位又被許多具有相同稱號相同權力的「帝」所分享。以至於我們在許多稱爲「帝」或「上帝」者中，根本無從知道哪一位「帝」是至上神。這既不同於世界上的一神教，也不同於多神教。因爲在多神教中，也應有一位主神，他的神格與神聖要高於其他下位神。

而殷代的「帝」卻不是這樣。神的地位雖然也有分別，有些代表自然力的神居於隸屬地位，但是最上層卻有許多同樣神格的「帝」，都可以指揮和命令下屬神，同樣有支配自然和社會的最高權力。

就此而言，我們或許可以稱殷人的宗教爲「平等神教」或「集合神教」？這個奇怪的現象要想得到解答，應該首先考察商民族的風俗、習慣和生活方式，以及與此相關的社會結構。

殷商王朝由於其內部包含許多獨立性相對較強的部落和氏族，它們的生產方式和各自所處的自然環境又是多樣性的，浪漫主義的民族特性允許各種獨立性較強的傳統得以保存下來，形成一種集合而並存的狀態，故構成以多樣性的傳統爲基礎的多樣性文化形態。反映在宗教方面，它就呈現出多元的「帝」並存，神性平等又互不排斥的特殊樣式。它給中國古代的文化和宗教設置了一個與世界其他民族發展具有很大區別的起點。

二、商代社會歷史的特殊性

商代所崇之多元的「帝」系統，蓋與商帝國中作爲組成部分的各個部落、氏族的傳統有密切聯繫。風俗習慣和生活方式之複雜多樣，和浪漫主義的民族特性，是決定商代宗教之特殊樣式的根本原因。

商是一個具有悠久歷史的部族。傳說中商的始祖契至大乙（湯）的先商時期共傳十四世，大體相當於歷史上的夏代。從湯滅夏以後到帝辛，是歷史上的商王朝。商滅夏後的活動地域，主要在河南安陽、洛陽、鄭州一帶。但關於商最早的地望，是史學界一個長期爭論的問題。按古代司馬遷、許愼、鄭玄、皇甫謐、徐廣等人的說法，商族起源於西方，其興起地商和亳在西土。至近代隨著考古學的成績，以及近代學者更進步的考證方法，始主張商族起於東方。徐中舒從一九三〇年即提出：「就其遷徙之跡觀之，似有由東而西漸之勢，與周人之由西而東漸者，適處於相反之地位。」（徐中舒〈殷人服象及象之南遷〉，《歷史語言研究所集刊》第二卷第一期）

至傅斯年提出「夷夏東西說」，始成三代歷史不刊之定論。

商原是一個居於東方的大的部落或小的氏族，發祥地在山東。按《史記集解》引譙周言，商代共歷三十一世，六百餘年。又引《汲塚紀年》說：「湯滅夏，以至於受，二十九王，用歲四百九十六年」。前代學者認爲後一說較爲可信。大概契之孫相土在位時，以武力控制和征服了鄰近的許多部落，勢力始大。《商頌．長發》曰：「相土烈烈，海外有截。」商族這時期的勢力可能已達渤海沿岸或遼東半島。

在相土之後，還有成湯和武丁兩個時期開疆拓土，版圖漸大。《商頌》於湯曰：「武王載旆（《毛傳》：武王，湯也），……九有有截（九有，指九域、九州；有截，齊一貌）。韋顧既伐（韋，豕韋，夏時小國名，彭姓。在今河南滑縣附近，爲商湯所滅。顧，亦作鼓，夏時小國名，己姓。在今山東鄄縣附近，亦爲商湯所滅），昆吾（昆吾，夏附屬國名，在今河南濮陽縣附近，亦爲湯所滅。陳奐《傳疏》：按夏商之際，昆吾最強盛。顧在其東，豕韋在其西。湯伐韋顧，鋤其與黨，而昆吾已成孤國之勢）夏桀。」（〈長發〉）於武丁說：「商之先后，受命不殆，在武丁孫子（王引之《經義述聞》：疑此文兩言武丁，皆武王之僞，而武王靡不勝，則武丁之僞）。武丁孫子，武王靡不勝。龍旂十乘，大糦（盛大祭祀用的酒食）是承。邦畿千里，維民所止，肇域彼四海。四海來假（假，至。四海的諸侯皆來朝見）……。」（〈玄鳥〉）

史傳自契至於成湯十四世，經八次遷徙始居於亳。這八遷蓋皆在山東境內。其後漸漸向中部移動，渡河而居。仲丁遷於囂，乃今河南鄭州附近；河亶甲居相，祖乙遷於耿，盤庚遷於殷（河北安陽），由湯至盤庚又五遷。蓋殷人之遷，前八後五，此後才定居下來。如《竹書紀年》所謂「自盤庚徙殷，至紂之亡，二百七十三年，更不遷都。」但涉河遷殷以後，商朝的勢力仍向西北方發展，最終形成一個東起海東，西至岐陽的大帝國。

從商的開疆拓土到從契至盤庚遷殷這樣多的遷徙中，我們可以推想，商是兼併了很多部落和小國而成的，地域應超過夏代。

遠古之人對自然環境的依賴性很強，這樣多的氏族、部落和方國依不同的地理環境理所當然地保持著不同的生活方式和風俗習慣。況它的統一，主要是以武力完成的。所以說：「昔有成湯，自彼氐羌，莫敢不來享，莫敢不來王，曰商是常。」(《商頌・殷武》)至遲在盤庚時代，商王已成爲帝國君主，而不是氏族社會中的軍事酋長了。而除了刑罰和經濟交流之外，各個氏族、宗族和方國在文化上缺乏深層次的認同，各種傳統在很長時間內也保持著不同程度的獨立性。儘管隨著交往的擴大，個別家族、宗族可能離開原氏族的土地，至新開墾的地方去或和沒有血緣關係的集團雜居，從而發生文化融合。但是這個帝國在某種程度上說，還是屬於所謂「人類的共同生活」，而不是有機地結合的社會，故其文化融合的深度是有限的。

「商」是一個帝國或歷史時代的稱謂，如果我們把商稱作民族的話，這個民族是許多氏族和部族複合而成的，社會結構比較疏散，文化傳統呈多元性，尚未如後世那樣融化爲有機地結合的一元結構。

從基本生產方式而言，商是一個兼有游牧和游耕、保持著遷徙習慣的社會。

商代歷史最引人注目的就是不斷遷徙的記載。僅從確實的記載而言，以湯爲分界，共有前八後五共十三次遷都。商前期的先公先王們爲什麼要「不常厥邑」（〈盤庚〉），屢遷不止？對此歷來衆說紛紜，莫衷一是。雖然現在出土的文獻材料越來越多，但是要對某一特定問題，作深入細緻的考察，仍然嫌少。

最多的解釋是商人爲避河水爲患。根據春秋以後的傳說，契幫助禹治水有功，被舜封爲司徒。因此推想黃河下游是一個洪水經常爲患的地區，殷人避洪水而遷。

但是河患說很難成立，因爲在直接的古文獻和殷墟刻辭中幾乎看不到有關河患的記載。《盤庚中》有「惟涉河以民遷」，「殷降大虐」等文字。但若爲河患，則難以涉河，所謂「大虐」也未必指水患。最不通的是若河水爲患，人們會自覺遷移，不必盤庚一再動員，強迫威脅。《尚書・序》說：「盤庚五遷，將治亳殷，民咨胥怨。」商民非但不同意遷徙，反而怨氣沖天，顯見河患說不合情理。

如果說商人是游牧民族，故多遷徙，但據考古和文獻記載，商人在盤庚以前，農業經濟已占很大比重。如《盤庚上》說：「若農服田力穡，乃亦有秋」；「惰農自安，不昏作勞，不服田畝，越其罔有黍稷」。證明商人早已重視農業。可知水患和游牧兩種解釋的理由都不十分充分。

在一九四四年，傅築夫提出商代可能是處於「游耕」或「游農」階段，與刀耕火種相近，耕作幾年後地力耗盡，只得另遷他地。傅築夫《殷代的游農與殷人的遷居》說：「三千多年以前的殷人，不可能瞭解土地收穫的減少，是由於土地的肥沃力有一定的限度。他們只是從長期的經驗中，體會出在一個地方度過若干歲月之後，必然發生收穫遞減的現象，他們以爲這是上天降下來的災殃——『殷降大虐』，不許人們永久住在一個地方，故非遷徙不可。及遷到一個新的地方以後，又獲得豐收，所以盤庚才說：『視民利用遷』，說：所以要遷到新邑中去，正是爲了你們大家的利益，而這個利益是大家所一致要求的，這個利益就是大家切身的經濟利益。」（傅築夫《中國經濟史論叢》上冊，三聯書店一九八〇年版）

這種解釋很有啓發性，出土的殷商文物中有石器農具和較少的青銅農具，可知殷民已懂得耕作。隨地力而遷，是許多原始民族的習慣，也是一種保持自然生態平衡的天然的生活方式。不過按現有的史料，殷民不止「游耕」或「游農」，大概在地域廣大的商帝國中，還有不少保持「游牧」習慣的部落。游農與游牧及其他從事手工業等不同生活方式的部落和氏族，共同組成商帝國，可能是商代的歷史眞實。

然而僅從經濟的角度解讀歷史，並不足以說明問題。如按照初民從採集、漁獵、游牧進化到農耕，已成爲解讀歷史的必然規律。但殷人似乎不完全遵循這樣的規律。從現有文獻來看，商代多有關於畜牧的記載，出土亦多牛羊獸骨。商之各族似乎既從事耕種，又保持著放牧的習慣。按傅築夫從「切身的經濟利益」提出的「游農」說，也不具有特別的說服力。如從經濟利益考慮，如同水患說一樣，商民反對遷徙和盤庚不作解釋都不合情理。況既已發展到農業社會，必然懂得施肥耕作，何必要離家棄舍、隨地力而遷呢？

我們認爲，除了經濟的原因之外，地理環境所造成的民族心理或民族特性是主要原因。

商人之特點，不在於屬「耕」還是屬「牧」，而在於「游」。

商和東北、渤海沿岸以及淮夷，都有祖先是由卵生的神話，說明商和東方各部族在文化上有深刻的接觸和混合。文化上的深刻融合，還與他們居住的共同自然環境有關。傅斯年的《夷夏東西說》論到，隨便看一個有等高線的中國地圖，「不免覺得黃河下游及淮濟流域一帶，和太行山及豫西群山以西的地域，有個根本的地形差別。這樣東邊一大片，是個水道沖積的大平原，除山東半島上有些山地以外，都是些一二百公尺以下的平地。」又說：「我們簡稱東邊一片平地曰東平原區，簡稱西邊一片夾在大山中的高地曰西高地系。」這樣把上古中國的地形分爲東西兩大區域，文化亦分爲東西兩個系統。「可說夷與殷顯然屬於東系，夏與商顯然屬於西系。」（見《國立中央研究院歷史語言所集刊外編第一種慶祝蔡元培先生六十五歲論文集》一九三三年一月）這些論斷眞是分外精彩。

由商人活動的東平原區來看，地形開闊平坦，多有澤渚，黃河下游水土肥沃。若非人工築堤坊，黃河直無水道可言，甚至淮濟遼洮等某些區域也可能平展到河流無定的狀態。它包括山東、河北、河南、安徽等省平原地區（大體有現在華北平原、山東半島，南達安徽北部的淮河平原），經沿海一線通東北平原，是世界上極平的大塊土地之一。加之上古地廣人稀，氣候適宜，是絕好的大農場和大牧場。在這樣自然環境中長成的民族，一定比別的民族發展更快。除東北平原屬於中溫帶之外，商族活動地區大多屬於暖溫帶。它不像熱帶的一味酷熱使人消沈和懶惰，也不像寒帶一味嚴寒使人僵硬遲鈍。春夏秋冬四季的鮮明變化使商、夷民族情感豐富、感受細膩；開闊的平原、無定的河道使他們的性格奔放不羈，無拘無束。在他們疆域的四周極邊是大海、山脈，中間也有寬闊蜿延的河流和兀然而起的泰山等各種風景，這使商夷各族富於想像力和藝術靈感。自然的富饒和物產的多樣，又使他們不必過多地爲生存憂慮，有餘裕保持獵奇和遊戲的心態。不過在古代，人與自然進行鬥爭的手段有限的情況下，各種各樣的自然災害，諸如水旱之患，雷火之災，也在無垠的平原中以最無情的形態暴露無遺，這造就了他們的激情和敏感。同樣是自然的富饒與災害，也喚起他們內心一些貪婪和殘酷的道德缺陷。整體而言，自然環境使商夷民族具有浪漫主義的特性和氣質。

商人所具有的浪漫主義民族特性，也是他們在暢通無阻的平原「不常厥邑」，屢遷不止，游農且游牧的原因之一。

王國維、顧頡剛等先生通過《周易》之〈大壯〉六五爻辭、〈旅〉上九爻辭，和《山海經．大荒東經》、郭璞《山海經注》引《眞本竹書紀年》、《楚辭．天問》等資料，考證出商的先祖王亥喪牛羊於有易的故事（見王國維《殷卜辭中所見先公先王考》

和顧頡剛《周易卦爻辭中的故事》），大概就是一個例證。

有易（即有扈）可能是大河以北、易水左右的一個部落，商的先祖王亥在那裏被殺，被搶走了許多牛羊。《楚辭·天問》說：「有扈牧豎，云何而逢？」王亥爲什爲要到有易那個地方去？這才是應該思索的問題。也許他是去作交易，販賣牛羊；也許是如王靜安先生推測的是「游牧」到那裏。不管哪種情況，都說明是王亥主動去有易部落。而且不是爲了戰爭。後王亥弟王恒奪回牛羊，其子上甲微因殺父之仇，與有易爭戰不寧。

商代的文明在那時已達到相當高的程度。按有關資料，「服牛乘馬」的創造（如《世本》記載：「相土作乘馬」，「胲作服牛」），大概就是在王亥這一代完成的。王亥去有易，不在前八遷之內，卻帶了一部分人口。王國維《古史新證》說郭璞注引《竹書》曰「殷王子亥賓于有易而淫焉，有易之君爲君殺而放之」中的「王子亥」，即爲「王亥」。引文中的「淫」字，能說明是王亥到有易以後，先作出不軌之事，方招殺身之禍。依稀可見商族即使在有定居的根據地的情況下，其王也保持著「游」的習慣，常與其他部落或氏族不期而遇。那麼商前期的十數次舉國而遷，或遷都之事，都不需要特別充足的理由。當爲商族的性格使然，在一地住久了，只出於興之所致，由商王個人作出遷徙決定，也可成行。

甲文中常見祈「年」求「禾」的卜辭，可作爲農耕社會的證據。然而那些對風、雨、雷、雪等天氣的占問，不能說與畜牧全無關係。卜辭中記載對先王或神靈的祭祀，極爲奢侈地大量使用牛羊。如商後人對高祖亥的祭祀，其牲用五牛、三十牛、四十牛乃至三百牛。再如「庚戌卜，䏣耳鳴，侑禦于祖庚，羊百」（《合集》二二〇九九）、「兄丁延，三百牢」（《合集》二二二七四），甚至有用「千牛」（《合集》一〇二七）者。這樣的例證不勝枚舉。如果不事畜牧生產，哪裡得有這樣多的牛羊呢？問題不在於「農」還是「牧」，關鍵在於「游」才是商之民族心理、以及與之相關的生產方式的特徵所在。

〈既濟〉九五爻辭說：「東鄰殺牛，不如西鄰之禴祭，實受其福。」《禮記・坊記》引此，鄭玄注：「東鄰謂紂國中，西鄰謂文王國中。……西鄰禴祭，則用豕……喻奢而慢不如儉而敬也。」（《漢書・郊祀志下》顏師古注云：「東鄰謂商紂也，西鄰謂周文王也。」認爲禴祭是「瀹煮新菜而祭」。）在商紂殺牛祭祖的時候，文王只能殺豬進行禴祭。對這句爻辭，後儒賦予「修德」、「儉而敬」、「得時」等意義，但如果有條件的話，在修德誠敬的前提下，奢又何妨。有的學者認爲事涉祭祀的權力，在不同的祭禮之祭品上王者與諸侯有規格上的分別，對諸侯有所限制。這也是依據後世文獻所作的推測，又與注疏有矛盾。其中是否包含這樣的意義，今已難確知。不過，按照鄭注它表現的是「奢」與「儉」的區別，或許反映出當時經濟方面的一種現實。商民富有牛羊，而周與之相比，則牛羊匱乏。所謂「實受其福」，不免包含著聊以自慰的成分。可知直到殷代末年，畜牧業仍是商族的主要經濟活動之一。而商王朝從始至終都保持著耕種兼畜牧的傳統。

商至盤庚之後不再遷都，蓋因國家疆域漸大，人口增加，不像較早時期那樣容易遷徙了。然而浪漫氣質不以遷徙或遷都爲唯一特徵，它還表現在社會生活各個方面。

一般而言，農業社會的文明應勝於遊牧社會的文明，也應勝於耕種兼畜牧社會的文明。但事實恰好相反，從考古學的發現來說，殷商出土大量精美的青銅器物，在注重發展農業的周族則很少見，且式樣種類及工藝均落後於商。在商末周初，周原一帶才出現一些仿商朝的青銅禮器和兵器。周至文王時期經濟還非常落後，是史學界一致的意見。

出土的商代文物中，青銅器的鑄造工藝很複雜。一九三八年在安陽武官村出土的「司母戊大方鼎」，通高一三三釐米，重量達八七五公斤。其他如陶器、紡織（包括蠶絲織業）、骨、角製品、石雕、皮革、漆器、竹木器、舟車製作等，表明手工業也非常發達，很多器物只有在專門的作坊中才能生產製造。由此推測，商代存在專門從事手工業和商業的群體，也許有氏族或部族世代從事某一行業。

與燦爛文化和浪漫主義的心理內容相映成趣，商代社會結構亦呈現特殊的文明形態。

商帝國本身是以商方爲首的許多方國和氏族、部族組成的聯合體。《史記·周本紀》記載隨武王伐紂的諸侯有八百，當時稱「伯」、「侯」者實即一國之君，可知商代末年還存在許多方國。甲文習慣稱「國」爲「方」。按現在對殷墟刻辭的統計，所記載的方國近一百五十個，這只是就現存資料而言，可知有商一代，方國實在很多。

殷墟卜辭的內容，透露出在先商時期存在衆多近似於部落或氏族的方國。在長期交流和較量中逐步形成聯合體。這個聯合體的核心是一個最強大的方國。作爲核心方國的王就是整個聯合體或帝國的共主。商王朝的核心方國是「商方」。從刻辭知道，商方在商代還簡稱爲「商」，其主要都市有「大邑商」（今河南商丘）。商王是商王朝中各方國和氏族的共主，是商帝國的王。

如《商頌・長發》所謂「外大國是疆，幅隕既長，有娀方將，帝立子生商。」其中「外大國是疆」指京師之外的大國（孔疏），由於集合了王畿之外的方國，方得以擴展疆域，幅員廣闊。此說雖指虞夏之世，實爲商代情況。《商頌・玄鳥》所謂「古帝命武湯（古猶昔也），正域彼四方。方命厥后，奄有九有。……邦畿千里，維民所止，肇域彼四海。」可知從成湯到武丁，都是通過征服方國而擴大其疆域的。通過控制周邊（四方）方國之君（厥后），然後覆有九州，得以建立商王朝。武丁開邊拓土，實際直接統治的王畿，亦不過千里。也是通過武力號令方國諸侯，使其封疆擴展到「四海」（註：此爲誇張之辭）。孔疏：「殷之邦畿之內，地方千里，維是民之所安止矣。……言高宗爲政，先安畿內之民，後安四海之國，以爲己有。由此能有彼四海。故四海諸侯，莫不來至。」這裏的「邦畿」或「王畿」，應爲卜辭中的商或商方；「先安後安」之「安」，抑或爲征服統治之意，也不排除因經濟交流而自願加入者。而來至的「四方厥后」和「四海諸侯」，就是加入殷商聯合體的方國之君。

按《孟子・盡心下》、《荀子・儒效》、《史記・周本紀》、《淮南子・泰族》等文獻記載，武王克商的牧野之戰中，紂的軍隊紛紛倒戈以迎武王。當代發現的「利簋」銘文有「克，昏夙有商」記載，旦夕之間就攻克商，似可證實。而商的軍隊也是由各方國和部族的人衆組成的，這大概也是紛紛倒戈的原因之一。

這個聯合體性質的帝國主要是依靠經濟交流和壓制力量維繫的。在它之外，還存在許多敵對的方國和氏族，卜辭中有關它們之間互相攻伐的記載不勝枚舉。甚至殷的滅亡，也與征略叛變或敵對的方國有直接關係。商末帝乙和帝辛都與東夷發生頻繁的戰爭，《左傳．昭十一年》：「紂克東夷而隕其身」，〈宣十二年〉：「紂之百克而卒無后。」這也是造成社會長期動蕩不安的原因。

商代的方國，是以部落或氏族爲基礎原始地發展形成的，不是由商王一一封建的。它們具有較強的自主性和獨立性。它們有的完全臣服，有的比較友好，有的則始終與商王朝爲敵，皆視彼此不同時期的武力強弱而定。這與由周天子認可和分封的諸侯國有本質的區別。商王是具有獨立性比較強的方國和部族「來至」的聯合體或集合體的領袖，而周王則是集中統一的西周王朝的天子，亦有實質性的分別。

《左傳．定四年》載周初分封魯國的情況，有「殷民六族：條氏、徐氏、蕭氏、索氏、長勺氏、尾勺氏。使帥其宗氏，輯其分族，將其類醜，以法則周公。」又分封衛國「殷民七族：陶氏、施氏、繁氏、錡氏、樊氏、饑氏、終葵氏。」可知「殷民」作爲商王朝的中堅，除了其後征服的部落和方國之外，本身仍保持著最初近似於部落和氏族聯盟的性質，其後這個方國聯合體經一定程度的融合轉化爲不同的宗氏和分族。蓋由於還未出現同姓不婚制度，血緣關係未充分融合，再加上豪放不羈的商夷民族心理，各自仍保持著各自的習俗，聯合得並不十分緊密，合而不全同。故商帝國雖然發展到中後期，政治上的統一逐漸強化，但直至商亡，殷民的宗氏仍分得很清楚。

由此可以推測，僅魯、衛之地就有殷民十三族，另如齊國等其他地方應還有存在。而有商一代，殷民幾百年仍保持著一定程度上的共同生活的聯合體性質，延續著各自的血緣關係和傳統，以致周初還分得如此清楚，可知殷民各族在生活方式應不盡相同。其中有的以農耕爲生者，也仍有以畜牧爲生者，其比例似不在少數。從出土文物的檔次和規模看，其他脫離農業和畜牧而專門從事手工業或商業的人數亦不少。

商是畜牧兼耕種的社會。其內部之宗、族的生活方式和習俗的多樣化一直保持下來，與居住於東方平原的各個部族之共同的心理特徵有關。他們既有不受羈束的性格，也不注意約束他人，故使商帝國雖然在整體上呈統一的形式，但內部卻自始至終皆保持相對鬆散的狀態。

比較多樣化的生產方式也容易從各個角度、比較多方位地接觸、感受自然，並順從各種自然環境而形成不同的風俗習慣。於是，在鬆散聯盟中各個部落氏族都按照自己的神話原型，構造出代表不同傳統（祖先）的多元的「帝」。由於族群之「共同生活」的特殊社會形態，商代出現一個「帝群」，卻未產生一個確定不變的、至高無上的唯一上帝。

商代的王位承傳是以兄終弟及爲主，而不是像其後中國歷史上父子相傳的制度。《史記．殷本紀》說：「自中丁以來，廢適（通「嫡」）而更立諸弟子，弟子或爭相代立，比九世亂，於是諸侯莫朝。」這是太史公依據後世的制度而產生的誤解。商代實際一直實行以兄終弟及爲主的傳統。在中丁以前，包括史書裏失傳了的更早期的殷之先王，都是兄弟相傳。如王恒爲王亥弟，繼亥爲王。

蓋商是一個多部落或宗族組成的方國聯合體、畜牧兼耕種的王國，則年壯的弟弟方有能力進行統治及排解內部的紛爭。有時父死子立、或侄輩立，則是子侄已年長的情況。如按《殷本紀》所記：大丁死，其弟外丙立；外丙死，其弟中壬立；中壬死，大丁之子大甲立。外丙及中壬皆大丁之弟，先後繼位。《殷本紀》說他們共在位七年，如大丁死時其子大甲爲十一二歲的少年，經兩帝後則已長成，已可勝任。也有弟死立弟之子的情況，蓋亦多視年齡而定。

兄終弟及是殷商的主要傳統。至於《史記》所言「爭相代立」的情況，是古代哪一種制度都難免發生的。但這種繼統制是商文化呈多樣性的制度方面的原因之一。

商王死後被尊爲帝，如弟尊兄，侄尊伯，在心理上顯然缺少子尊父那樣的權威感。殷商沒有建立起周王朝那種嚴格的血緣宗法制度，反映在宗教觀念上，上帝的權威相對而言也是比較分散和削弱的。

殷代雖然以上帝或帝爲最高神，但其權威則像商王的權威一樣，遠遜於周代之王。商方內部氏族保持多樣性的生活方式，以及與其他方國相對較爲鬆散的聯合，則出現上帝、北帝、西南帝等名目的自然神性質的最高主神，同時又有上下帝、文武帝、帝某等名目的祖先神性質的主神。但這些帝之間統屬關係不清，缺乏系統性。在甲文中，帝與其他神靈具有上下或隸屬的等級關係，但各種「帝」之間的地位和關係、神性和能力卻表現得比較混亂，不很明確。這可說是一種高位神多元並立的現象，是商代社會結構的特殊形態在宗教上的反映。

三、殷墟甲骨卜辭中「帝」的神性與地位

在甲骨卜辭和商代文獻資料中出現的「帝」或「上帝」，其最主要的特點之一，就是缺乏明確的神話原型。他或他們爲自然神還是祖先神，兩者是否是統一的？學術界歷來有不同意見。郭沫若認爲商代的上帝是殷民族的始祖，由祖先神而成爲至上神。（《郭沫若全集》歷史編第一冊，〈先秦天道觀的進展〉）侯外廬等學者與此大體相同，認爲商人的宗教觀是一元的，先王和「帝」都統一於祖先崇拜之中。（《歷史研究》一九八四年第一期，〈我對中國社會史的研究〉）陳夢家則認爲上帝在商代是自然神而非祖先神，所謂上帝亦非屬於至上神。（中華書局一九八八年版，《殷墟卜辭綜述》）

所以造成這樣的分歧，大概是因爲缺乏確定的神話原型所致。蓋上古各氏族或部族之生活方式的自然形態，形成各種各樣的神話原始類型或原始意象。在神話之後出現的宗教，其神靈崇拜和鬼神譜系中都能找到這種原始類型。而在商代的宗教中難以澄清上帝的原型，大概是衆多氏族或部族不斷合併，又保持各自生活方式的相對獨立性的情況下，各種原始意象不斷複合，也因爲同樣保持著相對獨立性而造成混亂。由於特殊的社

會歷史原因，沒有外部的力量進行干預和綜合，不能讓一種原始意象占主導地位，也不能有機地合成新的神話原型，最終使複合與混合的原型失去了確定性和清晰性。

從商代較早的武丁時期的甲骨卜辭中，就發現了「帝」的稱號。但其中「帝」字多見，而「上帝」並不多見。卜辭中的「帝」是天神，有神奇的威力。

其一、「帝」具有超自然的力量，可以令風令雨，支配自然界。如「貞，今三月帝令多雨。」（《甲骨文合集》一四一三六）「貞，帝其及今十三月令雷。」（《合集》一四一二七正）「翌癸卯，帝不令風，夕霧。」（《合集》六七二正）帝可以命令下雨、颳風、打雷。

其二、「帝」可以控制人類社會，爲害或福佑人間。如「戊申卜，爭貞，帝其降我黑，一月。」（《合集》一〇一七一正）「帝降其摧（摧，原指鳥害，引申爲災害之義）。」（《合集》一四一七三正）「帝唯其終茲邑（終絕此城邑）。」（《合集》一四二〇九正）「貞，帝其作我孽。」（《合集》一四一八四）以上爲製造災難或爲害。「貞，唯帝肇（肇，疏導義）王疾。」（《合集》一四二二二正丙）「王作邑，帝若（佑）我。」（《合集》一四二〇〇正）「來歲帝降其永（引申有美善之義），在祖乙宗，十月卜。」（《小屯南地甲骨》七二三）「帝受（授）我佑。」（《合集》一四六七一）

從殷墟刻辭來考察，商王常把逝世的先王尊爲帝，與人王有直接的血緣關係，可以確定爲祖先神。但大多卜辭所祭祀所祈求之帝，並沒有明確的身份可考。支配自然現象的帝是否屬於自然神，干涉人間事物的帝是否即爲祖先神，都是不確定的，這兩種角色經常互相轉化。

首先，殷契中存在衆多的「帝」，但無法確定哪一個是凌駕於衆帝衆神之上的始祖神。卜辭中有「高祖夒」之稱，《國語．魯語》：「商人禘舜而祖契」；《禮記．祭法》：「殷人禘嚳而郊冥，祖契而宗湯。」王國維根據有關文獻，又按字之形「相近」、音通轉，疑卜辭中的「高祖夒」即帝俊、亦即帝嚳。郭沫若更進一步，以爲高祖夒、帝俊、帝嚳再加上帝舜，實是一人。但這些說法在甲骨金文和有關文獻中很難得到一貫性和普遍性的證實，畢竟「形相近」或「音相近」等理由不是很可靠的。王國維說關於卜辭中的「高祖夒」，「疑非嚳不足以當之矣」（《古史新證》）。但他也只是說「疑」，推測之言。實際卜辭中稱「高祖某」非夒一人，如卜辭中還有「高祖河」（《合集》三二〇二八）、「高祖亥」（《屯南》二〇一五）等，所以商的先王都可稱「帝」。稱作高祖某者也不一定是地位最高的唯一的始祖。商人是否把始祖看作是不言自明的、與其他「帝」相區別的、稱爲「上帝」的至上神，也沒有確實證據。

其次，要強說有一個最高位的至上神，也很難確定他屬於自然力的擬人化還是屬於與民族起源神話傳說緊密相關的祖先神。有的學者考證殷人以祖先帝俊（帝嚳）爲上帝，是日月之父；又有認爲殷人以帝俊（帝嚳）爲日神，祭日就是祭祀帝俊（帝嚳），帝俊（帝嚳）是上帝。縱使按郭沫若等人的意見，將夒、嚳、俊、舜都視作同一，也難考定這個上帝是祖先神還是自然神的性質。按《說文》，「夒」爲「貪獸」或「母猴」，而帝俊（帝嚳）在一些神話傳說中又稱爲日神。一般而言，殷人上帝究竟爲祖先神抑或自然神，無法作出沒有反證的確切判斷。它的神話原始類型已經因複合而混淆或遺落，所以把它視作沒有固定的區別，隨時可以相互轉化方比較客觀合理。

與其他宗教的至上神相比，有關殷人之「帝」和神靈之神性的記載與傳說，大都與人們直接接觸的自然對象或生活現象相聯繫，其職能很少涉及世界起源和生命由來之類的根本性問題。

其他宗教中的至上神，皆具有最高權威和能力。他應該是全能的，其他神靈的超自然能力均遠遜於他並聽命於他。但卜辭中一方面說「帝」可以令風令雨，作爲自然神的風、雨、日、雲等歸其統屬。如「燎帝史風，一牛。」（《合集》一四二二六）其中「史」作「使」，這裏是說用一頭牛向上帝的使臣風進行燎祭，表明商人認爲風是「帝」的使臣。這裏「帝」似乎是最高的自然神。但另一方面，殷人的先公先王也能直接統轄風、雨等自然神。如「河令雨」（《殷墟乙編》三一二一），「求雨於上甲，……」（《合集》六七二正），「庚戌貞，其求禾於上甲」（《合集》一一一一〇），「唯上甲偬雨」（上甲阻止下雨，《合集》一二六四八），「壬申貞，求禾於夒，燎三牛，卯三牛」（《合集》三三二七八），「貞，往（禳祭）於夒，有從（縱）雨」（《合集》一四三七五）。是謂殷的先公夒、河或上甲等也具有令雨，賜予豐年等神通。那麼作爲祖先神的河的能力、權威也不次於作爲自然神的帝，甚至他們本身也是「帝」。這似乎形成一種政出多門的局面。

有的學者解釋說殷人向祖先求雨祈年等祭禮，是把祖先作爲媒介，通過祖先來祈求上帝。但這與許多刻辭文意不合，如「帝受（授）我佑」（《合集》一四六七一）這一條，明明說帝與「我」可直接交流，何必需祖先作媒介？「唯上甲偬雨」條，表明祖先亦有直接支配自然力的能力，亦無需再向帝求。故這種解釋缺乏說服力。

殷人的上帝與其他神靈隸屬關係不清，缺乏明確的等級分別。卜辭中有「王侑歲於帝五臣正」（《合集》三〇三九一）等語。這是說王向「帝」的五位臣下（臣正）進行侑祭和歲祭。這裏的「帝」可指統屬其他自然神的「帝」，所謂「五臣正」也可指風、雨、雲等自然神而言。因爲除了「帝史風」之外，還有「燎於帝雲」（《合集》一四二二七），以及帝之「令雷」、「令雨」等語詞。

然而另一方面，所謂臣或臣正等語，也可以理解爲先王的大臣或「舊臣」。如卜辭中有不少對商代大臣伊尹、伊爽、黃示、咸戊進行祭祀的詞句。如「其有匚伊尹」（《屯南》一八四），指匚祭伊尹；「癸丑卜，侑于伊尹」（《合集》三二七八六）；「壬申，剛于伊爽」（《合集》三三二七三），剛亦爲祭名；「其衛于黃示」（《合集》六三五四反）；「貞，侑於咸戊。」（《合集》三五七〇）等。

有些生前建立大功的舊臣，死後可以和商之先王同時祭祀，在祭祀中與先王處於同等地位。這是商代特有的而在後世沒有出現的文化現象。如「甲申卜，侑伊尹五示」（《合集》三二三一八），五示，指五位先王，這句話是說對伊尹和五位先王同時進行侑祭。「丁巳卜，侑於十位：伊又九。」（《合集》三二七八六）這裏把伊尹和先王並列，伊又九，是說伊尹和九位先王，共是十位。從商代即開功臣配享先王的制度。如「癸丑卜，上甲歲，伊賓。吉。」（《合集》二七〇五七）意思是歲祭上甲，伊尹配享。賓，在這裏是配享之義。上甲居殷人先公先王之首，伊尹爲祖乙時大臣，相距五六代，可證《呂氏春秋．愼大》「祖伊尹世世享商」之說。所謂「功臣配饗之禮，由商人始也。」（宋高承《事物紀原．禮祭郊祀．配饗》）

功臣甚至可以配享上帝。如「貞，咸賓於帝」（《合集》一四〇二），咸戊可以與先王一樣配享上帝，又伊尹、黃尹等也可先公先王一樣稱「示」，這樣高的待遇在後世絕無僅有。

商人還認爲人臣在死後也能具有與帝或先王一樣的神威和能力。如「貞，咸允佐王」（《合集》二四八正）。從這條卜辭看，咸戊死後的神威不下於帝或先王，因爲從其他卜辭言，能否佐王的，只有帝或先王。此處卻說咸允（咸戊）佐王。像這樣的說法不止一見，其他如「咸戊偬王」（《合集》一〇九〇二）。又「其甯風伊」（《合集》三〇二五九），不但可以佐王，像伊尹這樣的大臣還可以「寧風」、即息風，那爲與上帝的令風令雨差不多同樣神通廣大。

因此，卜辭中出現諸如「帝正」（《合集》三六一七一）、「帝史」（《合集》三五九三一）、「帝臣」（《合集》二一七，一四二二三）、「帝五介臣」（《合集》三四一四八，《屯南》九三〇）、「帝宗正」（《合集》三八二三〇）等稱謂，只知他們是上帝之臣屬。但究竟是作爲自然神上帝所屬的自然神臣屬，還是先公先王之臣屬死後而成的神靈，是無法判清的。這並不是現在的人因爲文獻缺乏造成的，而是因爲商代人自己就沒有建立起一個條理嚴密的鬼神系統。

商代的帝或上帝不能確定是一個具體的自然對象或祖先對象，兩者往往是可以互相轉化的。缺乏明確的不均等關係又使他們的神性、位格和權能呈現出虛假性的齊一化，成爲沒有神話原始類型而有社會集體喻意的上帝群雕。

四、「帝」為商人先公先王的通稱

商人習慣把死去的父兄尊稱爲帝。故甲骨刻辭中所見之「帝」，有許多是商人先公先王的通稱。

考察商代先公先王的名號，同名者多，而且習慣用祖、父、兄等通稱。爲了加以區別，甚至還用大、中、小及一、二、三等數位序列。卜辭中出現大量這種情況，可證明「帝某」之類也屬於通稱。

武丁時稱自己的生父小乙爲「父乙帝」（《合集》二二〇四）。在武丁以後的祖庚、祖甲時期，發現甲骨卜辭中有稱武丁爲帝丁者。如《合集》二四九八二有兩條刻辭：其一爲「甲戌卜，王曰貞，勿告于帝丁不茲」，另一則有「父丁」語。這似乎可證帝丁即父丁。故有些學者認爲武丁的兒子祖庚、祖甲除了稱他們的父親爲「父丁」外，又加以「帝」之尊稱，而稱爲「帝丁」。由現存材料可證明商王死後稱帝，不遲至殷末帝乙、帝辛（紂）時，而最早見於祖庚、祖甲時期。

另外，廩辛、康丁之父也被尊稱爲「帝」。如卜辭中有「貞，其自帝甲有延。」（《合集》二七四三七。）延，祭名。「貞，其先帝甲其弘。」（英藏二三四七）弘，亦祭名。這兩片甲骨卜辭中的「帝甲」，或認爲都是指廩辛、康丁之父祖甲而言，死後被尊稱爲帝甲。除此之外，「帝甲」之稱還見於《合集》二七四三八，二七四三九等片。

但有關的問題是：由於未見祖庚、祖甲之前有卜辭稱先王爲帝者，故有人主張商王稱帝始于祖庚、祖甲時。又此後，如廩辛、康丁之後武乙、文丁時期，亦未見有商王死後稱帝的刻辭。因此生發出許多猜測。或以爲是商王武丁開邊拓土，國力強大，引起對人的力量之意識的提升，相對降低了對上帝的崇拜，從而敢於將人王亦神化爲帝。而武乙、文丁時期是復古的時期，因其復古，不再稱已故的先王爲帝。

但我認爲這些說法含有很多臆測成分。未見卜辭在其他時期稱先王爲帝，也只是僅據現在所見而言，現存甲骨卜辭數量雖多，但散失者一定更多，故現存者不足以說明問題。另外，商王名「甲」、「丁」者各有五六位，名字前冠以「帝」者則未必確指某王而言。

按照商王的取名特點和對先公先王的稱謂習慣，「帝」成爲故去祖先和先王的一種通稱。

商代先王先公同名者很多，均以甲、乙、丙、丁、庚、辛、戊、己等命名，常常重覆。而在名字之前冠以祖、父、兄、大、小等。「帝」似與祖、父等相同，也是加在名字前面的通稱。只不過這種冠語不是說明血緣身份的，而是表示一種神化的尊崇。王國維《古史新證》說：

> 卜辭於諸先王本名之外，或稱帝某，或稱祖某，或稱父某、兄某。羅參事曰：「有商一代，帝王以甲名者六，以乙名者五，以丁名者六，以庚、辛名者四，以壬名者二。惟以丙及戊、己名者各一。其稱大甲、小甲、大乙、小乙、大丁、中丁者，殆後來加之以示別。然在嗣位之君，逕稱其父為『父甲』；其兄為『兄乙』，當時已自了然。故疑所稱父某、兄某者，即太乙以下諸帝矣。」余案參事說是也。非獨父某、兄某為然，其所云「帝」與「祖」者，亦諸帝之通稱。（王國維《古史新證》第三章，清華大學出版社一九九四年十二月版，第四十頁）

這種說法看來最爲妥當。卜辭中稱父某、兄某者應一定指時王直接的父兄，漸積而成爲通稱。而稱帝某祖某者，則更不一定指直接的父兄。故前舉《合集》二四九八二片同時說「父丁」和「帝丁」，如果能確定此片出於祖庚、祖甲時期，那爲所謂「父丁」必指祖庚、祖甲的父親武丁而言，而「帝丁」則未必指武丁而言。在武丁前之先王，還有大丁、沃丁、中丁、祖丁四位。其同一片中既說「帝」又說「父」，也可能是要和前代某一先王表示區別。王國維舉出一些進行辨別的例證說：

> 卜辭云：「己卯卜，貞。帝甲□□其為祖丁。」（《後編》卷上第四頁。注：《後編》指羅振玉所輯《殷墟書契後編》）案祖丁之前一帝為沃甲，則「帝甲」即沃

> 甲，非《周語》「帝甲亂之」之帝甲也。（注：《史記．殷本紀》「帝甲淫亂，殷復衰。」《索隱》：「《國語》云：『帝甲亂之，七代而隕』是也。」）又曰：「祖辛一牛，祖甲一牛，祖丁一牛。」（同上，第二六頁）案祖辛、祖丁之間，惟有沃甲。則祖甲亦即沃甲，非武丁之子祖甲也。……商人自王父以上皆稱日「祖」。其不須區別而自明者，不必舉其本號，但云祖某足矣。即須加區別時，亦有不舉其本號而但以數別之者。如云：「□□于三祖庚。」（《前編》卷一第一九頁。）案商諸帝以庚名者，大庚第一，南庚第二，盤庚第三，祖庚第四。則「三祖庚」即盤庚也。……（同上，第四十—四一頁。）

是知除了祖、父、兄之外，沃、南、盤等似乎也是當時的一種美稱，未必是固定的名號。而大、中、小等，可能是王、公在世時本無，而後代爲了區別同名者而後加的。非但沒有諡法，甚至不得不用數位對先王進行區別稱呼，顯示出單純質樸的時代特色。

蓋從整個人類文明而言，商代已算是相當進步。但與後世相比，文化尚欠發達，仍處於璞玉渾金的階段，民風亦質樸無華。所以孔子說：「周監於二代，郁郁乎文哉！吾從周。」（《論語．八佾》）可證孔子認爲周代文化與商代相比，則一應俱全、文采郁郁。故孔子所謂「好古」、「復禮」之「古」與「禮」，則主要指周代而言。荀子所謂「法後王」，亦主張取法於周王。

由祖、父等通稱習慣與帝某等稱呼聯繫考察，則帝之爲義，亦屬通稱。《史記．殷本紀》於商代先王皆稱「帝」。如「帝外丙、帝中壬、帝太甲」等直至「帝乙、帝辛」。而《周本紀》於周代先王，則均稱之爲「王」。如「文王、武王、成王、康王」等。今與甲骨文相印證，則知太史公並非沒有根據。

而且尊死去的人王爲「帝」，至遲在殷中期已很常見。在殷王朝初期是否稱人王爲帝？或是否像《史記》所述從夏代即開始尊人王爲帝？而殷實際接受了夏的傳統？這些問題皆無確證，難以斷言。不過，以人王稱帝，必然會減弱宗教崇拜意義上之上帝的尊嚴和權威。

五、多元的「帝」之群體

在甲骨卜辭中多見「帝」，而少見「上帝」的名號。而在現存與商代有關的典籍中卻常出現「上帝」稱謂。《商書》《商頌》等文獻中有「上帝」語詞，從學者對甲骨文的研究，認爲殷人言「上帝」始於較早期的武丁時期。如武丁時期的卜辭說：「口口卜，爭口，上帝……降……旱」（《合集》一〇一六六）；祖庚祖甲時的卜辭說：「……兄：……上帝……出……」（《合集》二四九七九）；廩辛康丁時期的卜辭說：「唯五鼓……上帝若王……有佑」（《合集》三〇三八八）等。

《合集》三〇三八八，二祀邲其卣銘文中出現「上下帝」字樣。郭沫若說：

上下本是相對的文字，有「上帝」一定已有「下帝」，殷末的二王稱「帝乙」「帝辛」，卜辭有「文武帝」的稱號，大約是帝乙對於其父文丁的追稱，又有「帝甲」當是祖甲，可見帝的稱號在殷代末年已由天帝兼攝到了人王上來了。（郭沫若《青銅時代》第五頁，人民出版社一九五四年六月版。）

根據後世文獻，殷代宗廟制度有右宗、左宗系統（卜辭中有「右宗」字樣，而未見「左宗」），有些學者認爲這就是上、下帝系統。殷人的祖先夒，一般認爲即「帝嚳」或「帝俊」。以夒爲首的河、岳、王亥、王恒等殷人先公爲上帝系統，而以大乙成湯爲首的先王爲下帝系統。（胡厚宣〈殷卜辭中的上帝和下帝〉上、下，《歷史研究》一九五九年。）

按此而言，則上、下帝之稱未必分別指天帝和人王。正如商人習慣用大中小或數位來區別先公先王一樣，「上下」也許是用來區別祖先之前一帝或後一帝。如卜辭中有「上甲」和「下乙」之稱，說：「興方氏羌，用自上甲至於下乙」（《合集》二七〇正）；「貞，大甲賓於咸，下乙不賓於咸。」（《合集》一四〇二）等等。這是以上、下來分別王之前、後的例證。

上下帝在卜辭中少見，與此相對照的，「文武帝」則較多見。如「乙丑卜，貞，王其有口于文武帝，必其以羌五人正，王受其佑。」（《合集》三三三五六）河南安陽出土的四祀邲其卣銘文：「乙巳，王曰：尊文武帝乙宜，在召大廳，遘乙翌日。……」其他還有《合集》三五三五六，三六一六八，三六一六九，三六一七六，三六一七七等。按羅振玉及其他學者的解釋，「文武帝」是帝乙對於其父文丁的美稱（《竹書紀年》「大丁」作「文丁」），在卜辭中有「文武丁」（《合集》三五三五五）等語。帝乙僅稱其生父爲「帝」還不夠，又加「武」以增其尊。

「上下帝」如果分指上帝和下帝，他們究竟指逝去的先王與人君，還是指按輩份高低而分別的祖先神？兩者間有沒有統屬關係？並無確切證據可以說明。而「文武帝」確實是指具有直接血緣關係的逝去的先王，但從時王對他們的尊崇而言，他們的地位和神性都未必低於泛稱的帝或上帝，兩者間有無統屬關係？孰高孰低？也難以武斷言之。

可以確定的是，商人的帝是很多的，絕不止一個。其他還有「西南帝」、「北帝」等名目。如「𢦚（祭名）於西南帝。」（《合集》七二一正）「貞，于（『于』爲祭名）北帝。」（《合集》一五六五）這裏的「西南帝」，也許是指西帝和南帝。甲骨刻辭中唯獨缺少「東帝」之名。有的學者指出卜辭中有「貞，燎東、西、南，卯黃牛」（《合集》一四三一五正）等語，認爲所謂東、西、南是各方之「帝」的省稱，但只是猜測。因爲它們也可能指各方之神，無法確證。也許殷商的發祥地即在東方，在山東一帶直至海濱，故所謂「帝」本身即爲東帝，因尊崇關係逕稱爲帝而不加「東」字。這種以四方名「帝」的情況表現出地方性和方所性的特點。

關於方帝，竟有逕稱爲「方帝」者。王國維《殷墟書契考釋》（增訂）中說：「曰『貞方帝卯一牛之南口』；曰『貞𠂤賁於東』；曰『賁於西』；曰『貞賁於西』；曰

『癸酉卜中貞三牛』。曰『方帝』，曰『東』，曰『西』，曰『中』，疑即五方帝之祀也」。這裏所說的「方帝」，與後世五方帝時隔太遠，可能有聯繫，但是否直接等同則只能存疑。如《荀子》所謂「按往舊造說，謂之五行」，或以爲是五行家所言「五行」，但郭店楚簡出土後，證明荀子所說儒家之「五行」，與五行家之「五行」意義完全不同。無論如何，說明卜辭中「帝」的名目是很多的。

甚至從文字本身而言，甲文的「帝」也有許多異體，有學者統計主要字形達十六種之多。而其中哪一種是最初的寫法，於今已不可考。有商一代的「帝」之字形實際處於演化的過程中，並未最後統一或確定。這可從文字學上說明「帝」缺乏獨一無二的神聖性。

我們從商人尊先公和先王爲「帝」的習俗似乎可以推知，商代出現的帝之群體，實際是各帝其帝，各神其神，以不同的原始民族構成爲依據的、不同民族傳統和文化的代表。

甲骨卜辭和有關文字資料表明，只有商王的祖先才能稱帝。但最初的情況也許並非如此。並不是只有商王的祖先有稱帝的特權，如「西帝」、「北帝」等，應該是其他氏族的祖先或由氏族圖騰演變而來。估計在武丁以前，或商的先公時期，某些參加聯盟的部落或氏族與商平等地享有權力，由於勢力和地位相差不多而同時稱帝。如商以天干記日，又以名王，有學者推測十干大概原是商的十個最早組成部族之名。而且因爲其有商一代的權力結構都不是非常專制和集中，所以這些其他氏族縱使衰落，其帝號也一直保存下來。也許商帝國發展到某一階段、商族的實力占壓倒地位以後，才出現僅商方的先公和先王可以稱帝，而其他民族的祖先不許稱帝，只能稱「方神」的現象。但是，卜辭並沒有表明「帝」與方帝方神之間有等級判別或隸屬關係。

其實每個原始民族的上帝所代表的不是別的，就是各個民族傳統本身。

商代宗教最突出的特徵是：作爲地位最高的主神的上帝是一個多元系統，不止有一個上帝或帝。所謂「上帝」不是唯一最高神，實際可以說是一種複數稱謂的「上帝們」或「帝群」。他們沒有標誌個體對象的個別性和標誌差異的特殊性之原始意象作爲原型。這種崇拜對象的無差別、齊一性的現象，是一種消極存在。它們因缺乏不均等關係而成爲靜止的、呆滯的狀態，雖然在商人意識中它們是崇拜的實體偶像，能夠激發藝術想像和浪漫熱情，然而其內在的固有非個性化，漸漸喪失了使之變得生動起來的必要的運動勢能。後世出現的天神「五帝」系統，並不突出顯示超自然能力和神性，缺乏人格性、主體性和實體性，而以時間的延續性或空間的方位性作爲依據，或許即肇源於此。

這種帝群不是像基督教中的上帝、伊斯蘭教中的安拉那樣的絕對唯一神，它不屬於單拜主神教類型，如希臘宗教的宙斯、羅馬宗教的朱比特等，是超越衆神之上的最高神或神靈世界的地位最高而且是唯一的主宰和君主。它也不屬於輪換主神教，如古印度《梨俱吠陀》中有因陀羅、阿耆尼、伐樓拉等輪流居至上神位置，交替爲主而受人崇拜。它也不屬於二元神教，如古埃及宗教中的奧西里斯神與塞特神，分別代表善神與惡神，最後發展爲兩種終極對立的神性。

在卜辭中，含有複數意蘊的「帝」似乎超越於各個民族之上，而不是像《聖經》中的耶和華那樣的民族保護神。他也常給商民族降下災難，似乎往往是盲目的。他們都不是全能的創造神，不是自然界和人類社會發生、發展和變化的統一的原因。

商代所有的帝、甚至包括他們的一些臣屬，都具有超自然的力量，即支配和控制具體或局部的自然變化和人類禍福的力量，但他們的超自然能力並沒有具體規定。也不表現出其他宗教之上帝所具有的排他性和忌妒性。

因此如果要說他是至上神的話，他是一個由許多古代種屬無意識的原始類型處於混合、演進階段而不是最後完全統一結果，這個未完成的演進由於西方周族的戰勝而被中斷。像一件藝術作品，作者沒有完成便離開了它，給後人留下永恒不解之謎和無限遐思。

商代之「帝」的多元性在世界宗教中別具特色。它與世界上其他民族有一個比較清楚的主神的原生性宗教或創生性宗教都有區別。

商代這種神性的特殊性可以從其社會歷史的特殊性中找到原因。商帝國中的各氏族和方國既有融合又有分離，發生新的融合後又出現新的獨立，其中總有一些未被政治統一所消融的約定俗成的制度和傳統的獨立性。商代之帝的多元性是商代社會結構多元性的反映。

商代文化傳統的多樣性也可以反過來從上帝之群的信仰特徵中找到證明。

六、殷代之尊神事鬼的特徵

蓋人類社會的發展，是由小漸大，由寡至衆的。先是由幾個部落或氏族的聯盟，逐漸融合、逐漸擴大。部落或氏族聯盟的擴展，形成方國。在商代出現人數更多、地域廣闊的方國聯合體。在這發展過程中，集體意識是最重要的。如何增強共同生活秩序之認同，是古代政治和宗教所需要解決的首要問題。

商代宗教的特點，首先在於它具有強烈的政治內涵，或者說本身就是達到政治目的的手段和途徑。《禮記・表記》說：「殷人尊神，率民以事神。先鬼而後禮，先罰而後賞，尊而不親。其民之敝，蕩而不靜，勝而無恥。」這裏把殷代的宗教觀念、風俗習慣和政治特點，作出一種整體性的概述，比較接近事實。鄭注：「先鬼後禮，謂內宗廟外朝廷也……以本忕於鬼神虛無之事，令其心放蕩無所定，困于刑罰，苟勝『免而無恥』也。」疏云：「忕，串也，習也。貴尚習鬼神。鬼神無體，故云虛無之事。以爲事不在實，故心放蕩無所定也。」商代的帝、上帝和神靈，都是消極被動的祈求對象，他們的神性主要體現在滿足人們提出的具體要求，即祈求幸福和避免災禍的要求。商人並不把他們或其中之一位當作支配人類社會命運的核心力量來崇拜，宗教活動（宗廟）實質在許多方面代替了政治（朝廷）功能。

對於商代的政治和宗教而言，往往是一種簡單的互惠主義期待起主導作用。互惠主義確保各個群體內部的黏合，並協調統治者與被統治者之間的關係。按商代社會的組織，雖基於生存和發展的需要，各個方國和氏族聯合起來，商王在聯盟中取得領導地位，但維持群體秩序，則不能僅憑武力，還需要統治者顯示出慷慨大度，使被統治者始終懷有得到恩惠的期望。另外組成商帝國的方國和氏族，各自保持著較強的獨立性和不同的生產方式，他們之間的關係也主要是由經濟交流而產生的利益互惠而維持的。

商代宗教的特色之一，即表現爲直接的、具體的、近在眼前的互惠功利性。人們爲某件具體事情向鬼神祈求福佑，求得具體的利益。反過來，鬼神也常常表現出反應性的隨意性，根據是否享受祭祀或得到祭品而決定降福還是作祟。甚至他們自己的祖先也經常爲沒有致祭或對祭品不滿足而降下災難。如卜辭中常出現諸如「大丁壱（意爲災害、禍害）我」（《合集》一四○○三）、「癸巳卜，成祟我（我指商王）」（《合集》三二四四四）、「卜丙壱王」（《合集》八九六九正）等語，這時就要舉行祭祀以避免災害。再如：「求雨於上甲，宰」（《合集》六七二二正），「丁丑卜，賓貞，求年於上甲，燎三小宰，卯三牛」（《合集》一○一○九）等，是說向祖先上甲祈求下雨，用一頭羊爲牲；向上甲祈求好年成，用三隻小羊進行燎祭，再加上三條牛進行卯祭。就是說要求得祖先福佑，也不是無償的。人類與鬼神的關係主要是利益關係，缺少道德目的。這實際是商代社會結構的反映，是當時商王與其屬國和商帝國內部各群體之間的關係的反映。

殷商的宗教活動，幾乎是無以復加的。從甲骨卜辭表現出三個最主要特點：一是祭祭祀名目異常繁多，祭祀活動無日間斷，非常頻繁。二是祭祀對象無處不在，鬼神充斥人間與自然。三是前兆迷信特別盛行，稽疑的範圍很廣，包括社會生活的各個方面，事事皆要占卜。

祭祀活動的主要作用之一，在於能鼓動集體的熱情，使個人在這種活動中，消除自己的孤立感，而覺得他與全體部族合爲一體。商代巫術和宗教活動的頻繁和雜濫，可以反證商王朝的政治結構較少有效的凝聚力，爲了鼓動共同體的集體認同的熱情，需要大量的宗教活動來鞏固和加強。

除此之外，浪漫主義精神也是造成繁多宗教活動的內驅力。各部族、氏族和方國的人們通過大量此類活動表現不同部族的獨立精神和集體的元氣，表達愉悅的感受和抒發奔放的激情。

商代的祭祀名目形形色色、五花八門，祭法和祭品也繁雜多樣。據不完全統計，在殷契中所見到的祭名有一百多種。這些祭祀種類大多不見用於後世，如示祭、舌祭、言祭、木祭、品祭、步祭、目祭、肈祭、乍祭、彖祭、親祭、新祭、司祭、索祭、既祭、爿祭、卒祭、燕祭、萬祭、各祭、束祭等等，均爲商代所獨有，後世已放棄不用。

少數名目可能是從商代繼承下來的，但名稱雖同而內容有別。如「帝祭」，即後世的「禘祭」。在商代，「帝祭」只是一種普通的祭祀，一年可舉行多次，祭祀對象也很隨便，可以是自然神、先王和舊臣。「禘祭」在後代則是一種盛大的祭祀，約有三類：或爲郊祭之禘（即祭天之祭），或爲殷祭之禘（天子諸侯宗廟之大祭，與「祫」並稱爲殷祭），或爲時祭之禘（宗廟四時祭之一，每年夏季舉行）。禘祭一般指殷祭而言，《公羊傳》說：「五年而再盛祭」，《禮緯》亦云：「五年一禘」。又如「燎祭」，商代的燎祭可以祭上帝，自然神，先王乃至舊臣。而後代的燎祭則很莊重，專指燎柴祭天：「功業已就，天下已順，乃燎於上帝，告以天命」（司馬彪《九州春秋》）。從中可看到通變之跡，蓋商代泛而繁，後世莊而簡。

商代的祭祀對象不知凡幾，有上帝祖先、日月星辰、風雷水火、蟲蛇動物、天地山川、東母西母、舊臣諸婦、諸兄諸子、巫史南兮，乃至東西南北四方之鬼神。它們代表現實生活和人們對大自然感受的豐富多樣。然而過多的祭祀對象，使其各自的神性和造型結構在此時性和齊一性中歸於消失，使人們把視域轉向表現生活感受的祭祀活動本身。商人其實並不特別看重祭祀對象，正如他們把先王也按數目排序，使之在某種程度上表現爲無個性的功利化特徵。與其說他們把這些對象當作崇拜偶像，不如說當作對自然生動體驗的象徵和進行祭祀活動的藉口。與之成爲對比的，倒是商人對祭祀活動本身表示出極大的熱忱和想像力。他們把心靈和情感的需要寄託於生動、華麗和五光十色的祭祀形式，用豐富、繁多而且要付出很多物質代價的祭禮獲得心理滿足。

商之祭祀活動異常頻繁，按有些資料顯示的那樣推想，祭祀活動鱗次櫛比，幾乎無日無時不有。商代常用兩種或兩種以上的祭祀重疊進行。如「周祭」，就是用翌祭、祭祭、彡祭等五種祭祀配成一套，旬旬相接，對先王先妣進行周而復始的輪番祭祀。周祀一輪需三十六旬，大體相當一年的時間。又如「延祭」，乃祭而復祭之祭。可以想像，把所有名目的祭祀加在一起，商代宮廷幾乎天天都有祭祀活動，有時一天會有好幾起。祭祀的頻繁進行，會自然造成無目的性和自律性。活動本身隨著不斷重複成爲不束縛於活動目的的活動；又隨著不斷的重複加強自律規則的約束，巧妙地超越自己設立的目的而回復自身。由此漸漸加強祭祀活動的優先性，使這些活動本身進入宗教的中心位置。結果造成所祭的帝群和其他神靈的表面化、齊一化和無差別化，雖然所祭祀的鬼神在商人的意識中屬於不容置疑的實體存在，但是其實體性淹沒在繁濫的宗教活動中，反而出現邊緣化的傾向。

殷商的祭法也是紛然雜陳，目不暇給。大體有焚燒草木犧牲、進獻穀物酒食、祈禱、殺牲、致貝、擊鼓、奏樂、巫舞等類，每一類又含有各式各樣的具體祭法，花樣翻新。這些活動費時費力，又耗費財物，其實是一種不謀求外在目的的自我生命力的過剩表現。商人把它們當作生活的重要內容，因爲它們含有很強的娛樂成分，能夠滿足商夷民族所特有的浪漫主義的情感需要。

在這些具有浪漫主義色彩的祭法中，還帶有一些來自遙遠原始自然的狂暴和野性。其中給人感受最深、也最能體現那個時代特色的是極爲殘酷殺牲和人牲獻祭，和原始蒙昧的儀式性的淫樂舞祭。從卜辭記載看，祭祀時殺牲的殘酷方法五花八門，有砍頭、肢解、剝皮、擊殺、焚燒等，極爲酷烈。關鍵是許多時候用人牲作祭品，這些酷烈方法常常是加在人身上的。如殷墟西北崗西區大墓中，發現排列整齊的無肢體的人頭骨和無人頭的肢體骨。一九七六年發掘出二五〇個祭祀坑，總計人骨約兩千具。卜辭記載用人祭的數目，少則一二人，多則千人。如《合集》一〇五一正，記載用牲「三十人」；《合集》一〇二七正，記載用「千牛千人」。有些祭祀名目，則專門指用人爲犧牲的。如「燎祭」，指焚人祈雨之祭，「陷祭」，指陷人以祭。有些血腥的祭祀傳統一直延續到後世。如卜辭中有焚女巫求雨的記載：「貞，今丙戌烄姣，有從雨」（《合集》九一七七正）；「……卜，其烄詠母，有大雨。大吉」（《合集》三〇一七二）等，意爲焚女巫求雨而得雨。《左傳》僖二十一年謂魯國大旱，魯僖公「欲焚巫尪」以求雨，蓋爲此類習俗之延續。

這些殘忍酷烈的宗教行爲，說明商代社會尚未像其後周代一樣建立起統一的道德原則。在人們意識中，神聖的東西和世俗的東西呈分裂狀態。宗教祭祀所引起的一些集體範式和生活常態的確定性意識，往往與祈福和避免災難或懲罰的功利性考慮結合在一起，道德原理被強烈的利己主義所削弱。世俗的東西基於利己主義的目的，使得個人在各種與社會或自然的衝突和危機中所遭受的孤獨感、挫折感，外化於血腥祭祀的公式化活動中。

《文選》玄賦注引《淮南子》記載商代成湯時大旱七年，卜用人祀天，湯乃使人積薪，剪髮及爪自潔，居柴上，將欲自焚以祭天，火將燃，即降大雨。統治者連同他的權力在一起，毅然承擔起對其臣民的儀式化責任。諸如此類的故事不僅一見，可知這些殘酷的宗教儀式在社會上占有相當普遍的公意優勢，無法用後世的道德尺度予以衡量。

與酷烈的殺牲可相媲美的，還有浪漫情懷和原始野性相混合性質的巫舞或以舞樂求雨等活動。卜辭中常見奏舞祈雨的記載。如：「於翌日丙舞，有大雨，吉」（《合集》三〇〇四一）；「丙辰卜，貞，今日奏舞，有從雨」（《合集》一二八一八）；「貞，王其舞，若。貞，王勿舞」（《合集》一一〇〇六正）；「辛巳卜，賓貞，呼（或通轉爲『雩』？）舞，有從雨」（《合集》一二八三一正）等。《周禮・司巫》：「若國大旱則率巫而舞雩」，《說文》：「雩，夏祭樂於赤帝以祈甘雨也」。《禮記・月令》：「大雩帝，用盛樂」，鄭注：「雩，吁嗟求雨之祭也」。《爾雅・釋訓》：「舞，號雩也」，郭璞注：「雩之祭，舞者吁嗟而請雨」。《釋文》引孫炎云：「雩之祭有舞有號。」可知祈雨的雩祭，有舞有樂有歌。所謂「吁嗟」，乃歎辭，實際指歌哭而言。《周禮・春官・女巫職》：「凡邦之大災，歌哭而請。」疏云：「此云歌者，憂愁之歌，若《雲漢》之詩是也。」

商代巫祝的地位很高，然而他們自身的處境也可能是很不幸的。尤其是一些品級較低的巫覡，往往有可能作爲血腥祭祀的犧牲品。如在祈雨的雩祭中，也是受害者。《禮記・檀弓下》：「歲旱，穆公召縣子而問然。曰：『天久不雨，吾欲暴尪而奚若？』曰：『天久不雨，而暴人之疾子，虐。毋乃不可與？』『然則吾欲暴巫而奚若？』曰：『天則不雨，而望之愚婦人，於以求之，毋乃已疏乎？』」這裏的「暴」，是暴曬之義（《說文》：「曬，暴也」）。注云：「巫主接神，亦覬天哀而雨之。」伴著舞樂聲中的悲哀歌哭，暴曬在烈日下，希望上天哀憫而降雨。如上天不哀憫，那結局也就可想而知。《春秋繁露・求雨篇》記載「秋暴巫尪至九日」，未載其他季節暴多少日。《說苑》

記載齊大旱，齊景公出野暴露，三日天果降大雨。這些文獻與卜辭相對照，樂舞歌哭與「暴」似乎同屬雩祭的內容。當時宗教信仰和祭祀活動具有重要的政治功能，人們非常眞誠地想相信祭祀能通神，所以留下一些統治者親自以身作犧牲的傳說。如成湯欲自焚以求雨、周公祝告以身代成王死而服侍三王等，這些傳說符合時代情境，具體細節或有出入，然則其中包含的宗教意識和對鬼神的眞誠信仰態度卻是無可置疑的。

雩祭之舞可能還含有其他相關意義。《說文》訓「巫」字云：「女能事無形、以舞降神者也。」按古文和小篆，段注謂其字形含有「善飾」和兩長袖之意，後世韓愈說「長袖善舞」即本此。「事無形」蓋言溝通調和無形之氣，使陽滅陰導致的大旱轉變爲陰勝陽的降雨。董仲舒在《春秋繁露》的《精華》、《求雨》等篇均談到雩祭，他說：「大旱者，陽滅陰也。……大水者，陰滅陽也。」（《春秋繁露・精華》）；「凡求雨之大體，丈夫欲藏匿，女子欲和而樂」（《求雨》）。但商代尚無陰陽概念，其求雨用女巫降神，大約出於原始的男女交感觀念，用女巫之舞蹈引誘雨神降臨之意。所以董仲舒還說：「天地之陰陽當男女……陰陽亦可以謂男女，男女亦可以謂陰陽」（《循天之道》）

這些含有原始野蠻內容的宗教活動中固然有實際的犧牲者，但它們畢竟還是應該歸入象徵和寓意的範圍。獻祭中的象徵不僅表達和再現了人們本能衝動受到挫折、渴望得到滿足的願望，然而它並不僅是一種欲望的僞裝。祭祀之象徵性同時也是使原始本能之驅力產生轉化的途徑。歌哭而請、憂愁之歌等巫術活動，也在力圖闡明和揭示某種人與自然關係中屬於未知領域的東西，或者某種尚在形成過程中的東西。如「《雲漢》之詩」

這樣後來形成的文學藝術作品，便是從原始粗糙的一般感受提高到詩意水平，並使其得以表現的努力結果。祭祀活動中的這種象徵努力也是一種文明進化的過程。又雩祭中的舞蹈也不僅只是把本能的能量移置到替換性對象中，不僅僅是性行爲的一種代替。相反，這種原始舞蹈是某種超越了純粹性行爲的東西，把人的本能能量引導到諸如文學藝術等文化價值和精神價值上去。

諸如舞雩一類的祭祀活動，在後代很可能發展爲既是宗教行爲，又是民間娛樂活動，類似現今的廟會之類。《論語・先進》載曾皙說「風乎舞雩」，像此類祭天禱雨之處，有壇台樹木，在不進行宗教活動時，也成爲人們納涼散心的好地方。

值得注意的是，商代雖然不可能把「氣」當作一個哲學範疇來應用，但古人能夠通過對自然界的觀察，把「氣」當作一種自然現象納入他們的知識系統。在巫術活動中再進行規律化的附會，則使它成爲上升爲後世哲學範疇的雛形。在殷契中已出現這種雛形。甲文中有「勿」字，實際是「物色」之義，是把色與氣兩種現象混合起來並予以抽象化的特殊概念。如「勿見（物現），其有棇（棇，渝，變化），亡卪（無災。卪，災）。」（《合集》一七三三〇）這裏「勿」爲「物」，「勿見」指物色呈現。所謂「物色」，在後世文獻中得知它是指「雲氣之色」。《周禮・保章氏》謂保章氏職掌觀察日月星辰之變動，以辨吉凶：「以五雲之物，辨吉凶、水旱降豐荒之祲象。」鄭玄注：「物，色也，視日旁雲氣之色；降，下也，知水旱所下之國。」《後漢書・明帝紀》：「觀物變。」章懷太子注：「物謂雲色災變也。」這裏，天空中的雲彩之變化，顏色不同，又確實與空氣之流動變化有關。古人把對它們的感覺和把握，加以抽象的概括和巫術的解釋，形成「物色」或「物變」觀念。其中可能含有一些天文學上的合理規律，今天所謂「氣象」，大約來源於此。在甲骨文中，常見「勿見」（即物現）之語（如《合集》五九〇四，五九〇五）。

「勿見」和雩祭之舞有一定關係。宋玉《高唐賦序》記載著一段傳說：

> 昔者楚襄王與宋玉遊於雲夢之台，望高唐之觀。其上獨有雲氣，崪兮直上，忽兮改容，須臾之間，變化無窮。王問玉曰：「此何氣也？」玉對曰：「所謂朝雲者也。」王曰：「何謂朝雲？」玉曰：「先王嘗遊高唐，怠而晝寢。夢見一婦人，曰：『妾巫山之女也，為高唐之客。聞君遊高唐，願薦枕席。』王因幸之。去而辭曰：『妾在巫山之陽，高丘之阻，旦為朝雲，暮為行雨，朝朝暮暮，陽臺之下。』旦朝視之，如言。故為立廟，號曰朝雲。」王曰：「朝雲始出，狀若何也？」玉對曰：「其始出也，……其少出也，晰兮若姣姬，揚袂障日，而望所思……湫兮如風，淒兮如雨，風止雨霽，雲無處所。」

儘管經過人們的文學想像的加工，變成淒美的故事，但在這一段非常動人的神話中，卻含有由傳說保存下來的眞實記憶內容。這裏面反映出一些關於上古女巫活動的眞實情況，它本身蘊涵了許多實際是蒙昧、殘酷、野蠻、不幸和痛苦的因素。所謂「獨有雲氣」至「變化無窮」幾句，與甲文中「勿見」有關係。而「願薦枕席」、「旦爲朝雲，暮爲行雨」、「揚袂障日」等語，曲折地表現出商代流傳下來的雩祭活動中的「樂舞」、「歌哭」、「暴」等原始暴虐的細節和眞相。

這在其他典籍中也有相關的記載。如《莊子・天運》：「雲者爲雨乎？雨者爲雲乎？孰隆孰施？孰居無事淫樂而勸是？」王先謙注：「雲雨乃陰陽交和之氣所成，故以爲造化之淫樂。」在巫術中實際是以男女交合之姿態的舞蹈，作爲「神」而不是「造化」的淫樂。女巫顯然是這種祭祀活動中的犧牲品，蒙受了許多侮辱、損害和痛苦。然而另一方面，它並不僅僅表現人對自然和神靈的敬畏感、依賴感和具體祈求的目的，巫術活動中的象徵性還含有諸如民間樂舞等娛樂成分。此類宗教巫術活動通過對想像、情感的強調，把自然規律和人的心理聯結爲一個整體，使人將自己的精神和生命移入外部世界對象中，同對象化爲一體時也將其自身的思維和生命客觀化了。

祭祀和娛樂的一體化，在古代雖然也伴隨著巫覡和被犧牲者的痛苦，但總體來說，它具有把一切人聯合起來，融成一個整體的社會功用。祭祀構造形式，象徵體現意義。人們用簡單的方式展現廣泛的集體經驗，宗教活動所造成的自我滿足感由娛樂的成分更得以加強。參與者通過象徵性的形式把自己和原始祖先的種族記憶、自然的盲目力量都聯繫起來，並賦予意義。從流失的東西裏汲取固存的經驗，從傳統形式中給現實提供認識的無限可能性，由此把現實中的一切人融成新的聯合的格局。

商代的祭祀和巫術活動，包括許多原始蒙昧、殘酷血腥的內涵，它與商代社會體制、政權結構和權力分佈較爲鬆散的狀況，以及生活方式的多樣化相一致。也反映出人們所處地理環境及生產方式的多樣性，對大自然的狂暴、盲目、無序的力量的恐懼和順從。

《禮記・表記》對殷代文化以「尊神」、「率民以事神」的特點總結得切中肯綮，殷代文化雖然發達，但瀰漫著巫術和神秘主義因素，浸透著原始自然的野性與血腥氣味。殷人尊神的原因之一，與當時「力治」政治的社會現實密切相關。在那時期，人與社會的關係主要依靠非道德化的統治權力來解決，人與自然的關係則主要依靠鬼神等非理性的權威來解決。簡單的功利性思考把依靠武力的「力治」原則和依靠鬼神的「鬼治」原則有效地結合起來。人們感到有力量影響自然，但又不能完全控制自然。處於這個發展階段的人們把代表自然力量的鬼神看作是唯利是圖的，試圖用巫術和獻祭來把握或影響自然的給予和毀滅行爲。有時又將自然力理解或解釋爲冷漠無情、不分善惡的，或解釋爲毀滅的力量勝過生化創造力量的精神體，由此把各種各樣的自然現象神化和想像成各種各樣「尊而不親」的神鬼譜系。自然環境的富足、土地的廣大肥沃、收穫的豐厚，複雜多樣的生活方式以及同時出現的令人感到無法控制的自然災害的狂暴和毀滅力量，使人們把自然看作是一種具有無盡資源、生氣勃勃而又不道德和不馴服的、與自己完全對立的異己力量。以此爲出發點，用種種與自然狀態同樣奢侈的、慷慨的、冷酷的、造成極度痛苦的犧牲獻祭之類的巫術活動來迎合人性中的貪欲和殘忍。殷商的鬼神是幼稚、殘忍和貪婪的，放射到人間，則是「先罰而後賞」，非道德的嚴厲壓制逼迫勝過道德合理性的勸勉鼓勵。《商書》中的一些史料，還可證實這種情況。

殷人事事占卜，時時祭祀，把宗教活動當作與無處不在的自然界神靈進行普遍交流的手段。殷人的這種鬼神觀念接近於前萬物有靈論。商代的帝與其他高級宗教中作爲既非人又非自然，但存在於自然和人之中而又超越他們之上的上帝，是根本不同的。最高的主神「上帝」或「帝」缺乏具體的人格意象和自然力原型，是反映社會多元結構的一個神靈群體。「帝」或「上帝」因爲齊一化和毫無生氣而成爲一種模糊不清的主觀性的概念。所以《禮記》說，殷人「貴尚習鬼神。鬼神無體，故云虛無之事。以爲事不在實，故心放蕩無所定也」（《表記》）。比起後來周代出現的、具有確定價值觀的上帝或天命而言，殷人的上帝鬼神因爲缺少自覺的道德目的而成爲虛無放蕩的。

然而在這種含有相當多的原始野性的宗教形態中，所謂「無體」、「虛無」、「放蕩」等說法，也反映出古代中國之東方商、夷民族的浪漫主義精神。自然界的結構給不同的民族留下不同的精神印記，造成民族特性和心理素質的差異。從商、夷民族的文化傳統來看，他們天賦優越，有歡樂和活潑的本能，特別表現出情感強烈、富於幻想的藝術氣質。如春秋戰國時期的方術之士、陰陽五行家，皆出自齊、魯等東方商、夷舊國。儒家也肇源於這種環境，他們所建立的學說講究精神境界，注重情感的作用，大概能夠從其浪漫的民族特性中找到深刻的心理原因。商夷的浪漫氣質與周人的沈穩厚重顯然不同。他們所表現出的特別具有可塑性的「無體」或「虛無」特徵，卻給道德原則和精神文明的躍遷，留下極爲廣袤的造型空間。

第二章　周代的上帝與天命

王國維《殷周制度論》說：「中國政治與文化之變革，莫劇於殷周之際。」他認爲夏、商文化略同，而周居於西方，文化傳統與夏、商有根本區別。所以從商至周的變革，使得「舊制度廢而新制度興，舊文化廢而新文化興。」

傅斯年在他的名篇《夷夏東西說》中，認爲商人雖非夷，然曾撫東方之人，並用其文化。商、夷居東方，夏、周居西方，三代格局乃爲夏夷交勝或東西交勝。其中說：「在三代時及三代以前，政治的演進，由部落到帝國，是以河、濟、淮流域爲地盤的。在這片大地中，地理的形勢只有東西之分，並無南北之限。歷史憑藉地理而產生，這兩千年的對峙，是東西而不是南北。……這兩個系統，因對峙而生爭鬥，因爭鬥而起混合，因混合而文化進展。夷與商屬於東系，夏與商屬於西系。」

無論夏屬於東系還是西系，在三代存在東西兩個大文明圈，商屬東而周屬西應是不爭的事實。商、周是來自東西兩種文明的兩個複合民族。它們在生產生活方式、制度習俗方面有很多差別，比如說耕種兼畜牧社會與農業社會的差別，兄終弟及與父子相傳的制度方面的差別，尤其是西周建立的分封宗法制顯與前代不同，這給人造成制度文化「迥異」的印象。但是另一方面，先周民族在文化上遠落後於商族，克商後它基本上全盤吸收了商的文化成果，雖然也加以改造，卻把它自己移植嫁接到商朝的文化之根上，這又使人感到兩者只是「微殊」。實際上，殷周之際的變革既有繼承又有發展，並不偏於一端。

一、周克商之後的文字與始祖兩大疑案

周族以傳說發明播種百穀的后稷爲祖先，可知它是個很早就知道重視發展農業的部族。有的學者考證，在甲金文中的「周」字，像方整農田中農作物茂盛之形，本身就是對一個發達農業區的美稱。

《詩經．大雅》中的〈生民〉、〈公劉〉、〈緜〉等五篇是周族追述自己開國和發展歷史的史詩，從中可以看到他們的發展、遷徙與農耕文明的密切關係。如〈公劉〉中「于胥斯原」，「瞻彼溥原」，「觀其流泉」；〈緜〉中「周原膴膴，堇荼如飴；爰始爰謀，爰契我龜」等語句，可以感受到人類歷史與河流平原、肥沃土地的同條共貫、輔車相依。在制度上倚重農業的傳統一直保持到西周末年。如《國語．周語上》載虢文公諫周宣王說：「夫民之大事在農」，「王事唯農是務」；其中提到先周的早期（古者）設有專司農務的官員：「農師一之，農正再之，后稷三之……」。韋昭注：「農師，上士也。農正，后稷之佐，田畯也，故次農師。后稷，農官之君也，故次農正。」可知周的農官有三等，后稷爲農官之長，其次農正，再次農師。周不僅設有管理農業的系統農官

組織，而且司空、司徒、太保、太師、太史、宗伯等都要關注農事，參與籍田之禮。周族倚重農業、唯農是務的政治制度和措施，是它發展迅速，後來居上，取夏、商制度而代之的原因之一。

社會生產方式和文化在歷史上的發展並不必然是同步和平衡的，先周就是這樣一個例證。儘管周族很早就注重開墾耕作，具有先進的農田管理和種植技術，但在文化上卻遠遠落後於商。一九三四年在陝西寶雞鬥雞台瓦鬲墓發現先周文化的遺存。後在鳳翔、岐山、扶風、彬縣、長武等地都發現一些瓦鬲墓類型的文化遺存。出土文物有高領袋足鬲、圓肩或折肩陶罐，甑、簋、尊、盂等陶器，也有一些青銅鬲、鼎、簋等禮器。出土的生產工具，則青銅製品很少，而以石器類的斧、錛、鑿、刀、鏟為主。大量石器工具的存在，說明周文明之不平衡和相對落後的事實。鬥雞台瓦鬲墓文化是周人克商以前的「先周文化」的代表，以石器與銅器並存為特點，大概是石器時代向青銅時代過渡的現象。楊寬先生說：「先周文化只有陶鬲而沒有陶鼎，可知周人的銅鼎是從商文化中學來的。這種銅鼎正是商代式樣，與殷墟的銅鼎形制相同。周人的主要青銅禮器如鼎、甗、簋、觚、爵、斝、尊、觶、卣、瓿、盤等，都是商代流行的式樣，可知周人的青銅文化，主要是繼承了商代的文化，並有進一步的發展和新的創造。」（楊寬《西周史》上海人民出版社一九九九年十一月版）在商代之季周族與商接觸較多和克商以後，大約俘獲或招徠許多商的工匠，周的青銅器驟然多了起來，青銅鑄造工藝提高迅速，出現了一些大型而精美的青銅禮器和實用銅器。僅從青銅文化方面，即可看到商周整體文化之間的繼承與變革的某些特點。

周人接受商文化，大約在公亶父從豳遷至岐山下周原開始。勢力壯大，攻伐附近方國，擴張領土。歷經公亶父、季曆、文王（昌）三世，蠶食「翦商」，勢力範圍愈來愈接近商的王畿。「翦商」的過程中接受商文化的影響也逐漸增多。公亶父三世至武王滅商，將近一百年，是周人保持自己傳統的同時吸收融合商文化的時期。

周克商之後，文化的融合中，在文字和始祖上出現兩大疑案。

在公亶父以前，周人在文化上可能是比較落後的。有的學者推測，周人甚至可能沒有自己的文字。如金永梁指出：「公亶父是周民族的開創者，那時還是穴居，沒有家室。後來選擇耕地，找到岐山下的周地，才卜吉而居。……這時周民族有沒有文字，眞是疑問。假如承認商、周是同一民族，那自然可以同文字。換言之，商周非一民族而竟同文字，則必係周民族本無文字，後與商文化接觸而用商的文字了。」（《古史辨》第三冊《易卦爻辭的時代及其作者》）

這個推斷是有可能成立的。一九七七年和一九七九年先後在周原發掘出卜甲和卜骨一萬七千多片，但其中有字甲骨很少，只有五百多片，總計有字九百零三個。多數爲商周之際文、武、成王時期的內容，還包括其後穆王時期的。文字與殷墟甲骨刻文相同。

也有人認爲「周人早已經有了文字，周人的文字蓋與商人的文字同源而平行發展」（孫作雲《詩經中所見的滅商以前的周社會》，《詩經與周代社會研究》）。但在當代的田野考古中，還未發現確實可信的先周文字。如有爭議的「天亡簋」（或稱「大豐簋」）的銘文，內容是褒揚文、武克商的功業，應屬克商後之作。

周原大量的無字甲骨也許意味深長地證明著某些歷史事實。

我認爲據殷墟與周原出土卜辭的時限推測，在公亶父之前，周人或有語言而無文字；或有另一種爲地域限制、難以被其他民族普遍接受的文字。公亶父遷周原後，與商的接觸漸多，開始接受和使用商文字。

周原甲骨有字者少的另外一種原因，大概是在骨甲上刻字須用金屬器具，而周族較晚才學習或取得冶煉技術。這些現象表明，周民族全面進入文字時代，可能是文王或商周之際的事了。

周人原先只有語言而無文字，或有文字亦非與商同一文字可能是事實，否則很難解釋商周不同族而同文、周原骨甲文字很少且時間不超過文王的現象。

即使周族有文字，也可能是與商完全不同的另一系統，而且由於沒有實物證據，有文字的可能性很小。春秋戰國時各諸侯國有五百多年的交通往來，秦滅六國時文字尚不一致，況商周分屬東西兩大民族系統，其差異可知。

又清朝入關後對包括語言文字在內的漢文化的全盤吸收，抑或與周克商之後的情況非常相似，這或許可以作爲一種歷史可能性的佐證。

《周書．多士》載有周公的一句話透露出個中消息：「惟爾知惟殷先人有冊有典，殷革夏命。」舊家或注「典」爲大法，或訓「冊」爲策書，其實皆依後世作附會之辭。「冊」實即竹簡木牘之類，「典」依王國維解釋作「大冊」、即尺寸較長的冊最爲恰當。

「惟殷先人有冊有典」是說殷人有歷史記載，其中也許含有周人則無的言外之意。舊注云周公教訓殷人當知其先人有典籍載「殷革夏命」的故事和道理，大體可通。但其言外之意卻很明白，如果周人也有典有冊，又自以商與周爲同宗，就皆有「殷革夏命」之記錄，何必強調「惟殷先人有」？則證周人縱使有文字，也許是另一種文字，克殷後則採用商的語言文字。

《詩經．大雅》中的〈生民〉、〈公劉〉、〈緜〉、〈皇矣〉、〈大明〉五篇，記述從后稷出世到武王滅商的許多傳說和史跡，雖然有許多神話的成分，基本上是屬於記事性的，是用韻文寫成的歷史。〈周頌〉三十一篇，據後人考證，全部成於西周初年，爲周武王、成王、康王、昭王時代約一百多年間（西元前一一〇〇——前九五〇年）的作品。

但是《詩經》中的〈商頌〉，雖有記載商代歷史的片斷，然非史詩性質。據魏源、皮錫瑞、王先謙、王國維等考證，認爲〈商頌〉即〈宋頌〉，是春秋時代的作品，產生於宋都商丘地帶。陸侃如、馮沅君《詩史》說〈商頌〉「一仿〈周頌〉，一仿二雅」。

世界上許多民族都有自己的英雄史詩，大多產生於有語言而尚未出現文字的民智初開的時期。通過口口傳唱英雄史詩的形式，把各個民族發端的歷史朦朧但是生動地保存下來。《詩經》這五篇略同其他民族的英雄史詩。在風格上與其他民族的史詩、如荷馬史詩有所不同，沒有那樣闊大的氣勢和漫長的篇幅，缺乏一些性格或細節的刻畫。這也許是由於象形文字與拼音文字有難易的區別，或是由於其他原因造成的。可以想像，古人汗青刻簡，著力不易，最後編定者又作了大量剪裁，才成爲今天所見的樣式。荷馬史詩即非一人一時完成的，有人認爲《伊利亞特》和《奧德賽》兩書歷經二百多年才完成，學者根據人類學而得到的結論是，荷馬絕不是原著者，而是一個最後刪定者。

《詩經》保存了周民族的史詩，卻不見文明發展先於周人的商民族的史詩，這在人類學上是不合邏輯的。比較合理的解釋是，商人很早就具有了文字書寫能力，不必借助於民間傳唱的形式保存歷史。可是，用以記錄的竹木又容易朽壞，故於政權更迭、帝祚轉移時，那些「典冊」由散落、朽壞逐漸遺亡了。而新王朝只注重保存自己民族的歷史，隨著記錄和保存手段的進步，使用文字較晚的周民族的史詩保存下來，文明發展較早的商人的史詩之類的文明印跡反而在時間的長河中漸次散失。

在此推斷基礎上，還可解釋周人的史詩何以與世界其他民族的風格不同。那就是，周人在接受殷商文字的同時，也放棄了原有的語言而完全接受了商人的語言。周人的史詩不像世界其他民族的長篇巨製，除政治制度、社會風俗、審美心理等原因外，語言習慣也是一個重要的原因。周人的史詩最初也未必不是長篇巨製，但隨著語言的移換，使史詩固然保持原有的基本內容，文辭變得更加精美和細緻，卻失去許多誇張、想像、鋪陳和只能由某一階段的特定語言所包含的初民之無羈無束的雄渾原始力量。這可作爲周用商文字的一個逆向證明。

周民族吸取接受商人的語言文字，那麼兩者在文化上血脈相通的密切關係，則怎樣估計也是不過分的。

周克商後，對商文化不是被動消極的接受，而表現出積極主動的認同。祖先崇拜是古代文化的主要特徵。對於殷商的方國聯合和西周的分封諸侯之體制來說，強調血緣關係以加強團結和凝聚力、鞏固王室的權威並賦予其合法性，是尤為重要的。而且僅從保存和保護傳統習俗，確定「創業傳世之所自來」而言，崇拜和神化祖先也是遠古各民族的頭等大事。

然而在周克商後，似乎發生周人重新紹述「其祖之所自出」，主動向商族認祖歸宗的怪事。

在周原所出的甲骨刻辭中，有一些似是周王祀商帝的文字。如「癸巳彝文武帝乙宗，貞，王其邵祭成唐（湯）」（H一一：一）；「貞：王其桒又（佑）大甲，𠭯周方白（伯），口叀足不（丕）左於受又（有）又（佑）」（H一一：八四）等。按有些學者認為，第一辭表明周人祭祀商業的祖先，或周文王祭祀成湯（陝西周原考古隊〈陝西岐山鳳雛村發現周原甲骨文〉，《文物》一九七九年第十期）。或認為第二辭乃是周王祭祀商帝太甲，祈其佑福（徐錫台〈周原出土的甲骨文所見的人名、官名、方國、地名淺釋〉，《古文字研究》第一輯，中華書局一九七九年版）。但也有人認為是商的卜人棄商奔周，或是周人克商後攜帶至周原的（如李學勤《論周文王時期的四片甲骨》等）。周人是否會祀商的祖先，這又是一大疑案，卜辭中有些字不能識別，故難以作確定的結論。不過按照其他文獻，先周時周人祀商的祖先並不是沒有可能的。

商人以契為祖先，周人以稷為祖先。契與稷都是傳說人物，其功業雖經神化和誇張，但也許是兩族通過傳說記憶而保留下來的實有其人的先祖之名。周朝建立以後更向前推，推到更加恍惚飄渺的五帝時代。《國語・魯語上》云：「商人禘舜而祖契，郊冥而宗湯；周人禘嚳而郊稷，祖文王而宗武王。」這裏把商人更遠的祖先說成是舜，把周人更遠的祖先說成是帝嚳。按《魯語》把舜與帝嚳再追上去，皆爲黃帝後裔，則殷周成爲同種。

按古帝黃帝的故事雖在戰國始流行，但傳說如此之盛，亦當有史實之素地。

至此還不算結論，後來又更進一步。按《史記・五帝本紀》的說法，舜與帝嚳雖然都可追溯到黃帝，但畢竟是黃帝之後的兩個分支。至《禮記・祭法》則說：「殷人禘嚳而郊冥，祖契而宗湯；周人禘嚳而郊稷，祖文王而宗武王。」這裏，把殷周兩族禘祭的對象都說成是帝嚳，也就是說，他們的祖先都是帝嚳。這就從同種進到同祖，殷周的血緣關係更親近了。

但這種說法是在殷後出自周人之手，是故意的僞託，而且是周人主動與商攀親的舉動。按甲文的實物爲證，商人記錄他們的始祖爲「高祖夒」。學者們考證，「夒」即「嚳」之聲轉。王國維《古史新證》說：

……則夒必為殷先祖之最顯赫者，以聲類求之，蓋即帝嚳也。……《史記・五帝本紀》索隱引皇甫謐曰：「帝嚳名為」。《初學記》引《帝王世紀》曰：「帝嚳生而神靈，自言其名曰夋」。……《山海經》屢稱帝俊（凡十二見），郭璞注於《大荒西經》「帝俊生后稷」下云「俊宜為嚳」，餘皆以為帝舜之假借……三占從二，知郭璞以帝俊為帝舜，不如皇甫以夋為帝嚳名之當矣。《祭法》：「殷人禘嚳」；《魯語》作「殷人禘舜」。「舜」亦當作「夋」。嚳為契父，為商人所自出之帝，故商人禘之。卜辭稱「高祖夒」，乃與王亥、大乙同稱，疑非嚳不足以當之。

可知「帝嚳」、或稱「高祖夒」，與帝舜有區別，本是商人的始祖。有甲骨刻辭、亦即商人的記錄爲證。〈魯語〉所言必出自周人，他們強占了帝嚳，尊爲自己的始祖，而把舜塞給商人。但取商而代之的周人，畢竟看得到當時還存在的文獻資料，難以強奪，故〈祭法〉中又改變了說法，將兩族說成是同出自一個始祖，這始祖就是帝嚳。

周人所以求同，是出於鞏固統治的需要，利用那個時代對於血緣關係的重視，製造出兩族之間的血緣紐帶，以利周王朝的統一。

關於祖先這段公案的最後版本見於《史記》。《史記・周本紀》說：「周后稷，名弃。其母有邰氏女，曰姜原。姜原爲帝嚳元妃。」〈殷本紀〉則說：「殷契，母曰簡狄，有娀氏之女，爲帝嚳次妃。」這個版本是最後的定論，太史公只是記錄者，而不是編造者。它一定經周王朝確認並流傳了很長時間，太史公把它當作史實記錄下來。這一版本的妙處就在：確定帝嚳爲殷周共同的始祖，不但排除了周與商兩個民族融合的血緣意識的障礙，而且按照周代建立的宗法制或嫡長子繼承制，周之祖宗是元妃所出，乃嫡出；殷之祖宗乃次妃所出，乃庶出。於是周與殷雖出於同一始祖，又有嫡庶貴賤的分別，周尊於殷。歷史總是勝利者寫的，於此可見一斑。

無論如何，從姬周努力學習商的文化，接受其先進技術和語言文字來看，甚至在關係到「創業傳世之所自來」的祖先問題上，也不惜斷然改寫爲同族同祖，可知商周兩代文化聯繫是相當密切的。兩者的融合可謂淪肌浹髓、染蒼染黃。

但是，王靜安先生關於「中國政治與文化之變革，莫劇於殷周之際」的論斷也不錯。周克商以後，它的封建制和宗法制取代了商的方國聯合制；它的重視農業、父子承傳、同姓不婚等較爲先進的制度習俗取代了殷人之同姓通婚、兄終弟及等傳統。與此同時，周人又毫無保留地接受了商人先進的文明成果和文化遺產，其興廢之劇又不是明清祚移時完全可以比擬的。總體而言，殷周之際是兩個民族良性互動的融合，在制度與文化上相互取長補短，促使中華文明產生了一次極大的躍遷。

當時宗教觀念的劇變亦發生在特定的歷史背景中。

二、殷周之際鬼治主義的延續

商人「率民以事鬼」的特點爲甲骨和文獻所證實。周代宗教卻以「天命」爲符號，講道德原則，講善惡因果，講福善禍淫的天命轉移規律，顯示出完全不同的樣式。從包含較早史料的《書》、《詩》中，似乎表明西周自始就是這樣。後世儒家宣揚道統，特別強調周公的作用，大體認定由文、武、周公就建立了道德原則，尤其推崇周公，令人們誤以爲至遲在周公制禮作樂時，便確定了政治和宗教的道德原則。

我以爲道德至尚的原則並不是從周初便形成的，也不是周公一人制定的。從任意性的鬼神意志到有規律的道德原理，其間有一個逐漸發展的漫長過程。有證據表明，周公之時，宗教內容主要還延續商代的鬼治主義，並沒有立刻發生深刻變化。尤其是在《尚書》之《周書》中，特別突出天的道德目的，甚至稱述民情民意與天命的緊密聯繫。這應該是西周宗法制建立，士民階層形成以後逐漸出現的文化動向。

天命以道德和民情爲依據，反映的是士民階層的要求和主張。

西周宗法制不斷製造失去貴族身份的士民，時間愈長，人數愈多，隨著士民成爲一個能夠影響社會政治的重要力量，宗教內容才發生演化。《周書》大多於西周晚期或春秋戰國時寫定。在最後寫定時攙入了當時的思想觀念，故應該認識到道德天命觀其實有一個逐漸發展的過程，並非一蹴而就。《周書》有一些篇章，透露出早期的眞實面貌，與商代思想相對照，可發現其間演變之跡。

商代宗教以「鬼治」爲特點，除了獻祭與賜福等人與神之間的利益交換外，上帝鬼神代表一種不能說完全沒有、但確實是缺乏道德準則的、具有任意衝動特點的統治階層之權威。這與政治上的壓制力量保持一致，相輔而相成。

殷人事事都要占卜，同樣一件事，何以吉，何以凶？總是變化不定。殷人又時時都要祭祀，鬼神因何而降災，因何而賜福，大多沒有充足理由，只因爲鬼神本身所有的權威和任意的超自然能力而成立。除了鬼神和祖先的意志，天上人間是沒有規律可尋的。

這樣的宗教觀念既反映了當時的政治狀況，也反映了殷人之無拘無束、富於藝術氣質的民族心理特徵。

一般認爲，《商書》中的一些篇章屬於比較可信的商代文獻，《商書》中《盤庚》最早，但經過周人的加工潤色。其他篇章也有原始資料的依據，但寫定時間有可能是西周至春秋戰國時代。至於《商頌》，雖然有學者從質文繁簡不同，認爲它是周詩。（皮錫瑞《詩學通論》：「商質而周文，不應《周頌》簡，而《商頌》反繁。」）但學者也不否認其中含有商代的史料，出自殷之後代的宋國。（參見俞平伯《論商頌的年代》）

即以最早的《盤庚》上中下三篇而論，充滿與力治相統一的鬼治特色。商王盤庚要把國都從耿地遷往亳殷，臣民皆不願意遷徙，於是盤庚就作了三次演講。《盤庚》三篇便是這三次演講的記錄。前輩學者早就發現它們的內容與後世觀念有很大差異，顧頡剛先生用「鬼治主義」來概括它。他在《盤庚中篇今譯》一文中說：

這三篇演說稿從現在看來實是非常奇怪：他（指盤庚）說了許多的話，竟沒有把他們為什為應該遷都的一個主要意思說出來，——雖是後世的學者有了河患的成見，已經替他加上了些理由。實際上，他只有把甘言好語來騙他們遷徙，把嚴刑峻法來逼他們遷徙，把先王先祖的神靈來嚇他們遷徙。

……原來西周以前，君主即教主，可以為所欲為，不受什麼政治道德的拘束；

若是逢到臣民不聽話的時候，只要抬出上帝和先祖來，自然一切解決。這一種主義，我們可以替它起個名兒，喚作「鬼治主義」。西周以後，因疆域的開拓，交通的便利，富力的增加，文化大開；自孔子以至荀卿、韓非，他們的政治學說都建築在「人性」上面。尤其是儒家，把人性擴張得極大，他們覺得政治的良好只在誠信的感應；只要君主的道德好，臣民自然風從，用不到威力和鬼神的逼迫。所以那時有很多的堯、舜、禹、湯、文、武、周公的「德化」的故事出來。這類的思想，可以定名為「德治主義」。戰國以後，儒家的思想——德治主義——成了正統的思想，再不容鬼治主義者張目，故《盤庚篇》已不會得假造出來，即使假造了也不容收入《尚書》了。（《古史辨》第二冊，上海古籍出版社一九八二年版，第四十四頁）

確實如顧頡剛先生所言，《盤庚》三篇，就是不仔細講爲什爲要遷徙的現實原因，一味地說鬼話。其中也講了天上降下災禍（殷降大虐），但很可能不是發生諸如河患或外族入侵等災難，要是這樣的話，人民自已就同意遷徙，不必盤庚如此威脅逼迫。其中也有「利」的引誘，如「視民利用遷」，雖然沒說出是什爲具體好處，但僅憑有「利」之號召，在當時算是很充分的理由。

顧頡剛先生這裏還有一個非常重要的結論，那就是商、周兩代的宗教傳統發生了極大變化。「西周以前」是一種傳統，西周建立以後又完全是另一番風景。這個變化就是西周以前的宗教沒有道德基礎，西周以後的宗教卻非常強調道德原則。道德原則具有不同尋常的權威，乃至它在某種程度上高於宗教和政治，也由此獲得可以脫離宗教和政治的獨立性。所以君主必須講「政治道德」，而且只要講政治道德，其統治就不必完全依賴鬼神或宗教。故西周講堯、舜、禹、湯等古帝的「德化」，從宗教傳統慢慢轉向世俗道德。但在「西周以前」卻不行，商代是政教合一的體制，君主即教主，其統治不講道德，一味地依靠繁多上帝、先祖和鬼神的權威。

盤庚主張遷殷，但是僅有功利性的號召是不夠的。中篇有一段話，表明殷代的政治統治是必須依靠宗教的，在天的鬼神可以直接幫助有權力的王干涉人世間的事。其中說：

古我先后既勞乃祖乃父，汝共作我畜民。汝有戕則在乃心，我先祖綏乃祖乃父；乃祖乃父乃斷棄汝，不救乃死！茲予有亂政同位，具乃貝玉，乃祖乃父丕乃告我高後曰：「作丕刑于朕孫！」迪高后，丕乃崇降弗祥。（按顧頡剛先生翻譯：我們的先王既經任用了你們的先祖先父，你們當然都是我所畜養的臣民。倘使你們心中存了毒害的念頭，我們的先王一定會知道，他便要撤除你們的先祖先父在上天侍奉先王的職役；你們的先祖先父受了你們的牽累，就要棄絕你們，不救你們的死罪了！如果你們在位的官吏之中有了亂政的人，貪著財貨，不顧大局，你們的先祖先父就要竭力去請求我們的先王，說道：「快些定了嚴厲的刑罰給予我們的子孫罷！」

於是先王就大大地降下不祥來了。）

這眞是充滿浪漫主義精神、繪聲繪色的連篇鬼話。盤庚在講這番話的時候，對自己的「先后」和臣民們的「乃祖乃父」，如見其人，如聞其聲。但這是當時的普遍信念，否則也不容盤庚把鬼話講得如此冠冕堂皇。盤庚所說的他自己的「高后」或「先祖」，注疏皆謂指成湯而言。成湯雖是商的開國君主，按商的習俗可稱爲帝，但他不可能是地位最高的唯一主神。因爲商人對湯以前的先公先王也是非常崇拜的，祭祀很頻繁，都尊爲「帝」。在他們的心目中，高祖亥、河等人的地位肯定高出成湯，何況再上還有高祖夒（帝嚳）。這時搬出湯，大概是爲了借重湯的臣屬、也就是盤庚之官吏的祖先們。由這些已故的祖先們共同出來教訓子孫，甚至指責子孫要累及祖先在天上的生活，必定很有說服力量。如果遇上其他問題，如水旱等自然災害或外敵入侵，可以求助於帝、史、巫等，就未必要搬出湯來。不同的神靈解決不同的問題，表明這是一個爲多鬼神進行統治和參政的時代。

實際上古代統治者們的行動權力也並不是無限的，民衆對鬼神和傳統的崇拜勝過對人間君主的尊崇。因爲古代人們相信君主的權力是神賦予的，最高的合法性存在於神的權威和祖先傳統，而統治者不過是起媒介作用的、傳遞神的旨意的代表。因此統治者們每當向他們的追隨者或臣民演講時，總要求助於宗教性的秩序和祖宗的神聖傳統。故君主的統治固然依靠鬼神，而民衆對君主的約束也依靠鬼神。

像此類以神秘主義的「鬼治」與政治行爲的「力治」相互補充的例證很多，如：

> 予惟聞汝眾言，夏氏有罪，予畏上帝，不敢不正。（《商書．湯誓》）
>
> 夏王有罪，矯誣上天，以布命於下。帝用不臧，式商受命，用爽厥師。（《商書．仲虺之誥》）
>
> 今我民用蕩析離居，罔有定極。爾謂朕，曷震動萬民以遷？肆上帝，將復我高祖之德，亂越我家，朕及篤敬，恭承民命，用永地於新邑。（《商書．盤庚下》）
>
> ……外大國是疆，幅隕既長，有娀方將，帝立子生商。……帝命不違，至於湯齊。湯降不遲，聖敬日躋。昭假遲遲，上帝是祗，帝命式於九圍。（《商頌．長發》）
>
> 爾有善，朕弗敢蔽；罪當朕躬，弗敢自赦，惟簡在上帝之心。（《商書．湯誥》）

武力征伐，強迫遷徙，擴大版圖，穩定政權等等，都有鬼神作爲依據。

神秘主義的鬼神崇拜與專制統治在天上與人間是平行發展，相互證實並相互支援的。特別是在社會進程偏離了正常軌道的時候，鬼神意志能夠對專制王權產生制約和補充的作用。《商書》中的〈高宗肜日〉是一篇學者們認爲有原始依據的文獻。它的內容主要是記載高宗武丁祭祀成湯時，有飛雉落於鼎耳鳴叫，武丁以爲不祥之兆而懼怕，大臣祖己借機會對王進行勸誡。可知利用災異約束王權，不待後世儒家發明，早在商代即已開其端緒。

服務於集權政治的鬼治主義，在商紂之時受到過強烈衝擊，開始發生變化。但是徹底變化需要一個過程，至少在西周初期，它還延續了一段時間。那時制度已發生巨變，宗教的變化卻依自己的規律發展而略遲於制度變化。周初的服事鬼神，仍帶有明顯形而下的意味。

《周書》中的〈金縢〉篇，講述了一個非常深刻反映周初時代特色的故事。大意是說在克商的第二年，周武王生病不癒。他的弟弟周公築壇向祖宗們祝告，願代武王死。但他的祖宗們很仁慈，不但不要周公代死，而且也讓武王的病好了。周公沒有再說這事，把請命之書冊藏在用金緘封的櫃子（金縢之櫃）裏。

武王死後，成王即位。管叔等造謠說周公要奪成王的天下，周公被迫離開朝廷，避居在外。成王雖不捉拿他，但也不相信他的忠心。

有一年秋天，忽然風雷大作，把未收穫的莊稼吹壞，甚至把大樹都拔起來。成王與大臣們非常恐慌，打開金縢之櫃查看裏面所藏言天變之書，看到周公請求代死的祝冊。於是恍然大悟，知道天發怒是爲了表白周公的忠心。就親自出去迎接周公回朝。這樣風雷停止，風返倒吹，使原先被吹倒的禾黍重新豎立起來。

像這樣的故事，在今天而言完全是一段神話。但在當時是絕對鄭重其事的。《尚書》

是三代政府文件、文告或檔案的匯集，以求實態度而作的認眞記載。《史記・魯周公世家》記載了與此大體相同的一段事，只是說成王病，周公禱請爲成王代死。略有出入，大約是同一傳說的兩種不同版本。〈金縢〉所載周公的祝辭尤其有意思。其辭曰：

> 惟爾元孫某遘厲虐疾。若爾三王是有丕子之責于天，以旦代某之身。予仁若考能多材多藝，能事鬼神。乃元孫，不若旦多材多藝，不能事鬼神。
>
> 乃命于帝庭，敷佑四方，用能定爾子孫于下地，四方之民罔不祗畏。嗚呼，無墜天之降寶命，我先王亦永有依歸！
>
> 今我即命于元龜。爾之許我，我其以璧與珪，歸俟爾命。爾不許我，我乃屏璧與珪。

究竟祖先爲何要讓武王死，眞是個很難回答的問題。《尙書》今古文皆已絕，惟因漢儒之說，略存一二。自晉梅賾《僞孔傳》盛行之後，曆六朝隋唐不改。但其中許多詞義句意，都不可解釋了。雖然近代如王引之作《經義述聞》，比類經文，專解祝辭，使得章句訓詁稍稍明白。然其不可通者，終不可通也。舊解在這裏或認爲是說祖先要取武王的命，以令他去盡大子之責；或解釋說是「天」而不是祖先，周公是以祖先爲媒介，轉而向「天」請代。後一種說法大概是受西周以後盛行的「天命」和「孝慈」等觀念的影響，以爲祖先或許不至如此無情。但這顯然不合周公這一篇話的語意。顧頡剛先生引俞樾《群經平議》的解釋最爲確實（參見《古史辨》第二冊第七十一頁，顧頡剛《金縢篇今譯》）。俞樾以爲「丕子」應爲「負子」，諸侯患病稱「負子」。「子，民也，言憂民不復子之也，」即不復能夠再以民爲子了。意思就是三王（太王、王季、文王）在天患了疾病，要讓武王去盡服侍的責任。這種形而下的神秘觀念，在上古人們思想中是合情合理的。

隨著周代政治的發展，原始的互惠主義遭到一種不對稱的移換，但是並沒有完全被廢除。

周公提出三條理由請以自身代武王死。其一就是說自己既佞且巧（俞樾《群經平議》：「予仁若考者，予佞而巧也」。佞巧，會說話且有心計），又多才多藝，比武王更會服侍鬼神。「多才多藝」從此就作爲一句成語流傳下來。

其二是說既從上帝那裏受命而有天下，爲了使人間的子孫安定、萬民敬畏；也讓他們自己在下界有宗廟得以依歸。

其三是說通過大龜占卜可以貞知三王的意思。如果三王答應周公的請求，周公就把璧和珪獻給他們；如果不答應，周公就要把眼前的璧和珪拿走，不給他們了。

這三條理由貫穿的核心思想就是：曉之以利。三條都屬於直露的、切實的功利性考慮。受到服侍和誰更會服侍，有宗廟可依歸，固然是非常現實的功利問題。除此之外，死後的王還貪圖財賂，璧和珪都能拿出來作爲一個具有說服力的引誘，可知鬼神也是非常現實的、甚至現實到有些幼稚的地步，其中所含有的浪漫精神也與商人相似。這篇祝辭是對當時宗教觀的生動描繪。從存有論而言，鬼神是確鑿無疑的存在；從時代觀念而言，鬼神崇拜中包含著唯利是圖的功利主義。那時的觀念中，人死後雖然就具有了作祟或降福的神威，但其他諸如性情欲望和衣食住行，皆與生時也沒有太多的差別，故也沒有什麼後世人們所聯想的玄妙之處。

所謂「事死如事生」這種說法，在後世重在「如」字上，而三代則重在「事」字上。三代人把死者看得與生者一樣，以爲死者的思想觀念固然與生者全同，其衣食住行也與生者無多差異，如這裏的三王既會生病，又貪玉器，還要人服待。所以要切切實實地解決他們的具體「生活」問題，認眞地「事」，認眞地對待和盡責。不過也正是這種生與死完全相同的觀念，使鬼神在一定程度上減少了神秘性。而後世儒家則把重點放在虔誠恭敬之心的「如」上，兩者之間有天壤之別。

〈金縢篇〉一方面表現了商周之際宗教觀念的銜接，另一方面也透露出制度和文化深刻變革即將發生變化的跡象。

宗教傳統在周初開始發生變化，是因爲周王朝吸取商滅亡的教訓，認爲像商代那樣通過一種硬式的縱向屈從主義的專制國家體制，並不能一勞永逸地結束帶有原始意味的個人主義無秩序狀態。應該建立一種普遍接受的行爲規範來保障社會秩序。

武王在克商後二年即去世，其子成王年幼。這就留下一個重要抉擇：是按周的傳統父死子繼，還是採取殷的兄終弟及的制度。〈金縢篇〉記成王疑周公，《史記》中〈周本紀〉〈魯世家〉記周公當武王時已掌大權，《逸周書・度邑解》記武王欲傳位於周公，令「我兄弟相後」（即兄終弟及），以及〈書序〉對〈大誥〉、〈君奭〉的解釋中有意隱諱周公攝政事，一律釋爲「相成王」，等等，都是這種抉擇的曲折反映。

當時周的版圖始大，形勢複雜。殷貴族的勢力還很強大，東方存在許多周難以駕馭的夷族方國；朝內還有武王之弟、周公之兄管叔等覬覦王位。這時周公攝政稱王，東征三年取勝。他做了兩件大事，一是還政於成王；另一是分封諸侯。後世傳周公制禮，「禮」的範圍很廣，涉及制度和文化的各個方面。但是最主要的是這兩件事，它們實際代表宗法制的建立。

由於當時生產、交通、貿易的發展，在殷之末季，周未克商之前，周族與殷族並與其他民族方國的接觸日多，已經醞釀著制度文化大變革的動向。如王國維《殷周制度論》考殷末制度漸異於前時，開始實行父死子繼，且有嫡庶之分。而先周也有公亶父之長子太伯、次子虞仲走避荊蠻，以將王位讓給少子季歷。這同於商人的兄終弟及制。另有如《逸周書・世俘》「文考（周文王）修商人典」等文獻，說明文王反學商。周文王舍其長子伯邑考之子而立武王（《禮記・檀弓上》：「昔者文王舍伯邑考而立武王」。崔述《豐鎬考信錄》卷二認爲其文當爲「舍伯邑考之子而立武王」，或記偶脫「之子」二字）。武王崩，其弟周公輔政，也許所謂輔政就是踐天子位。這種兄弟相及，並不違先周之制，本無可非議。但是周公在位七年而致政成王，從此廢除了兄終弟及的舊傳統，改爲宗法制核心的長子繼承制。以後歷代相沿，始成爲定法。《左》僖二十四年載富辰說：「昔周公弔二叔之不咸，故封建親戚以蕃屏周」，《尚書大傳》也載周公攝政四年「建侯衛」。而在封國中，也以嫡長子繼統，遂使宗法得以迅速擴大和普及。

許多證據表明，一些包括宗教在內的、對後世爲生根本性影響的政治文化的深刻變化由周初肇始其源的。

《洛誥》有「王肇稱殷禮，祀於新邑，咸秩無文……」等語。吳其昌《王觀堂先生尚書講授記》記王國維對此感到費解：

> 《洛誥》「肇稱殷禮」：殷周之際，有一費解之事，即文王即位改元，而武王即位不改元也。武王即位不改元，故凡《尚書》所記武王時事，「惟王十有三祀」，「惟十有一年」等，皆指文王以來之元也。成王即位，是否改元，不可考；而殷禮則每一新王即位，即舉行一重大祀典，是即所謂「元祀」；自是每年祭祀，即以「二祀」、「三祀」……紀之。大約文王即位，舉行元祀；而武王即位，並未舉行元祀，故並不改元；成王即位以後，至是年，新邑成，始舉行元祀。元祀，殷禮也；武王以來已廢，至是又復舉行，故「肇稱殷禮」也。《洛誥》後云：「惟七年」，此七年，當是成王新邑成元祀後之七祀也。

實際這正是革故鼎新之時徘徊瞻顧、舉措未定的正常現象，不止改元之事無一定之規，整個文化制度都處於時移俗易的轉捩關頭。《洛誥》疏引鄭玄云：

> 王者未制禮樂，恒用先王之禮樂。是言伐紂以來，皆用殷之禮樂，非始成王用之也。周公制禮樂既成，不使成王即用周禮，仍令用殷禮者，欲待明年即取告神受職，然後班（頒）行周禮。班訖，始得用周禮，故告神且用殷禮也。孔義或然，故復存之神數多而禮文少。應祭之神名有不在禮文者，故令皆次秩不在禮文而應祀者皆舉而祀之。

這種解釋的具體內容、如制禮作樂者是否爲周公，是否出於一人之手雖未必確實，但揭示了周王朝建立初期新舊交替、革故鼎新過程本身的眞實。所謂「新舊」，非謂殷爲「舊」，周爲「新」。實際上商、周原有的制度文化皆爲「舊」爲「故」；它們兩者的融合，以這種融合爲基礎發展出來的禮樂制度才是「新」。從中可知周克商前「未制禮樂」，其後頒行的「周禮」，非商以前之周禮，而是克商以後新制的禮樂。在這些新制的禮樂文化中，除制度上的宗法、世官等制度外，還提出了「天命」的道德原則。有了這個原則，故可使祭祀之「禮文」簡省，而出現「神數多而禮文少」的情況。

當然，不能忽視商之原有先進文化給這種新的禮樂所提供的主要基礎。《論語・先進》：「子曰：先進於禮樂，野人也；後進於禮樂，君子也。如用之，則吾從先進。」這段話，歷來難得其解。朱熹云：「先進後進，猶言前輩後輩。」直到傅斯年先生《周東封與殷遺民》中才得到切中肯綮的解釋。所謂「野人」乃指殷遺民，所謂「君子」指周宗姓婚姻。傅先生譯此段話說：「那些先到了開化程度的，是鄉下人；那些後到了開化程度的，是『上等人』。如問我何所取，則我是站在先開化的鄉下人一邊的。」這裏孔子所說的禮樂泛指文化，雖包括玉帛鐘鼓，卻並不專就玉帛鐘鼓而言。其中表達了孔子對商文化或文明的讚賞和肯定。但是孔子的讚賞是有誤解的，商的禮樂中缺乏他最爲重視的道德原則，這種道德原則的確立從西周開始，他可能以爲道德基礎在質樸的遠古便存在。這既表明其重視傳統的歷史意識，又表明其局限所在。

從〈盤庚〉到〈金縢〉，我們可以看到從商到周初，兩者在宗教傳統上的銜接之跡。西周建立以後很快就發生了巨大變化，以道德原則爲基礎的天命觀與商代傳統具有本質差別。但是從這種銜接之跡而觀，周代宗教特別強調德治與民意，應該是有一個漸變過程的。

商周之際雖然出現制度和文化的劇變，兩代宗教的實質內容在很長一段歷史時期內還是有聯繫的。周代宗教的道德要求與切身利益的考慮結合在一起。初周寧願相信善有善報，惡將遭天譴。《商書．咸有一德》說：「惟天降災、祥，在德。」人們相信天命，並不是爲了道德本身而訴諸於道德準則，而是爲了切身利害而遵循道德。這可以說是一種自然法則上的後果，促使人要有德。〈咸有一德〉篇被認爲是僞作，可是這一篇反映周初人意識的作品，放在《商書》中卻很合適，因爲在其後《周書》中也有大量與此相同的說法。其中所貫穿的思想是商周兩代宗教的連結脈絡。無論如何，在後來的儒家倫理學中，道德與個人利益徹底分別開來，遵循道德是爲了人生的價值和意義。它與兩代的宗教傳統是迴然有別的。

由新的禮樂制度，尤其是宗法制，產生新的「天命」觀，宗教傳統和鬼神觀念亦隨著新制度的社會效果而逐漸發生本質變化。

三、西周之「天」的多種屬性

商代將天神稱爲「帝」，認爲祖先和商王死後也會成爲天神，故商代所有先公先王通稱爲「帝」。「帝」雖然不止一個，但作爲最高權威的神出現，帝之群體中的每一個都有支配自然現象和人間禍福的神性。

至西周以後，出現了一個名之爲「天」的概念，在意義上似乎與「帝」或「上帝」完全相同，兩者可以互換。如《周書・康誥》：「聞於上帝，帝休，天乃大命文王，殪戎殷」；〈多士〉：「惟天不畀，允罔固亂；弼我，我其敢求位。惟帝不畀，惟我下民秉爲，惟天明威」等，僞孔傳與孔疏釋「天」、「上帝」、「帝」之義全同。《大雅・文王》：「文王在上，於昭于天。周雖舊邦，其命維新。有周不顯，帝命不時。文王陟降，在（察）帝左右（此二句蓋爲倒文）」。《大雅・大明》：「維此文王，小心翼翼，昭事上帝……有命自天，命此文王」等，鄭箋孔疏在這些地方也將「天」、「帝」、「上帝」等詞義視爲同一。

在有關文獻中，把天當作指稱天神的「帝」或「上帝」來用的例證俯拾皆是。如《尚書》中自〈牧誓〉至〈呂刑〉等十六篇；《逸周書》中〈世俘〉、〈克殷〉、〈度邑〉、〈皇門〉、〈芮良夫〉等篇；《詩經》中的《周頌》、《大雅》，以及《小雅》《國風》中許多詩篇，是比較確實可信的西周史料。今傳《世本八種》、《春秋》、《左傳》、《國語》、《山海經》、三《禮》、《大戴禮記》，以及其他許多子書中也載有宗周史料。這些史料中常見天與帝並提，按文義，「天」與「上帝」常常是可以置換的。西周的「天」具有商之「帝」的意義。不同的地方是「天」乃唯一的主神，而不是像商代那樣的一個多元系統。

周代對於上帝，除了「天」之外，還使用多種神稱，如皇天上帝、皇天、天命等。天是其中最基本、最常用的稱謂。

這就產生了一個問題：如果「天」與「帝」這兩個概念的內涵與外延完全相同，那麼爲什麼不省便沿用「帝」或「上帝」，有什麼必要又費事地造出一個「天」來指稱它？甚至漸漸完全用「天」取代了上帝呢？

我們認爲，周之「天」與商之「帝」除了在宗教至上神的意義上相同之外，兩者的內蘊具有相當多的差別，分別是不同意義系統的元概念。「天」吸收了商之「帝」原有的一些含義，有重疊的地方，又有發展並增加了很多內容，兩者絕不是全同概念。

周族直到太王、王季的時代可能還沒有超出氏族社會的範圍，《詩經．大雅．緜》說：「古公亶父，陶復陶穴，未有家室。」這是說古公亶父時周人還住在窰洞或土穴裏，過著「穴居而野處」的生活。它受周圍許多文化先進的部族的影響，尤其是受強大的商帝國的影響，廣泛地接受了許多外來文化。從它克商後應用商的文字並推尊商的始祖來說，周族是一個善於學習、肯於接納其他文明的部族，具有很強的可塑性。「天」也許是周人原有的信仰，但是由於周人廣泛接受外族的傳統，把來自其他傳統的許多意義也都納入這個概念，反而使其固有的意義淡漠不清了。

「天」這個概念之外延很大，其中含有表現道德律的自然法則、自然力原型、語源學方面的抽象屬性本義、多部族的原始神話意象等意義。這種複雜多樣的意義系統，造成周代天的信仰與商代、以及世界其他宗教之形態差別。

「天」具有比宗教的至上神複雜得多的綜合屬性。

㈠天的語源學本義——蘊含崇高美的抽象概念

在商代，雖然已出現「天」字，但它並不表示天空，而表示人的頭頂。《說文》：「天，顚也，至高無上，從一大」；段注：「顚者，人之頂也。以爲凡高之稱。」段玉裁指出，天、顚是音訓，但義不相同，「不可倒言之」。而一、大，按六書爲會意，「合二字以成語」。實際上，「從一大」的說法也是後起的，甲文的本字中「一」作圓形或方形，寫作，像一個正面站立的人形。○象徵人的頭頂。到西周初，變作，唯將上面的○改作●，但意義已變作上天之義，不再是頭頂義。後來寫作，如一九七六年陝西扶風白家村出土的青銅《牆盤》的盤底銘文，在穆、恭王時代鑄成。上面的圓已改作一橫，作。金文中還有，上面的一橫爲指事。至於「至高無上」的解釋，大約可視作後起的引申義，由人的頭頂爲人身之最高引申出來。按朱俊聲《說文通訓定聲》中

對「轉注」所下的定義似最爲合適：「轉注者，體不改造，引意相受，令長是也。」古人從某一本義引申出另一意義時，不另造一字，仍用原字，即爲轉注。

商代甲文刻辭中的「天」按其構形，皆作頭頂之義解。如「疾朕天」（《合集》二〇九七五），意爲「病了我的頭頂」。有的學者認爲也有例外，如王暉《商周文化比較研究》中提出兩條：「唯袞犬於天」（《合集》二二四五四），「唯禦兗於天」（《屯南》二二四一）。認爲「顯然這兩條卜辭中『天』的性質已是天神了」。（人民出版社二〇〇〇年五月版，第六十六頁）但是他強調這是所有殷墟卜辭中「僅見」的兩條。這兩條刻辭中含有未識之字，不知解爲天神之天是否成立。我們認爲，不排除天神的引申義或在商代晚期已經出現的可能，有些文獻中如武乙射天的傳說，帝辛（紂）之信命在天的傳說，都可作爲佐證。

不過，普遍的考古研究結果是正確的，即在商代，「天」字主要是頭頂之義，或爲「大」的異體字；「天」不表示天空，在商代還沒有出現表示天空之義的專字。然而那時的人們不可能沒有天空的概念，如早期甲骨文將「雨」字寫作「」，下面數小點代表雨滴，上面一橫即表示天。由此可知當時人們已經具有了天空的觀念，並有表示它的符號，也許天空的觀念不像後世那樣意義重大，所以沒有特意造出表示它的專字。

在商周之際，天這個字如何出現，其字義是如何引申轉變的？由於文獻不足，現在已難確切考知。

西周出現的「天」這個概念，具有兩個鮮明特點：一是它從一個表示簡單觀念的單純符號變成一個意義複雜的重要概念，與其他字義的發展比較而言，其過程很短，在商末或西周初非常迅速地發展成爲一個普遍應用的文字。縱使這個字含有以前的觀念作基礎，但從其基本意義的完成和普及過程如此迅速來說，也表明它是蘊含著人類有意識的創造性思維的成果。它或許是制禮作樂過程中（也許並非出自周公一人之手）人們有意創造出來的。

二是「天」的內涵很小，大體上可以用《說文》的「至高無上」、「巔」來表示。但其外延很大，從物質時空，鬼神崇拜，到祖先次序、尊卑長幼、道德倫理觀念等，無所不包；涉及認識論、自然觀、宇宙論、價值觀等各個方面。

「天」是一種接近於「屬性概念」或「抽象概念」的概念，「凡高之稱」所反映的不是事物本身，而是從各種事物中抽象出來的某種屬性作爲獨立的思考對象。故「天」的含義很多，幾乎可以包括中國古代人們經驗、觀念上的所有「至高無上」的事物。它往往與感性認識中的具象一拍即合，婉轉關生，無所不通，能夠用來表示所有崇高事物、經驗和精神現象。

例如，在這個概念中集合了來自日月星辰運行高處、自然天空之感性形象的深邃高遠，來自商周帝國各部族各種始祖傳說所形成之生命淵源的神秘高古，來自上帝崇拜中前道德之精神境界的崇高景仰，由道德原則使人們感到能俯察整個生命領域之心靈高尚等等。所有這些高的屬性與人的靈感、情緒、理智化合在一起，構成一個元概念。從任何一個角度應用這個概念的時候，意念僅指向這個整體的一個局部，但是這個局部爲

「天」之其他部分由聯想而構成背景。

「凡高之稱」、「至高無上」又是一種美學觀念，含有構成「崇高美」的審美理想和審美情趣的一般因素。就客觀來說，大自然中有崇高的事物，像天上的日月星光，地上的高山峻嶺，它使人感到大自然的宏大和高超，崇高就存在於這些顯得比人類自身更神聖的事物之中；就主觀來說，人生來具有追求崇高事物的強烈願望，希望達到「予懷明德」、「懷於有仁」，並不計劃作庸俗卑陋的生物。人生處處感受到來自經驗世界的精妙、堂皇、不可測知、心靈偉大和情感瞬間昇華等令人嚮往和尊崇的事物或現象，久而久之，培養出嚮往崇高的審美理想。而且「天」又是從特定地理、環境中生活的民族所特有的知覺、感覺和感受而抽象概括出來的，故凝結著特定語境的文化特性，並以其所顯示出的概念具體性而形成有生命力的、可作爲思想的源頭活水的民族文化品質。它是中國古代制度文化劇變中產生的具有創造性而又水到渠成的嶄新的思想結晶；它與由它衍生出來的「天命」、「天道」等觀念是在思維層面上奠定中國文化傳統特徵的最重要的基石。

「天」這個概念不等同於以前出現的任何概念。譬如說它不簡單地等同於商代曾有過的「天」字之義或天「帝」概念。通過對其涵義的考察，可以大體把握西周時期的文化特徵和宗教觀念。

(二)西周的「天」之宗教至上神意義

商代的「帝」，雖具有某種主神的性質，但並不等同於其他宗教中的至上神。前已述，由於商王朝政治聯合體的鬆散性，「帝」這個主神也缺乏以人間政治爲基礎的至上地位。它可以作爲商王祖先的通稱。它的自然神性和祖先神性不是確定和統一的，而是各種神話原始意象的相互轉化和複合。由於反映力治政治的鬼治主義的盛行，商代的鬼神系統缺乏合目的性的貫穿，因此「帝」的主神的性質淹沒在繁多的祭祀或巫術活動中，無法確立明確的價值觀意義上的最高地位。

有一個很明顯的證據。即商代崇拜祭祀方神，所謂「方」，指東西南北四方。如「壬辰卜，其寧疾于四方，三羌又九犬」（《合集》三〇一七八）；意謂以三個羌人和九條犬爲牲向四方之神獻祭，以寧息疾病；「甲子卜，其求雨於東方」（《合集》三〇一七八），向東方之神祈求降雨；「南方受年」（《屯南》二三七七），謂南方之神授予豐年；「西方𡿧我」（《合集》三三〇九四），謂西方之神災害我……等等。像這樣崇拜方神的刻辭很多。衆多的方神都與「帝」一樣有相等的神威能力，而且在卜辭中，帝可以令風令雨，但從未見令方者。這說明帝與四方之神不屬同一系統，即使在自然神的範圍內，最高的主神也不是唯一的，而是多元的。

而至西周，「天」與「帝」同時出現，兩個概念在主宰意義上是重複的，但是天在文獻中的使用頻率漸漸多起來，最後取「帝」而代之。作爲主宰之義的「天」，其地位是至高無上的、唯一至尊的，它掌管所有的神靈，包括四方之神。所以在周代不再崇拜四方之神，周以後的文獻中出現「四方」或東西南北「方」等，皆指方所或各個方所的土地、諸侯及百姓而言，不復為神義。如周初康王時期的《大盂鼎》銘文：「丕顯文王，受天有（佑）大令（命），在（載）武王嗣文王作邦，闢厥匿，匍（撫）有四方，畯正厥民。……古（故）天異（翼）臨子，法保先王（成王），囗有四方。」著名的《毛公鼎》：「䌛䌛四方，大縱不靜。」這些「四方」都沒有神靈之義，而是指方位。不排除某些文獻中的「方」還有神靈之義，縱使有神靈之義，他們也是天帝的臣屬，沒有商代那樣與帝平等的地位。後世有些文章中用典，尚有「方神」之語，但人們已不易理解了。如班固《東都賦》：「山靈護野，屬禦方神。」《文選》李善注：「方神，四方之神也。」可知到了漢代，方神就已經帶有神話傳說的性質，成為文人用典的素材了。而至南朝以後，不經注釋則難以知解。

在西周的有關史料中，如《周書》中從〈牧誓〉至〈呂刑〉等篇，除了天，或者與天同義的上帝之外，很難見到有其他鬼神發揮作用。像〈金縢〉中三王作祟的事情，幾乎絕無僅有。商代無處不在的鬼神似乎都退避了，主宰意義的上天接管了他們過去所擁有的權力。

這個天帝是兼有祖先和自然神性的至上神。一方面，天隨時監視著朝政得失，頒佈道德法則，傾聽百姓的籲呼，直接對帝王發佈行動命令，並行使改朝換代的權威。如《周書．召誥》說：「皇天上帝改厥元子茲大國殷之命」。是說商王是天子，或天之「大子」，由於不行天之道，也被改換廢掉。疏云：「有皇天上帝，改云其大子所受者、即此大國殷之命也。」引〈釋詁〉云：「元，首也。首是體之大，故《傳》言『大子』」：又引鄭注：「言『首子』者，凡人皆云天之子，天子爲之首耳。」就是說所有的人都是天之子，而君主是天的「大子」、「元子」或「首子」。天產生人類、庇佑人類、對人類社會起監督指導作用，故在宗教視域中含有祖先神的性質。

另一方面，天也支配自然現象，是所有自然神的主宰。如《周頌・臣工》：「於皇來牟，將受厥明，明昭上帝，迄用康年。」是謂上帝可賜予豐年。又《大雅・雲漢》：「旱既大甚，則不可推，兢兢業業，如霆如雷，周餘黎民，靡有孑遺。昊天上帝，則不我遺。胡不相畏？先祖於摧！」《傳》云：「天將遂旱餓殺我與！先祖何不助我恐懼，使天雨也。」可知降旱或降雨自然變化也由天總攬大權。天是祖先神與自然神統一的最高主宰，是西周宗教的至上神。

商代把死後祖先都稱爲帝或上帝，他們實際是多元、並列的，形成一個上帝群體。名號雖一，而爲神非一。周代的天恰好相反，作爲唯一的至上神，卻有許多名號。如「旻天大降喪于殷，我有周佑命，將天明威，致王罰；勑『殷命終』於帝。……我聞曰：上帝引逸，有夏不適逸，則惟帝降格。」（《周書・多士》）在這一段中，所謂「旻天」、「天」、「帝」、「上帝」的意義其實皆同，同指一個凌駕於自然和社會之上、統轄所有鬼神的主宰之天。

商代的祖先死後都成爲帝，如果最初有一個最高的上帝的觀念的話，那麼它也轉變了，認爲祖先可以與帝並列。周人卻不敢有這種奢望，他們的祖先死後能隨侍上帝，如《詩・文王》所說的「文王陟降，在帝左右」那樣就很滿意了。這是商周兩代不同的地方。

周朝的先公先王不再稱帝，保障「天」成爲唯一而且最高的至上神。

「天」作爲最高的主神，在周初顯示出的人格性最爲突出，比商代有過之而無不及。商人的上帝降災賜福，尚需間接地通過占卜得知，很少直接與人交流。周初的「天」或皇天上帝之類，比商代呈現出具有更明確目的的意志和意識，甚至可以根據目的發佈行動的命令，或直接採取行動。如〈康誥〉：「聞於上帝，帝休。天乃大命文王，殪戎殷。」是說上表奏聞於上天，上天褒美周之治道。因此上天乃大命文王，以誅殺之道，用兵除害。又〈多士〉：「今惟我周王，丕靈承帝事。有命曰割殷，告勑於帝。」疏云：「惟我周家文武二王大神能奉天事，故天有命，命我周王曰：『當割絕殷命』。告正於天。」僞孔傳釋「告正於天」是「既克紂，柴（柴，柴祭）於牧野，告天不頓兵傷士」之意。〈召誥〉：「天亦哀于四方民，其眷命用懋。」疏云：「天亦哀矜於四方之民，其眷顧天下，選擇賢聖，命用勉力行敬者以爲民主。」〈多方〉：「爾乃惟逸惟頗，大遠王命。則惟爾多方探天之威，我則致天之罰，離狄爾土。」疏云：「汝乃惟爲逸豫，惟爲頗僻，大遠棄王命，則惟汝衆方自取天之威刑，我則致天之罰於汝身，將遠徙之，使遠離汝之本土。」

這裏，周王與上帝的交流，不僅有前代的祭祀、占卜等方法，甚至可以直接通過語言方法。周王能夠表聞上帝，皇天能夠用語言下達命令，例如有「當割絕殷命」這樣的具體語句。天有感情，能「哀矜」，能表示高興（休）。天亦有行動，能「選擇」，能立威刑，能致天罰。所有這些，加強了天的人格性，而天既能像人一樣表達意志和採取行動，則又增強了天的權威。

最高主宰意義是周代的天的信仰的重要內容之一。

天作爲上帝，在西周的宗教信仰中具有審查世俗政權的功能，所有的人類行爲、特別是政治行爲都被用來與使天具有意義的「德」作鮮明的對照。不過，周人主要把天當作種種道德準則的體現，並不特別強調它的超自然能力方面的神性。「天」與古希臘羅馬中的宙斯、猶太教的耶和華、基督教的耶穌、佛教的佛陀菩薩相比，其神性和主體性仍然顯得比較模糊，超自然能力也表現得不那麼突出。《大雅・文王》說：「上天之載（馬瑞辰《通釋》釋『載』爲『事』），無聲無臭，儀刑（效法）文王，萬邦作孚（作，則、就。孚，信、信服）。」鄭箋：「云天之道難知也。耳不聞聲音，鼻不聞香臭。儀法文王之事，則天下咸信而順之。」這裏，天並不直接顯示他的神性，祖先所樹立的禮樂傳統就代表他的意志。天以祖先傳統爲媒介，祖先傳統又以天子爲媒介。經過兩重媒介，天的主體性就更加抽象化了。其他宗教固然也有以人王或神職人員作上帝代言人的情況，但是像中國古代這樣強調上帝之「無聲無臭」者還是罕見的。

周代的「天」縱使相當於上帝，它所包含的出世性質也少於希伯來人的上帝。因爲從周代開始，中國的天即表現出很獨特的地方：它主要是爲君權、而不是爲神職人員服務的。天包含著許多複雜的意義，它後來沒有發展成爲一個獨立於經驗世界之外的支點，更不是一個宇宙的創造者。

㈢天的信仰與周代各族的神話原始類型的關係

在《尚書》、《詩經》等有關文獻中，天還有很多其他名號，前面可加上蒼、皇、昊等指稱。這些不同的限定語詞表示天的不同屬性，說明天的意義非常豐富。另外，作爲最高主宰的天卻沒有一個明確的原始人稱，也沒有特定的自然神作爲它的神話原型，這種情況在世界各種各種宗教文化系統中幾乎是獨一無二的。它與周初的政治統一和文化劇變密切相關的。

先周時期，從季歷到文王，已經吞併了鄰近許多方國。克商後，商、周兩個大的民族的融合又引起制度文化的劇變。而於克商之初，周公又因三監、武庚、東夷叛亂而進行東征，滅國五十（參見《孟子．滕文公下》），版圖急劇擴張。

原來各個民族、各個方國的宗教文化多種多樣。隨著政治的統一，在制禮作樂的過程中進行改造與綜合，熔鑄成嶄新的宗教文化體系，由此造成「天」的觀念之獨特性。

譬如在至上神的意義上，包含了許多其他民族和方國的神話原始意象，又以商、周兩族固有的一些複合意象作基礎。太史公在〈殷本紀〉中對殷的世系一概稱「帝」，而〈周本紀〉一律稱「王」，分別如此清楚，蓋必有所本。「天」的某些主要神性可能來自殷人之上帝。而「天」這個概念自身的雛形及某些特有屬性可能來自先周。

有些學者指出，周初或先周一些文獻表明，周族興起於岐山，有山嶽崇拜的傳統，認爲上帝百神居住於山上。如《周易．升卦》六四爻辭云：「王用享於岐山，吉，無咎。」或以爲國家興盛，明神則降於山上享祭。《國語・周語上》載內史過語云：「昔夏之興也，融（祝融）降於崇山……商之興也，檮杌（按韋昭注，指禹父鯀）次於丕山……周之興也，鸑鷟（鳳之別名）鳴於岐山……」《禮記・禮運》說：「山川所以儐（以禮接賓）鬼神也」，大約是周人山嶽崇拜傳統觀念的延續。

周成王時何尊銘文載：「唯王初遷宅于成周，復稟武王禮，福自天……」，唐蘭《西周青銅器銘文分代史徵》指出「福自天」中的「天」實際指天室山、即嵩山而言。武王時期的天亡簋（又名「朕簋」）銘文說：「乙亥，王又大豊（禮），王凡（同）三方。王祀於天室，降天，亡尤。」這是以「天」指稱天室山的確證。所謂「降天」，依唐複年解釋，是「是王降自天室的意思，也就是王從天室出來，因與前『王祀於太室』爲一句，所以省略了主語『王』。」（《金文鑒賞》，北京燕山出版社一九九一年版）

《逸周書・度邑》載，武王克殷以後，以「未定天保」，深爲憂慮，欲寢不能，對周公說他欲「克致天之明命，定天保，依天室」。古「保，堡」通用，定「天保」即定「天都」之意。其中有一段話，表明武王從政治軍事上考慮欲建都城於洛邑，其中也含有對「天」的宗教信仰方面的特徵，亦可證將天室山稱爲「天」的資料：

王曰：「嗚呼！旦，我圖夷（圖謀平定）茲殷，共其維依天。其有憲命（『憲命』謂『法令』），求茲無遠（大意謂若宣佈法令，在此可不遠離天意）。天有求繹，相我不難（謂於此尋求護佑，也不難得到天神對我幫助）。自雒汭延于伊汭

（洛汭謂洛水入河之處，在今河南鞏縣北；伊汭謂伊水入洛之處，在今偃師縣西南），居易（易，平坦）無固（無險固），其有夏之居。我南望過於三塗（三塗山在今河南嵩縣南），，我北望過於岳鄙（岳指太行山，鄙指近嶽都邑），瞻過於有河宛（河指黃河，宛謂彎曲處），瞻延于伊，無（毋）遠天室。其名茲日度邑。」

司馬遷大概依後世對天的理解，覺得有些地方意義不通，故在〈周本紀〉中作了改動。〈正義〉及〈索隱〉也有誤解，〈正義〉說：「定知天之安保我位，得依天之宮室」，亦失其本意。

〈度邑〉中所謂「依天」之「天」，確實應指天室山。天室山即嵩山，在今河南嵩縣之北，故云南望可過於三塗、即嵩縣之南的三塗山。今洛陽即在當時所謂伊汭、洛汭之間，而武王所建「度邑」或「雒邑」，應更在今洛陽之西，靠近嵩山（參看《中國古今地名大辭典》「洛邑」條）。嵩山或天室山對周王朝有特殊的意義。文王翦商時，最費力的就是攻打崇侯虎的崇國。崇國是東方的強國，嵩山在其境，崇依嵩山進行防守，建有高大的城牆。文王翦商的最後一役便是攻克崇。攻克商的屬國崇以後，即破除了殷王朝的最後而且也是最堅固的一道防線。從此再無天險，在黃河南岸聚甲屯兵，逼近黃河以北的商的京畿。《詩經．大雅．皇矣》記載了文王「以伐崇墉」事，用「崇墉言言」形容崇之城牆的高大堅固，還具體描寫了用鉤梯、臨車、衝車等器具攻城的細節。《皇矣》以伐崇結局，是先周歷史的最後一頁。它的特殊意義可能給周人留下深刻印象。

王念孫說：「古無『嵩』字，以『崇』爲之。故《說文》有『崇』無『嵩』」（《讀書雜誌》卷四）。有些史籍如《漢書·郊祀志》和《地理志》將「嵩」寫作「崈」，稱「崈高」，亦指嵩山。「崈高」何時何故改稱天室山？或許即爲文王或武王命名，亦未可知。古人「天」、「太」、「大」三字常混用，故有些典籍又將天室山稱爲「太室山」或「大室山」。

武王欲靠近嵩山建都邑，除了戰略意義的考慮之外，還表現出山嶽崇拜的特點。武王認爲靠近嵩山，容易得到天神的護佑或貞知天意。「朕簋」記載他登嵩山進行祭禮祀，亦可證他認爲在山上容易接近天神。從歷史而論，周民族興於岐山，盛於嵩山，由環境因素對山嶽自然而然產生崇敬心情，最後發展成爲崇拜山嶽的宗教原始意象。

周人認爲山中有神靈，或鬼神居住在山中，也許與「天」字之本義有聯繫。天作「巔」義解，從人之頭頂亦順理成章地可以引申爲山之頂。因爲山之高而與天接近，故天神容易降在山上，並常在山上活動。李白《高樓》詩云：「危樓高百尺，手可摘星辰；不敢高聲語，恐驚天上人。」雖屬藝術的誇張，上古之人的宗教想像卻與之暗合。

先周的活動地區主要在陝西、山西等地，屬於黃土高原，是黃河中游地區。這一地區地形比較複雜，有適於耕作連成一片的汾河谷地和渭河平原，河道穩定；又多高岸深谷、崇山峻嶺。黃土有直立性，又比較乾躁，適宜開鑿窯洞。史載先周穴居野處，即與黃土地貌有關。由於黃土土質疏鬆，只要高原的森林或植被遭到破壞，就容易引起水土流失，妨礙農牧業的發展。這種環境造就了周族沈穩、儉樸、謹愼的性格。氣候亦較商夷所居的東平原區複雜一些，兼有暖溫帶和中溫帶的特徵，無霜期較短。其地貌尤有特點，有最明顯的斷裂下陷地表，在渭河平原和秦嶺山地的接觸地帶是特別典型的高下斷裂地貌。秦嶺北坡有許多大斷崖，如以險峻陡峭著名的華山就是一個大斷崖。這樣的地理、氣候環境逐漸形成周人之冷靜、莊嚴、文雅，循規蹈矩和側重於理智認識的民族精神。如在占卜方面，商人用炙烤龜甲出現的自然裂紋進行神秘的預測，周人的筮占卻用蓍草，以數目演算作爲推測方法，表現出理智認識優先的特點。

神話是古代集體無意識的原始類型或原始意象。在神話以後發展起來的宗教，都保存了它的神話原型。周代宗教之特殊性，表現在它是來自中國古代兩大文明區域的混合與複合。與山嶽崇拜關係密切的、至高無上的周族的「天」的意象，與令風令雨、賜福降禍的商族之「帝」的意象相結合，形成周代主宰之天的主要基礎。

然而商、周兩族又是由許多氏族和部族複合而成的。周克商後，版圖擴大，兼併了許多新的氏族和部族，它們帶來各自的神話原型，給周代宗教帶來更多的複合意義。

在這種基礎上並經重新改造而成的宗教體系，與西方宗教學所定義的宗教有很大差別。它與創生性宗教的差別顯而易見，而與世界上其他民族的原生性宗教也明顯不同。因爲它是集合並複合了許多民族的原始宗教和神話原始意象而成的。這就造成一個問題：上帝本身沒有一個確定的神話或歷史傳說爲基礎的祖先人格意象或自然力原型，會使他自身位格變得更加抽象和虛浮。

還有一個不容忽視的特殊歷史原因，即作爲征服者的周族主動宣揚商、周的始祖爲一，那麼崇拜一個去個性化的、沒有始祖原型的「天」，似乎比一個有具體神話傳說爲依據的、個性化較強的「帝」更合適一些。

周代的天帝或上帝，不像基督教中創造宇宙和世界的那樣的造物主，不像希臘宗教那樣稱爲衆神之父的宙斯，不像巴比倫宗教那種由地方神上升爲諸神之首的馬爾杜克；不像婆羅門教確定代表宇宙創造、護持、毀滅的梵天、毗濕奴和濕婆三大主神那樣具有明確的神的位格；不像日本神道教那樣對自然體太陽加以人格化的太陽神、由此化成的皇祖神或天照大神。天雖然有意志，能命令，能行動，仍比其他宗教的主神抽象得多，因爲它畢竟是無原型，無形象，無人稱的。

周代宗教中，各氏族或部族的神話原型之複合與混合所產生的作用非常明顯。中國傳說中的「五帝」等祖先帝系或造物神、發明神的神譜，都非常混亂。如黃帝、炎帝、伏羲、顓頊、帝嚳、堯、舜、禹、少昊、高辛等，孰先孰後都成問題。按《易．繫辭下》、《世本．五帝譜》、《大戴禮記．五帝德》、《史記．五帝本紀》、《帝王世紀》等文獻，所謂「五帝」就排出三個譜系，交叉錯亂，莫衷一是。其中有的又重名或多名者，如伏羲又名太皞，炎帝又名神農，顓頊又名高陽。訓釋者往往想把不一致的東西統一起來，更是亂上添亂。如《山海經．海內經》云：「帝俊生禺號」，而《大荒東經》云：「黃帝生禺虢」。朱起鳳《辭通》因此釋之曰：「『虢』乃『號』之訛，然則帝俊即黃帝之別名矣。」黃帝由此又成爲帝俊（帝嚳）。這樣的附會從漢代就開其端緒。

又同一位神的神性是善是惡，也出現相互矛盾的情況。如有人認爲羿本是殷人之神，《山海經・海內經》載「帝俊賜羿彤弓素矰，以扶下國」，《淮南子・本經篇》載羿于桑林擒封豨、爲民除害的故事。皆盛稱羿之善，應是殷人東夷的神話。而至《論語》，羿則成爲惡，「不得其死然」；《離騷》也說羿「淫遊以佚畋」，「亂流而鮮終」。這可能是周人取得統治地位以後，對殷族原有的某些神祇進行詆毀的緣故。還有某一神靈開始作爲某種行業的發明和創始者，隨著其地位的提高，把越來越多的發明都歸功於他；或對某種發明創造，加入越來越多之首創神名。如自周以後的古代中國是一個以農耕爲主的社會，推崇農神。但古籍中出現的農神之名非常多，有神農、稷、周弃、杜、農、田畯、田祖、叔均、義均、巧倕等等，其他發明神的情況也與此相類。這實際是方國部族統一以後，各種神話原始類型、各種神靈也越過人類活動的自然地域界限廣泛交流的結果。

周代於主宰意義上的天，沒有一個確定的人稱。如殷周皆「禘嚳」，或許認爲嚳有神性，但周代顯然主要把他當作祖先對待，並未當作唯一的上帝或「天」的原型。五帝傳說是在春秋末及戰國時期才流行起來，此前並不見載於《詩》《書》等經籍或甲金文中。在幾個五帝系統中，以黃帝最尊。有關黃帝的傳說和記載，提到他「生而神靈」的超人穎悟，具有部落聯盟的首領地位，戰勝炎帝、蚩尤等其他部族，建立管理內部事務的制度，通幽明之占，馴服鳥獸蟲蛾等，儘管賦予他許多超人的神性，但仍不能掩蓋他作爲歷史英雄人物的本色。故直至西漢時期，人們還是把黃帝當作人聖看待的（與五方五色帝有別）。

幾個五帝系統可能來自許多部族的祖先傳說或地方神話。當周王朝統一以後，由於周族主動與殷商認爲同宗，所以沒有把自己的祖先上升爲共同的祖先，又不會積極地神化商族的祖先。同時，周王朝建國之初，分封了一些異姓諸侯，採用甥舅姻親及「五服」等制度加以籠絡（如《左傳·昭二十八年》：「武王克商，光有天下，其兄弟之國十有五人，姬姓之國四十人」）。這些異族異姓諸侯或多或少會保留一些原有宗教傳統的影響。

又古代地廣人稀，故分封時還遷徙一些人民，不僅「授土」，亦且「授民」。《左傳·定四年》載分封魯國有「殷民六族」，又分封衛國「殷民七族」，分唐叔「懷姓九宗」、「職官五正」。可知魯、衛爲殷遺民之國，晉爲夏遺民之國。《左》定四年在這一段話中還說，對於魯衛之殷民，「皆启以商政，疆以周索」，而於懷姓，則「启以夏政，疆以戎索」。杜氏注：「因其風俗，開用其政……亦因夏風俗，開用其政。太原近戎而寒，不與中國同，故自以戎法。」孔疏：「是言王者布政當順民俗而施之也。此民習商之政爲日已久，還因其風俗，開導以舊政也」。是知周克商以後，並沒有像秦併六國後那樣在文化上採取強制的統一措施。相反，它建立了一些類似殖民地的國家，掌握其統治權，卻保留其遺民的風俗習慣和生活方式。所保留的習俗中也包括宗教信仰，如「亳社」一詞，乃商之大祀，而屢見於《春秋經》和《左傳》。《春秋》於哀四年還記載「亳社災」，去商亡已六百餘年，而商民還保持著某些自己宗教傳統。

另傅斯年《周東封與殷遺民》論證三年之喪是商制而非周禮，至孔子時尙在東方民間通行。

各族民衆重新混合，也將各民族的神話原型和祖先神、地方神傳說，乃至不同的宗教傳統複合起來。這種複合也造成各種祖先神系統和英雄傳說的交叉、混亂、模糊之特點。由此致使作爲超越民族界限的統一崇拜對象的「帝」或「天」更難建立起清晰的原型，從而缺乏明確的原始人稱和神話想像的個性特徵等內容。

諸如五帝等神話傳說雖然在戰國才見於典籍並興盛起來，但有可能在西周末或春秋時已有民間流傳。

西周的民族融合使各種宗教文化系統得以接觸，相互包容或相互衝突，這在客觀上減弱了主宰之天的主體性和確定性，使其含義向非宗教化的、哲學的和倫理學的方向發展提供可能性的潛力。

(四)「天命」之道德規律化

在西周時期的文獻典籍中，尤其是在《尚書》中，表現出一個很特殊的動向，那就是按照「天命」觀改編歷史的運動。

周初乃至西周的典籍，談到周王朝自己取得政權，必炫耀天命作根據，而且一定要聯繫夏商兩代的歷史，用天命來解釋它們的盛衰。凡符合天命和符合道德者，則興；凡違背天命和違背道德者，則亡。如〈召誥〉：「王敬所作，不可不敬德。我不可不監于有夏，亦不可不監于有殷。我不敢知曰（我不敢獨知，亦王所知），有夏服天命，惟有歷年（多歷年數）。我不敢知曰，不其延，惟不敬厥德，乃早墜厥命（言桀不敬其德故乃早墜，失其王命）。我不敢知曰，有殷受天命，惟有歷年。不敢知曰，不其延，惟不敬厥德，乃早墜厥命。……今天其命哲、命吉凶，命歷年（今天制此三命，惟人所修，修敬德則有智，則常吉，則歷年。爲不敬德則愚凶不常。雖說之，其實在人）。」〈多士〉：「嚮于時夏，弗克庸帝（不背棄桀，不能用天戒），大淫逸有辭（大爲過逸之行，有惡辭聞於世）。惟時天罔念聞（天無所念聞，言不佑），惟廢元命，降致罰（廢其天命，下致天罰）。乃命爾先祖成湯革夏，俊民四方（用賢俊之人以治四方）。……在今后嗣王（紂），誕罔顯于天，顯民祇。惟時上帝不保，降若茲大喪（惟是紂惡，天不安之，故下若此大喪亡之誅）。」〈多方〉：「有夏誕厥逸，不肯慼言于民（無憂民之言），乃大淫昏。……天惟時求民主，乃大顯休命于成湯，刑殄有夏。……非天庸釋（捨棄）有夏，非天庸釋有殷，乃惟爾辟（汝君）以爾多方，大淫圖天之命（共此惡人謀天之命）。」

夏、商、周的改朝換代，都是依照天命進行的。有些商代的文獻，也加進這樣的天命觀念。如〈湯誓〉：「非台小子，敢行稱亂。有夏多罪，天命殛之。……夏氏有罪，予畏天命，不敢不正。」《商頌．玄鳥》：「天命玄鳥，降爾生商。宅殷土芒芒。古帝命武湯（古猶昔也），正域彼四方。方命厥後，奄有九有。」〈殷武〉：「天命多辟，設都于禹之績（言天命諸侯，各建都邑于禹所治之地）。」這些文獻，或許有原始史料的依據，但其中強調天命的思想，是最後寫定時由西周或春秋戰國時人加進去的，反映的是周人的思想觀念。

如〈洪範〉：「箕子乃言曰：『我聞在昔，鯀陻洪水，汨陳其五行，帝乃震怒，不畀（畀，與）洪範九疇，彝倫攸斁（斁，怒），鯀則殛死。禹乃嗣興，天乃賜禹洪範（大法）九疇（九類天之常道），彝倫攸敘（敘，次敘）。』」這裏說上帝賜給禹治理天下的秘訣神書，使之成爲夏朝開國天子。〈洪範〉向來被疑爲僞作，但也許有某些原始神話傳說作素材。然而以水與「五行」聯繫，顯是戰國時才有的。以天作君權的根據，並得天賜秘書，包含著非原始傳說的神秘成分，符合周代的觀念。以此篇歸入《周書》，或許最初成篇是出於西周人的手筆。

西周改造歷史、精心泡製的天命史觀是其制禮作樂的重要成果之一。它用一種回溯性的改編使古代歷史成爲一個有序過程，使道德預期成爲已經有了結局的社會發展的引導力量。在這種天命史觀中，人們可以根據對已經改編過的、被說成是眞實發生過的歷史事件的總體把握，爲自己設計一個符合道德預期的未來角色，並由此把握自己的命運。這些改編之最後編定的作者，大多應爲春秋戰國時人。所以這種天命史觀固然是西周時出現的，然而它應該更穩定地存在於春秋時期。

天命本身是「德」，是宇宙的目的，也是證明其他一切事物是否合理的標準。

周代作爲至上神的「天」，與商代之帝不同，表現出明確的道德意志和目的。在周代人那裏，天的意志不再含有很多非理性的、無意識的盲目衝動成分，而形成可以概括爲「德」的一整套合目的性的價值觀念。「德」是不證自明的，爲人生和世界提供了存在理由。人世間的成敗、吉凶、榮衰等，無一不在這種意志的支配下轉移變遷。

在出自或涉及西周的有關史料中，處處強調「德」。如《商書·湯誥》：「王曰：嗟爾萬方有衆，明德予一人誥。惟皇上帝，降衷于下民。」〈咸有一德〉：「非天私我有商，惟天佑于一德；非商求于下民，惟民歸于一德」；〈太甲下〉：「伊尹申誥于王曰：嗚呼！惟天無親，克敬惟親；心罔常懷，懷于有仁；鬼神無常享，享于克誠。天位艱哉。德惟治，否德亂。」《周書·召誥》：「王敬所作，不可不敬德。……惟不敬厥德，乃早墜厥命」；〈多方〉：「惟我周王靈承於旅，克堪用德，惟典神天。天惟式教我，用休」；《詩·大明》：「維此文王，小心翼翼，昭事上帝，聿懷多福，厥德不回，以受方國」；〈皇矣〉：「帝謂文王，予懷明德，不大聲以色，不長夏以革」；〈維天之命〉：「維天之命，于穆不已，于乎不顯，文王之德之純」，等等。這裏的「帝」、「天」及「天命」等，都含有道德的根據的意義，並因爲極端的道德化而使其意志和神性不那麼重要了。道德倫理與天的意志完全一致，構成政治權力的合法性依據。

天的意志，要通過人的行爲規範來體現。從相關史料中可以看到道德行爲的具體規定有：小心恭順，敬天敬祖，秉承遺訓；察有司，用賢輔，保義民，遠憸人，愼刑勤治；毋淫逸，毋酣于酒，毋忘前人艱難；舉動必當，內得於心，外得其理，祈天永命，等等。由此形成一套「德治」內容，而與商代和先周之「力治」形成鮮明對照。

周代出現的德治思想與其宗法制度等建立起密切關係。王國維《殷周制度論》說：

> 周人制度之大異于商者，一曰立子立嫡之制，由是而生宗法及喪服之制，並由是而有封建子弟之制，君天下臣諸侯之制。二曰廟數之制。三曰同姓不婚之制。此數者皆周之所以綱紀天下，其旨則在納上下于道德，而合天子諸侯卿大夫士庶民以成一道德之團體。

王觀堂於此特別強調周代重要制度的道德目的，表明人們想在指導行動的倫理準則上，建立一種有系統的生活方式。

「德治」與前代大不相同的地方還在於把天的意志與道德準則統一起來，雖然人還要依靠外在權威的道德判斷，但天意逐漸成爲一種人可以把握甚至操縱的規律。所以它適用於世俗政治，通過認識「德惟治，否德亂」的規律，把握天下治亂、國家興亡。而且它還是昭事上帝、命吉凶、命歷年、儐鬼神等宗教活動的根據，在很大程度上減弱了殷商的鬼治傳統中的神秘主義因素。於是，政治和個人命運皆歸於「德」，宗法制建立在宗教道德基礎上，形成一種獨特的政教合一體系。

天命依道德的自然法則而轉移，根據人間君主修德或墜德而降福禍、示吉凶、成治亂、定歷年，如〈湯誥〉：「天道福善禍淫」；《禮記・禮器》：「天道至教，聖人至德」等等。這實際屬於一種規範模態邏輯。它含有這樣的推理：修德者則必然得天佑護，失德者必然遭天懲罰。其中除了斷定修德得佑護，失德遭懲罰這樣的關係外，還斷定了「必然」。這裏面包含著反映人們認識、期待和願望的主觀模態判斷。運用在規範人們的行爲上，就形成修德是「必須的」，墜德是「禁止的」這樣的規範邏輯或義務邏輯。周代人把這樣的邏輯推理看作是神或天皆遵循不違的社會必然規律。

道德要求甚至使祭祀的意義也發生了變化。《尚書．君陳》說：「至治馨香，感於神明。黍稷非馨，明德惟馨。」《傳》：「政治之至者，芬芳馨氣，動於神明。所謂芬芳，非黍稷之氣，乃明德之馨；勵之以德。」對於君主來說，能夠感動神靈的，不是獻祭的黍稷之氣，而是政治上的大治。這裏所談人與神通過祭薦的交流，表現出直接的社會政治含義。

社會發展所展現的道德原則的普遍性和重覆性，令人懷疑天或神靈不過是一種非人格的、抽象的道德倫理或社會秩序的規律，而帝王本人也不過是這種秩序的傀儡。

周代的天命觀雖然主要還是屬於宗教性的、神秘主義的，但它內涵的規律或規範的意義如此深刻而又凸顯，以致從形成伊始就出現天的神性與非神性的邏輯必然性的尖銳對立。問題是，天作爲支配社會和自然的人格化的最高主宰，他必須以神蹟來顯示他具有廢除或中斷自然法則和規律的能力。如果他沒有違反自然律、或暫時顯示「反常」的力量，就難以得到具有神性的證明。人們敬畏和崇拜上天，本來就在於他具有超自然能力，他要是沒有作出任何似乎是基於隨意的、應激的、衝動的感情支配下的「奇蹟」，又有什麼爲神秘性可言呢？

《商書．西伯戡黎》載有一段耳熟能詳的故事，其文曰：

西伯戡黎（西伯周文王、或曰武王攻克黎國，逼近王圻）。祖伊恐，奔告于王曰：天子！天既訖我殷命（天已畢訖殷之王命，言殷祚至此而畢，將欲化為周也）。格人元龜，罔敢知吉（問至人，親灼龜，二者皆無知殷有吉，言必凶也）。非先王不相我後人（非殷先祖不助子孫），惟王淫戲用自絕。故天棄我，不有康食（不得安食），不虞天性（不度知天命所在，不知己之性命當盡也），不迪率典（所行不蹈循常法）。今我民罔弗欲喪（民無不欲王之亡），曰：天曷不降威。大命不摯（摯，至也。天何不下罪誅之，何以不至向望大聖之君）？今王其如台（王之凶害，其如我所言）。王曰：嗚呼！我生不有命在天（我之生，獨不有命在天乎？民之所言，豈能害我）？祖伊反（反答紂）曰：嗚呼！乃罪多參在上，乃能責命于天（言汝罪惡為多，參列於上天，天誅罰汝，汝能責命於天，拒天誅乎）？

此篇是說周王攻克黎國，逼近商的京畿，商已無屏障，亡國在即。商的大臣祖伊聞之驚恐，奔告紂王，與之進行一段談話。學者多認爲此篇應有原始資料依據，但寫定當在戰國時期。其中似保留了一些眞實的歷史原貌。如朱熹《四書集注》於此處引蘇氏之語曰：「祖伊之諫，盡言不諱，漢、唐中主所不能容者。紂雖不改而終不怒，祖伊得全。則後世人主有不如紂者多矣。」像祖伊這種諫言，無任何顧忌，直罵紂王該死，而紂雖不改過，但也不遷怒而加罪於祖伊。故蘇氏頗有感觸，認爲後世君主，大多沒有紂王這種氣量。其實，這與商人的浪漫主義民族性格也有關係，他們有時候也許是特別暴躁的，但是狂放不羈，並不十分看重禮法。由是可知，後世傳說紂剜忠臣比干之心等故事，純屬詆毀，衆惡歸焉。

有學者作過考證，關於紂的罪惡傳說，主要都是後人編造的。至戰國時，就給紂加了很多罪名，子貢當時即感慨說：「紂之不善，不如是之甚也！」

另外，其中透露的消息是，商代的君主，尙無後世帝王那樣至高無上的權威，臣屬一句話不當，就要遭滅頂之災。商王與大臣的距離和關係，較後世接近得多，大臣可盡言不諱，商王不以爲迕，可概見有別於後世的遠古民族的浪漫氣質和淳厚古風。後世天子具有無可比擬的神聖地位，可能即由西周時賦予「天命」之至高無上的屬性造成的。《西伯戡黎》中紂王論天命的這句話成爲名言。商人重占卜巫術，有命定或宿命觀念，殷末已稍有「天」之觀念，但宿命的天和體現道德規律的天是有矛盾的。無論如何，這種矛盾或多或少也存在於周人的天命觀中。

商紂提出的問題是具有革命意義的：商王雖然享有人世間至高無尙的權力，但從宗教意義上說，這權力其實不由自主，只是神賦予的。統治世界的最高權力在上帝或神的手中，統治者要對上帝或神負責，只起一種媒介的作用。他們自己的主觀性和行爲要受到這種媒介性質的限制。商紂提出「我生有命在天」的命定論，意思是接受神賦予的權力以後，要求不僅起媒介和傀儡的作用，而要將人間的一切權力收歸己有。讓世俗統治者擁有實實在在的權力和自由。這實際是對宗教信仰提出的一個嚴重挑戰。

商紂提出的問題也是具有合理性的：人的欲望本來就未必是合規律的，所以信奉神，就是希望他們以違反規律、超越法則的超自然方式實現人的要求。倘若在生死存亡的緊急關頭，天不能以神蹟來顯示他的威力，而也要聽從民意和遵守「常法」，那麼天的神性又怎麼能得到證明呢？

儘管祖伊所表達的傳統觀念最終在周初戰勝了紂王的新觀點，但也讓宗教自身付出巨大代價。那就是，爲了否定統治者的主觀隨意性、證明神的權力更具有合法性與合理性，就要找到這合法性與合理性的依據。這依據就是經驗世界的價值觀念。人間的道德倫理被說成是永久不變的規律與秩序，是神的權力根據。儘管人們解釋說天的意志與道德法則是一致的，但這仍然也否定了神的主觀隨意性，使得神的意志和行爲又轉過來對道德規範負責。這就埋下一種神的至高無尚權威和否定這種權威之間的根本矛盾。

在商紂之前的殷商宗教中也天然地含有這種矛盾，但因爲理智屈從於信仰而被深深掩蓋。但商紂以其特殊身份、較早的歷史時期等地位和時間上的優越性提出這個問題，就產生廣泛注意和革命性的影響。

紂王提出的命題經常被其後中國古代思想家再提出來討論，討論一般是批判性的。但在批判中神的意志和神的權力也被弱化，道德倫理之規律性的意義不斷加強。至孔子所說的「死生有命，富貴在天」(《顏淵》)，所謂天命就不能簡單地按照上帝意志的意義上而言天命來解釋了。

天及天命的自身矛盾在西周之人的認識中、在《詩》《書》等有關文獻中已經充分暴露出來。如：「天畏棐忱，民情大可見……惟命不于常」(〈康誥〉)，「天棐忱，爾時罔敢易法」（〈大誥〉），「天不可信，我道惟文王德延」（〈君奭〉），「侯服于周，天命靡常」（《大雅．文王》），「天難忱斯，不易惟王」（《大雅．大明》），「各敬爾儀，天命不又（今女君臣各敬愼威儀，天命所去不復來也）」（《小雅．小宛》），等等。其中「天畏棐忱」、「天棐忱」等語，即「天不可信」之義。吳其昌《王觀堂先生尚書講授記》記王國維講解說：

〈康誥〉「天畏棐忱」，猶言天威不可常也。棐，同匪；忱，信也。棐忱，言不可信也。與下文「難保」（指原文「小人難保」句）意正一致。

朱熹注云「天命不常」，又注本篇「惟命不于常」句云：「善則得之，不善則失之」。這與〈文王〉「天命靡常」句的鄭箋完全相同。鄭箋：「無常者，善則就之，惡則去之。」上引《詩》《書》所言不可信和無常之處，都是指不可信「天」或「上帝」有隨意性的意志。天固然有意志，但這種意志不是隨意性的或反應性的，而是有明確目的和動機的，依有德或無德而發生轉移。這樣，從天的意志心理過程和意志行爲有規律可尋這一點而言，天命又是可信、可常的。因此，人類的命運、特別是政治命運，取決於是否討天的喜歡。人類又重新回復到依靠他自己的行爲。天作爲決定幸福或不幸的的力量，可以直接由人所操縱。

天一方面是有意志有超自然能力的人格化的至上神，另一方面又要遵守自然法則或無所作爲。這也形成天的信仰中的內在矛盾。故從西周至春秋，尤其是在喪亂之際，常表現出抱怨天、責備天、懷疑天的態度。如《詩經》中「昊天不傭（均），降此鞠訩（鞠訩謂多訟之俗），昊天不惠（惠謂和順），降此大戾（戾謂乖爭之化）」，「昊天不平，我王不寧」（《小雅・節南山》），「浩浩昊天，不駿其德」，「如何昊天，辟言不信」（《小雅・雨無正》），「天之方難」，「天之方蹶」，「天之方虐」，「天之方懠」（《大雅・板》），「疾威上帝，其命多辟（多邪僻）」（《大雅・蕩》），「昊天上帝，寧俾我遁」，「瞻卬上帝，曷惠其甯」（《大雅・雲漢》）等。諸如此類，雖傳注常謂天代指君主，似不可盡信。因爲詩人們如果完全是意指君主，有時也會作出說明。如「下民之孼，匪降自天（下民有此害，非從天墜，刺幽王與其臣皇父煽虐以致災害」（《小雅・十月之交》）。這些抱怨和責備，是從信仰的立場對天而發的。

怨天尤人的態度出於人們對天的兩種基本認識：一是確實相信天是人格化的，有意志和行爲能力的最高主宰；二是天以實現確定的道德準則爲目的，其意志應符合懲善罰惡的規律。但在抱怨聲中人們開始對這兩種基本認識進行反思。

作爲道德倫理力量的天，怎麼能讓這些無妄之災落到無辜者身上而坐視不管？不平之事一再重複，無論符合還是不符合道德，天都不能顯示超自然的神蹟進行干涉。長久積累的疑問又得不到解答，最終後果是天的權威的喪失，越來越凸顯出它的非目的論的、自然的方面。並促成思想發展中的向民本主義的轉變。終於，神力的失敗指引人類把注意力歸向他自己。宗教信仰讓步於新的思索。它在西周末和春秋戰國時期的哲學體系中儘管沒有完全喪失意義，但逐漸退居相當次要的地位。當儒家學說使政治從屬於道德時，它壓倒了天的信仰傳統。在儒學體系中，天常常只代表一種塵世統治者們在那裏也要安分守己的、高於人類世界的道德領域。

將天的意志依照道德原則而規律化，是從西周開始就已經進行的宗教信仰的特徵之一，對包括後世儒家在內的各家學說影響至深。

(五)「天」的命運內涵

商、周兩代皆重占卜，商用龜甲，周流行筮占。占卜的心理原因，一方面是屬於前兆信仰，企圖預先貞知神意，依靠神力避免災禍或獲得幸福；另一方面是一種非神性的宿命觀，認爲人的生死壽夭、貴賤窮通乃至社會治亂，由一種盲目的自然規律而決定。後者在周代的天命觀中漸漸發展起來，影響越來越大，後世的三統說，五德終始說及孟子等儒家的知命、正命說等，都肇源於此。

大概從商代的占卜就已開其端緒。事事時時都舉行占卜祭祀活動，太多太濫，反而使得神意看起來並不總是具有明確動機或符合道德要求的，感到另有一種宗教意味並不很濃的「運命」、「必然」與「定數」之類的冥冥存在。運命對於整個中國古代思想起了極大的影響，客觀上使天命觀中包含了對於自然律的信仰。

《周書．大誥》是周公東征的動員文告，是一篇基本上保持了原汁原味的難得史料。周公想說服公卿貴族支援東征平叛的主要理由，就是卜得吉兆。從開篇到結束，處處說卜。如：「朕卜並吉」，「予得吉卜」，「甯王惟卜用」，「矧亦惟卜用」，「予曷其極卜」，「矧今卜並吉」等，直至終篇還以「卜陳惟若茲」作結。卜可紹明天意，探知天威，應該絕對有說服力的。但即使如此，反對東征的諸侯官員還是占多數。〈大誥〉記載：「爾庶邦君（諸侯）越庶士（爲卿大夫）、禦事（治事官員），罔不（無不）反曰：『艱大（艱難重大，不可輕舉）！民不靜（靜通靖），亦惟王宮，邦君室，越予小子考翼（雖在武庚，然亦因三叔不睦，事由王之宮內、邦君之室肇其釁端，況其中有我等父輩之人），不可征。王害不違卜（『害』通作『曷』，意謂王曷不違卜而勿征乎。此處依朱熹注，不從僞孔傳）？』」這裏就出現問題：商周人皆重視占卜，占得的結果用來決定行動，具有莫大的權威。何以周公得吉卜，而衆公卿官員還要表示反對呢？僅以政治現實來解釋是不夠的，因爲從政治而言，東征的理由也很充足。何況當時非常尊崇鬼神天意的衆官員竟直接提出「違卜」的要求！

細觀其文，揆之情理，當知還有文外之意。按說商周人都知道「卜以決疑」的道理，所以不但周公知道用卜來決疑，反對東征的諸侯官員們也用卜來決疑，而他們所得的結果不是吉而是凶。所以他們要求周公「違卜」的確切意思是違周公之卜，而從他們自己之卜。〈大誥〉中說：「今天其相民，矧亦惟卜用。」朱熹釋其意云：「今天相佑斯民，避凶趨吉，況亦惟卜是用。是上而先王，下而小民，莫不用卜，而我獨可廢卜乎？」可證在東征這樣的大事疑而不決之時，表示反對的官員也必經用卜，而得到的是凶兆。此卜吉，彼卜凶，爲什麼必要服從周公之卜呢？這使我們知道爲什麼在〈大誥〉中周公說「用甯王（或謂『寧』字誤，應作『文王』）遺我大寶龜，紹天明」。原來他從自己擁有的卜具的權威性來證明「得吉卜」的權威性。他用的是文王傳給他的「大寶龜」，在紹明天意方面最靈驗，所以不應相信反對者的卜，而應相信他的卜。所以他在文中一再將「吉卜」與「天命」、「天威」、「天役」、「天明畏」等聯繫起來說，證明他的占卜獨得天心。最後說：「天命不僭，卜陳惟若茲。」是說天命沒有差錯，卜兆所陳示者以此爲准。先儒或忽略文外之旨，於此結語的訓釋皆有霧裏看花、終隔一層之嫌。

在那個連小民也莫不用卜的時代，同一件事占卜吉凶必然常常發生衝突。這在商、周文獻中有所反映。除此之外，如〈盤庚〉三篇是可信的史料，其中盤庚動員臣民們遷殷，說了許多威脅的話，卻不使用那個時代最有說服力的占卜方法，似乎是不可思議的。揆之情理，很可能是反對遷殷的人已先提出卜得凶兆，而盤庚沒想到周公那種用「大寶龜」的方法，故絕口不提占卜，只能找其他藉口。然而反對遷殷和反對東征的人們心裏未必服氣，強迫的結果只能使他們對占卜和天命動搖信心。〈大誥〉之處處講卜，與〈盤庚〉之絕口不講形成鮮明對照。把它們放在那個占卜氾濫的特定時代中考察，則可看到其背後隱藏的意義：占卜自身的危機，對天命存在與否、可知與否的懷疑，由此懷疑使天命信仰中的一脈向不可知的自然規律——運命或命定的意義轉移。

〈洪範〉是篇僞作，但有些內容至遲應成於《左傳》之前。《左傳成六年》：「商書曰：三人占，從二人，衆故也。」說明反映的有關占卜的思想是春秋即已有的。其中說：「時人作卜筮，三人占，則從二人之言。」則知爲了處理占之結果矛盾的問題，古人也想了一些辦法，這裏的三占從二，表明試圖用概率方法對事物發展變化的可能性進行量化的把握。其後又說：「女（汝）有大疑，謀及乃心，謀及卿士，謀及庶人，謀及卜筮。」這是說，在對所要作的事情有疑問的時候，先要自己考慮，然後與他人商議，最後才是用卜筮方法。疏曰：「人君先盡己心，以謀慮之；次及卿士衆民。人謀猶不能定，然後問卜筮以決之。故先言乃心，後言卜筮也。」則人的決定勝過卜筮，占卜的權威已經大大降低了。《易．繫辭下》：「人謀鬼謀，百姓與能。」孔疏：「聖人欲舉事之時，先與人衆謀圖，以定得失；又卜筮於鬼神，以考其吉凶，是與鬼爲謀也。……則天下百姓親與能人，樂推爲王也。」可知在春秋戰國時，已由商代及西周初的卜以決疑轉變爲先人後卜。

諸如此類的史料給後世有些儒家學者錯覺，以爲古代皆是先人後卜的，故顧炎武《日知錄》說：「占卜之事，古代皆先人後龜。」其實從殷商卜辭可知，在殷商還是以卜爲主，先神而後人、甚至不考慮人的意志的。如果定要根據現實情況，實現特定的政治或社會目的，而占卜結果又與之衝突，則人君就拋棄或避開占卜，直接搬出祖先鬼神的意見來，利用強權壓迫而使衆人服從。〈盤庚〉就是個例子，盤庚所說的祖先之意肯定不從占卜而知，但從哪裏來，他沒有說明。但避開占卜這事本身，恰證明占卜的權威性。如果那時就有先人後龜的說法，盤庚就不必費如此力氣，繞很大圈子了。同樣，周公的〈大誥〉也不一定要搬出大寶龜來，費力地從開篇說到結尾。故此，從商代到周初，必是神意爲主，先卜後人的。從占卜爲先到先人後卜，其間有一個演變的過程。最後至春秋末戰國時期，則出現「神知之不可恃」的觀念，占卜已從社會主流思想中漸漸消退了。容後再論。

從商代的龜卜到周代的筮占，前兆迷信彌漫社會，至春秋以後漸漸散去，占卜中試圖預知事物發展變化規律的努力，一部分隨著理性的拓展轉向重人事，其中包括前所述價值規律化；另一部分則轉向原始命運觀念，由紂之「我生不有命在天」進一步脫離人格化的鬼神意志而發展爲自然命定論。

(六)天之作為「體」而言的自然空間義

「天」作爲一個含有「凡高之稱」意義的抽象概念，自然包括空間意義上的天空之義蘊。例如《尙書‧堯典》：「欽若昊天，曆象日月星辰」。《僞孔傳》釋云：「昊天，言元氣廣大；星，四方中星，辰，日月所會、曆象其分節。」這裏的「昊天」明確無誤指日月星辰所運行的天空。〈益稷〉又謂：「洪水滔天」。除了天空之外，別無可解。〈益稷〉又說「禹曰：兪哉！帝光天之下，至於海隅蒼生。」疏云：「當擇人充滿大天之下，旁至四海之隅；蒼蒼然生草木之處，皆是帝德。」這是一個「帝」與「天」並見，而有所分別的例子。「帝」純指天帝，天純指天空，二者迥然不同。

〈堯典〉與〈益稷〉雖係僞作，但至遲也當在戰國時寫定，有一定的參考價值。甲金文中的「天」，從商代至周代有明顯的演變，從「」變作「」、「」或「」，上面的「○」改作「一」，字的構造已從象形變成指事，漸變爲天空之義。將甲金文

與文獻相參照，「天」字之漸指天空言，似可推至周初。

《詩經》中有許多以「天」作天空的例子。如《詩・唐風・綢繆》：「三星在天」，此處天確指天空言。《詩・小雅・信南山》：「上天同雲，雨雪芬芬」。正義云：「以雲在於天上，雨從上下，故云上天。」這裏「天」或「上天」皆爲天空之義。類似的例子在詩經中還有不少。《詩經》中的〈小雅〉及〈國風〉，大部分爲西周史料，小部分爲春秋史料。由此可知「天」字含有天空的引申義起源很早，可能並不晚於天帝之引申義，兩者很有可能是同時出現的。

世界上許多宗教的至上神都有一個自然對象或祖先對象作原型，唯中國古代這個上帝的原型比較特殊，把主要突出空間感的天空看作至上神的自然對象，在世界上似乎是絕無僅有的。

這種觀念是隨著商代之神帝隱退、周代之新的上帝出現而出現的。周之認殷商爲同宗，強說有一個共同的始祖，但畢竟是杜撰出來的，爲了統治的需要不得不然，而心裏未必情願，故在選擇作爲至上神的崇拜對象時寧肯轉向虛浮。

「天」本爲頭頂義，後由其構造的變化，指凡高之稱，實際本義也改變了。而「高」的感覺使人們自然而然地與天空聯繫起來。古人早已在觀察日月星辰等天體的運行，用以製作曆法，計算季節時日。而先周時就可能對這些天體都加以神化，如隨著星空分區的觀念，想像天上有三垣，有帝庭。有關天上星宿列神的各種神話，一直保存下來，流傳不衰，爲後世津津樂道。但是天命觀念出現以後，日月星辰等天體的重要性和神性在正統思想中就漸漸退居其次了。《小雅．正月》：「謂天蓋高，不敢不局。」此詩《毛傳》謂「大夫刺幽王也」，可證將「天」與天空之高聯繫起來，至遲不晚於西周末。至《荀子》說：「故不登高山，不知天之高也。」（〈勸學〉）從自然的意義而言，蓋最先納入「天」之概念的是表示高遠的空間屬性。《易．繫辭上》：「在天成象，在地成文，變化見矣。」注云：「象謂日月星辰，形謂山川草木也」；又：「仰以觀於天文」，正義曰：「天有懸象而成文章，故稱文也。」這裏日月星辰都以天空爲根本，以空間產生的高遠感和虛浮感爲經驗特點，故謂之「懸」。以伴有高遠空間感的天空作爲至上神的自然對象，既淡化了至上神的人格性，又很容易納入自然之義。

實際上，對主宰之天的想像就是以自然之天爲根據的。高遠的天空既含有主宰之天的意義，又含有自然之天的意義。如《詩經》大多是西周的史料，記載多是遠古的觀念。其中常出現蒼天、昊天等詞。《毛傳》訓釋《詩．王風．黍離》「悠悠蒼天，此何人哉」這句詩時說：

> 悠悠，遠意。蒼天，以體言之。尊而君之，則稱皇天；元氣廣大，則稱昊天；仁閔覆下，則稱旻天；自上降鑒，則稱上天。據遠視之則蒼蒼然，則稱蒼天。

這些不同名號的天是通過概念的制限方法，來增加「天」的屬性，使它的涵義更加豐富。〈正義〉云：「然以經、傳言天，其號不一，故因『蒼天』而總釋之。」所謂「悠悠，遠意」，指的正是高遠之空間感。這裏所謂「遠視之」，強調的是人們的感性認識。高遠之空間感加上包括其顏色感覺在內的「蒼蒼然」，明確指自然界的天空而言。《毛傳》強調蒼天是「體」，這「體」指形體，形貌而言。再看後面的訓釋就可知道，古代主宰之天的自然對象就是天空，以天空爲體，以天空爲根據，以天空爲進行宗教認識和發揮想像的基礎。「仁閔覆下」和「自上降鑒」，都是包含著「高」之空間感覺在內的人格化。所謂「昊天」，指「元氣廣大」，將天與元氣聯繫起來，大約元氣是由空氣直接抽象出來的。《詩經》中常出現「昊天上帝」之詞，實即一方面有神化的意義，另一方面又包含著自然天空和空氣的感性經驗在內。

所謂「自上降鑒」的「上天」，人文的屬性應該是較後出現的。《楚辭・天問》：「上下未形，何由考之？」遂以「上」作天的代稱，這種物質空間的屬性應是人們首先訴諸於感性認識的。

在後世，大約把時空統一起來，天也用以稱時間了。朱熹注《繫辭上》「仰以觀於天文，俯以察於地理」句時說：「天文則有晝夜上下，地理則有南北高深」。天或天文不僅特指高之空間，而是包括上下在內的整個空間，還有時間。地或地理不僅指廣延，也包括空間之高深。天地合而成時空統一的自然，顯然是較天空屬性晚起的意義，因爲殷墟卜辭中記時，用「日」而不用「天」。日字有兩義，從太陽及亮光的感性認識而來，一是指白天，如「日雨」、「日不雨」，是說白天下雨或不下雨。二是以干支計日，一日指一天，如「旬又五日」，指十五天。「天」作爲凡高之稱的屬性概念，較早只指天空而言。像朱熹那樣的解釋，雖然也含有天空意義，但與《毛傳》的注釋有明顯不同。

時空統一的、具有自然時節氣候義蘊的「天」之意義究竟起於何時，已難確切考知，總之應晚於天之自然空間高遠義。從《莊子．天運》「天其運乎？地其處乎？日月爭於所乎」及其他篇章有關語句和《荀子．勸學》之「天高地厚」等語而論，「天」之涵義的迅速擴大，包括非人格化的原則和萬物總名等涵義，至遲在戰國就已非常流行了，當不晚於戰國時期。中國書面語與口語分化較早，書面語沿襲以日計時的習慣，「天寒」、「天明」等語詞至隋唐才在詩文中較爲常見，然口語流行應早得多。

對這個自然天空「尊而君之」，則使之成爲至上神。再加之以仁閔、明鑒等道德涵義，形成中國古代獨特的天的信仰。將自然天空當作上帝或最高主宰的原型，畢竟有些虛無、浮泛、空洞、汗漫無定，然而它作爲一種自然存在又與人們具有非常廣泛、實實在在的感性聯繫和經驗接觸。因此，要把這個既空闊又近切的自然對象想像成爲具有一個人的形貌那樣的人格神，是非常困難的。而人類的宗教想像，總是很容易按照自己的形象去塑造神。如日月星等自然體，是比較具體因而容易具象化的，不像主要以顯示空間性爲特徵的天空那樣難以把握。

如劉向《說苑．建本》載：「齊桓公問管仲曰：『王者何貴？』曰：『貴天。』桓公仰而視天。管仲曰：『所謂天者，非謂蒼蒼莽莽之天也。君人者，以百姓爲天……』」（事亦見《韓詩外傳》卷四之十八）。這裏，管仲把「天」當作一個抽象的最高規範，指的是「百姓」意願這種最高規範，而不是上帝。當管仲提到「天」時，齊桓公不自覺地

「仰而視天」，而所視者又是「蒼蒼莽莽之天」，可知人們對「天」這概念的理解，本能地與自然天空相聯繫。又由於這個概念的抽象性，可以很容易地把與其屬性相符的對象納入其中。它是一個很有彈性和包容潛力的概念。

「天」的抽象性和特殊性雖然使之具有彈性和包容潛力，故比較適合作哲學理念的對象，而不適合作宗教神化的自然對象。因爲它的抽象特性常使本來就不具有人稱的上帝難以安身，總處於不即不離的尷尬境地。如徐堅等撰《初學記》，是唐代玄宗時官修的類書，供皇子們作詩文時尋章摘句用的。其宗旨是「務求省便」（《大唐新語》九），精選了一些常識性的知識和典故。《初學記．天部上》：「凡天地，元氣之所生；天謂之乾，地謂之坤。天圓而色玄，地方而色黃。」這完全說的是物質性的天空，其後還有「轉蓋」，「覆盆」，「如笠」等，都包含著對物理空間的自然感受。

〈天部上〉又說：「《五經通義》云：天神之大者曰昊天上帝，其佐曰五帝。」那麼天與天帝的關係如何呢？具體說，是上帝本身即爲天空還是上帝居於天之上？其實，《初學記》固然講授的是常識性知識，但涉及到上帝，以及天與上帝的關係，還是不很清楚的。

上帝和所謂「五帝」，在唐之前的朝廷祭禮上並無定規，歷朝歷代隨心所欲，依違其說。至唐初高祖武德時仍很混亂，至貞觀年間曾有一番整飭改制。《唐會要》卷三十七〈五禮篇目門〉載：「初（房）玄齡與禮官建議，以爲月令蠟法唯祭天宗，謂日月以下，近代蠟，五天帝，五人帝，五地祇皆非古典，今並除之。……詔行用焉。」（《舊唐書・禮儀制》略同）可知在南北朝末至隋，所祀主要神祇有「五天帝，五人帝，五地祇」。大概即出於《周禮・春官・小宗伯》「兆五帝於四郊」。鄭玄注云：「蒼曰靈威仰，太昊食焉；赤曰赤標怒，炎帝食焉；白曰白招拒，少昊食焉；黃曰含樞紐，黃帝食焉；黑曰汁光紀，顓頊食焉。」《初學記》解釋「五帝」也相同。但鄭玄此注來自東漢時的緯書，後人頗多詬病，謂其不推尋正經，專信緯候之書，並沒有成爲歷朝祭典的定制。於東漢前，則五帝之統更亂。《史記・天官書》謂天上太微宮垣中，「其內五星，五帝坐。」這就是後來緯書之五帝的濫觴。《初學記》解釋最重要的「昊天上帝」時說：「即耀魄寶也，亦曰天皇大帝，亦曰太一。」關鍵是前代的五天帝或六天帝，實際上都不以蒼穹天空爲體，而是以星象爲體。如稱作昊天上帝的「耀魄寶」，實是北辰（北極星）之名，而不是《毛傳》所講的以蒼穹爲體而「君之」的天。《史記・天官書》：「中宮天極星，其一明者，太一常居也。」天極星也是北辰，是謂太一神的居所，按〈索隱〉言後世緯書又把北極星說成是中宮大帝之精。都是以星爲體而不是以天爲體。

其實按《毛詩傳》的解釋，在《詩經》中出現的「昊天上帝」和其他名目的上帝就是以仰頭可視的蒼天，但按照古代宗教想像的能力，很難將其人格化，故後世緯書把上帝寄託於星辰。由此使國家祭典中的上帝顯得頭緒繁多，遊移不定，若明若暗。在徐堅等撰《初學記》之前，高宗朝的許敬宗等人提出奏議，認爲星辰只是附麗於天的，因此上帝應以蒼昊（蒼天、昊天）爲體，不入星辰之例。（《舊唐書・禮儀志》）但玄宗時的

《初學記》，又把北極作上帝之體。天是天，帝是帝，兩者又分別開來。可知在天的信仰中，很難使自然之天與主宰之天完全吻合。

實際上，「天」的自然空間性原型就具有一種排斥人格化之宗教想像的抗體，「天」這個概念在被神化的同時又排斥著神性的人格化。其自然屬性的抽象性與神性的具象化要求在本質上是矛盾的，故常常脫離神性而單獨顯露出來。

第二部份

儒家學說與宗教

第三章　春秋戰國時的士民階層與社會思潮

隨著西周末的禮壞樂崩，春秋戰國時代諸子爭鳴，在思想文化方面迸發出空前的生機和活力，各家之說如大珠小珠落玉盤，奏響動聽的時代樂章。它爲中國此後兩千多年的歷史文化奠定了基礎，開闢了發展道路。

春秋戰國時期出現一個士民群體，隨著它自身的發展壯大，發揮越來越重要的社會影響，最終成爲社會政治和思想的主導力量。諸子百家即出自這個群體。春秋戰國時期的以百家爭鳴、神權衰落、民本思想和人文理性的發展構成思想文化的時代特色。從宗教的角度而言，出現了一個以諸子百家爲代表的掃蕩鬼神和傳統宗教批判的運動，成爲最爲醒目的文化現象之一。

一、西周宗法制與士民群體

春秋時醞釀並逐漸出現思想文化巨變，最重要的原因是社會政治格局發生巨大變化。西周宗法制的實行，使大量屬於小宗的貴族子孫五世而遷，制度性地喪失祭祖權和貴族身份，家道亦隨之衰落，不斷地沈積於社會政治的底層。時間久之，喪失貴族身份的人越來越多，逐漸形成了一個社會群體。隨著春秋戰亂加劇，又加入許多非制度性的、由外部原因而造成的沒落貴族家庭成員。這個群體的人數迅速增多，終於成爲一個社會階層。

這個階層的特點是，他們大多在貴族氏族中地位本來就卑微，大多在失去祭祖權以後也失去財產和以神權爲標誌的政治權力，或僅有微薄的食田等財產。由於受過教育，掌握一定的文化知識。這個平民知識份子群體就是所謂「士民」階層。

受過禮、樂、射、御、書、數等所謂「六藝」教育，甚至還可能保有一定數量的食田的「士民」群體之形成壯大，使文化知識下移，改變了社會政治結構。最終形成社會政治結構中最有影響的力量。又恰逢王政不申，諸侯力征，一切都不主故常，給這個群體提供了充分發揮創造力和聰明才智的機會。前代傳統大多以巫術宗教爲根據，人文理性尚處於斟酌草創、蘊而未發的階段，留有很多空白和空間。這就形成一種不可複製的歷史情境，一種開闢新文化潮流和湧現思想巨人的時代。

春秋戰國時期的諸子百家皆出自士民群體，他們提出的所有學說都是從不同角度反映這個群體之主張和要求的產物。士民群體是使中國文化產生徹底變化的社會載體和主要原因。

西周的宗法制度是一種很有特色的制度，這種制度一方面要化解貴族群體的內部矛盾、使貴族氏族的特權無限延續下去；另一方面又欲以親緣關係鞏固政治基礎，使天下合爲一家，故有一種強勁的擴張功能。它使貴族群體以宗族的形式不斷擴張，群體迅速擴大，人數增多。由於它的嫡長子繼承制，宗子占有最高地位和主要財產，其餘次子、庶子等皆成爲小宗，人數多而政治經濟方面的權益少，加之小宗五世而遷之制，則使大多數貴族成員持續性、制度性地跌落於社會底層。尤其在春秋戰國漫長的戰亂時期，失去官職、食邑或田土，成爲空有族號或姓氏的貧民。這就產生一種有文化知識卻無政治經濟資本的別具特色的平民群體。這形成一種有趣的情況，貴族之群體越擴大和發展，有姓氏的平民也就相應地愈加擴大和發展。外部戰亂的結果，最後使名符其實的貴族越來越少，而平民或士民群體的發展卻越來越迅速。可以說，宗法制造就了貴族階層，更造就了士民階層。

士民階層是批判前代宗教傳統、建立新的理性主義傳統的主體。他們在春秋戰國時提出各種各樣新穎學說和思想，但又與其所自出的歷史傳統有深刻聯繫。

宗法制度在先周隨著父子繼承制既已具備雛形。敘述周族歷史的《大雅．公劉》說：「食之飲之，君之宗之。」公劉既爲之君王，又爲之宗主。但是那時嫡長之制尚未確定，宗法亦不完備，如公亶父死後由幼子季歷繼位即不合宗法（〈周本紀〉正義引《列女傳》謂季歷及其兄太伯、仲雍皆出於公亶父之妃太姜）。

宗法制的核心是大宗小宗之制。《禮記．大傳》載：「別子爲祖，繼別爲宗，繼禰者爲小宗，有百世不遷之宗，有五世則遷之宗。」（〈喪服小記〉略同）大體情況是：周王稱天子，王位由嫡長子繼承，成爲天下百世不遷之大宗。其分封的諸侯國，君位也由嫡長子繼承，對天子爲小宗，在本國爲大宗。每一國中皆有一唯一百世不遷之大宗，有無數五世而遷的小宗。在宗法上，大宗比小宗爲尊，嫡長子比其餘諸子爲尊。嫡長子被認爲是繼承始祖的，稱爲宗子。只有宗子才有主祭始祖的特權，並繼承最多的財產。故小宗之宗人，共宗其小宗，群小宗各率其宗人以宗大宗，各大宗又率群小宗以宗國君。卿大夫一般也按嫡長制世襲官職。這只是基本情況，還有許多不盡包括在內，如〈大傳〉又說：「有小宗而無大宗者，有大宗而無小宗者，有無宗亦莫之宗者，公子是也。」這種制度有效地化解了內部紛爭的必然性，使貴族氏族的權力獲得確定性的延續，但是這種權力和利益的確定性是以制度性地淘汰位於底層的貴族成員爲代價的。

上引《公劉》「君之宗之」，《毛傳》謂：「爲之君，爲之大宗也。」但《鄭箋》釋「宗」爲「尊」，認爲是「君之尊之」義。《孔疏》認爲毛、鄭之間有分歧，說：「又國君不統宗，故有大宗小宗，安得爲之君又爲之大宗乎？箋說爲是。」按鄭玄改「宗」爲「尊」，大概是沿襲了漢儒認爲宗法制是爲卿大夫及其以下而設、上不及天子諸侯的看法。但按後世及現代的研究，宗法不僅限於卿大夫及其下，也是天子諸侯的繼統法。

蓋所謂「國君不統宗」，一是國君在名義上是上帝的長子，居天下各宗之上，故不統宗或不以宗名。二是王者之嫡子爲宗子而繼統，僅限於天子諸侯，大夫以下則只有宗統而無君統。王國維《殷周制度論》說：

> 商人無嫡庶之制，故不能有宗法。藉曰有之，不過合一族之人，奉其族之貴且

> 賢者而宗之。其所宗之人固非一定而不可易，如周之大宗小宗也。周人嫡庶之制，本為天子諸侯繼統法而設；復以此制通之大夫以下者，則不為君統而為宗統，於是宗法生焉。……天子諸侯雖無大宗之名，而有大宗之實。……唯在天子諸侯則宗統與君統合，故不必以宗名。大夫士以下皆以賢才進，不必身是嫡子，故宗法乃成一獨立之系統。……是故大夫以下，君統之外復戴宗統，此由嫡庶之制自然而生者也。

國君不統宗的意義實際是政治關係高於血緣關係的表現。宗統不得干預君統，天子和諸侯的兄弟對天子和諸侯要論君臣關係以君事之，不得講親屬關係以兄事之。《穀梁傳》隱公七年、昭公八年：「諸侯之尊，兄弟不得以屬通」；《穀梁傳》文公二年：「君子不以親親害尊尊」。在這種結構中，宗法制被用來加強和鞏固政權，宗法服從政治。公劉時的周國疆界較小，初成一個民族方國，故有國君統宗的可能性。有關「君之宗之」，朱熹《詩集傳》引呂氏說：「上則皆統於君，下則名統於宗。蓋古者建國立宗，其事相須」，應算是比較確切的解釋。這似乎是古者國君統宗的遺痕，那時國家初成，血緣關係比較簡單而清晰，雖然「君之」在「宗之」之上，但君、父兩者的關係基本一致，沒有出現後世忠孝不能兩全的矛盾，但更詳細的情況則難以考知了。

西周以後，卿大夫以下的宗族，皆實行宗法制。《左傳・襄公二十四年》載穆叔說：「若夫保姓受氏，以守宗枋（枋為廟門），世不絕祀，無國無之。」在春秋戰國時期，宗法和世官制度隨著侯國覆滅、貴族衰落，親屬和血緣關係由擴散而減弱，逐漸發生變化。

王國維《殷周制度論》說：

> 是故有立子之制，而君位定。有封建子弟之制，而異姓之勢弱，天子之位尊。有嫡庶之制，於是有宗法，有服術，而自國以至天下合為一家。有卿大夫不世之制，而賢才得以進。有同姓不婚之制，而男女之別嚴。且異姓之國，非宗法之所能統者，以婚媾甥舅之誼通之，於是天下之國，大都王之兄弟甥舅，而諸國之間，亦皆有兄弟甥舅之親。周人一統之策，實存於此種制度。

王國維這裏作出「卿大夫不世之制」的結論，並不符合當時世官制的情況，故引起許多異議。然而他說周代力圖用「宗法」和「服術」使「天下合爲一家」，卻是實際情況。大宗小宗之制也在異姓諸侯國中建立，甚至延伸到化外的夷蠻、戎狄之國。如南方的楚國，在春秋楚武王伐隨時還自稱「我蠻夷也」。《史記．楚世家》載楚之先世鬻熊曾「子事文王」，至周成王時，「封熊繹於楚蠻，封以子男之田，姓芈氏。」所謂「封以子男之田」，那不過是楚本已有之的疆土，由天子賜封，取其形式而已。但按周制，天子或諸侯分封給臣下土地，就必須新立一個「宗」。即所謂「至邑立宗」（《左哀八年》），或如《左傳．隱公八年》所說：「天子建德，因生以賜姓，胙之土而命之氏」（楊希枚認爲「賜姓」不是指賜被封者以族姓，而是賜被封者以所封地內之被征服的居民，即「異族之遺民俘虜」）。成王賜熊繹「姓芈氏」，就是說楚王也接受周制而實行宗法制。雖然楚國此後很長一段時間內未完全實行嫡長繼承制，但「至邑立宗」則大體有之。

宗統本身就是當時新的社會體制，採用它的異族方國會產生制度文化方面的根本性變革。

宗法制具有層累地組織的特點，像一張具有擴張和融化功能的大網一樣，逐漸把許多蠻夷方國和部落網羅其內，並將其同化。在西周凡是後被征服或歸化的夷蠻、戎狄之國，皆要「受氏」立宗，也同樣是無一例外的。

又《禮記・大傳》及其他有關資料證明，周代實行「同姓不婚」制，他們認爲「男女同姓，其生不蕃」（《左》僖二十三年），「同姓不婚，惡不殖也」（《國語・晉語》）。凡婚姻必求諸異族，如〈周語中〉載有周襄王娶狄女爲後事，此類史料甚多。這就加快了不同民族之間的血統混合，使宗法制得以迅速擴大。《儀禮・觀禮》載天子之於諸侯，「同姓大國，則曰伯父；其異姓，則曰伯舅。同姓小邦，則曰叔父；則曰叔舅。」《小雅・伐木》：「以速（召）諸父」、「以速諸舅」，疏云：「天子謂同姓諸侯，諸侯謂同姓大夫，皆曰『父』，異姓則稱『舅』。故曰諸父諸舅。」這裏顯示出周制在君統之下，追求天下一家的制度特色。儘量建立最廣泛的親緣關係，可以說是宗法制的一種輻射現象。姻親形式發揮很大作用，加強了周王與諸侯國在政治上的聯繫。

作爲輔助手段，還有諸如侯、甸、綏、要、荒等「五服」制度。《書・益稷》有

「弼成五服」之語。《國語・周語上》載祭公謀父言「邦內甸服，邦外侯服，侯衛賓服，夷蠻要服，戎狄荒服」。〈禹貢〉：「東漸於海，西被於流沙，朔南暨聲教。」《傳》：「漸，入也；被，及也。此言五服之外，皆與王者聲教而朝見。」而所謂聲教，隨著文化知識的傳播，也使宗法、禮儀等制度內容在「朝見」等交往活動中漸浸漸染，加速了五服內外夷蠻戎狄與中原的同化。儘管生活方式不同，風俗移易有遲速之別，但在皆有崇拜祖先習慣的古代各氏族部落中，宗法制作爲一項確定血緣關係和掌握神權的操作制度，其易操作性和可行性對化外蠻族無疑非常具有吸引力而易被接受，由此加強和維繫族內外團結。而在實行這項制度的同時，由制度趨同而加快了各族之間趨同化的進程。

宗法制度的擴大和延續，客觀上使得越來越多的貴族降爲平民，隨著時間推移而顯示出它的效果，逐漸形成有知識的平民群體。

本來所謂「百姓」，本義爲百官族姓和王之親屬。〈堯典〉：「平章百姓」，傳：「百姓，百官」；《詩・小雅・天保》：「群黎百姓」，毛傳：「百姓，百官族姓也」；《史記・五帝紀》：「便章百姓」，集解引鄭玄曰：「百姓，群臣之父子兄弟」；《禮記・郊特牲》：「大廟之命戒百姓也」，注：「百姓，王之親也，入廟戒親親也。」正義曰：「姓者生也，並是王之先祖所生。」這些是對百姓本義之正訓。

具體來說，在西周春秋，姓是穩定不變的，而氏卻是可變的，而且變化相當複雜和頻繁。貴族群體的擴大，主要表現在氏之越來越多，越來越繁。氏是爲了辨別貴賤而爲貴族所獨有的標誌。女子稱姓（或於姓下加氏），以定婚配；而男子則稱氏，以別氏族。

氏原是標誌貴族身份的族號。氏之命名，大約有以下幾種途徑。一，諸侯以受封的國名爲氏，如陳氏、宋氏。二，諸侯之子稱公子，公子之子稱公孫，公孫之子以其祖父的字爲氏。三，卿大夫或以職官爲氏，如史氏、卜氏、祝氏、士氏、司馬氏、陶氏、籍氏等。四，或以受封的邑名爲氏，如晉國的韓氏、魏氏、趙氏、范氏、知氏等。五，或以居處爲氏，如東郭氏、南宮氏、百里氏、柳下氏等。除此之外，還有種種個別情況，如有以父親的字爲氏者。

氏先爲貴族之族號，至秦以後漸與姓混而不分了。如司馬遷在〈孔子世家〉中說孔子「字仲尼，姓孔氏」。其實孔子是宋國人，姓子，孔只是氏。

相反，「民」則指一般平民、小人、奴隸、俘虜等地位低下的人，本義與貴族相對待。如《禮記・曲禮上》：「獻民虜者操右袂」，注：「民虜，軍所獲也。」《書・太甲下》：「無輕民事，惟難」，傳：「無輕爲力役之事，必重難之乃可。」《說文》：「民，爲萌也。」注：「萌猶懵懵無知貌也。」

在春秋時期，百姓與平民的界限被不斷彌平，越來越多的貴族百姓淪爲平民，所謂「民」的質量和地位都發生變化。造成這種情況的幾種原因：一是許多五世則遷的小宗，遷後的身份就與平民相等。卿大夫階層五世之後親盡、毀廟，貴族身份注定要斷絕。還有因各種原因成爲「無宗亦莫之宗者」的公子，逐漸也喪失了公族身份。

二是由同姓不婚的制度，造成貴族與平民甚至夷狄通婚，迅速擴大了貴族血統和群體，也擴大了遺落貴族身份的成員，使原來兩個相互對待階層的畛域變得難以明確維持。

三是因爲互相攻伐滅國、或國內政變等緣故，大宗小宗全遭敗亡，一旦皆遷。統觀《世本．氏姓》《文獻通考．封建考》及《左傳》中所記富辰（僖二十四）、侯獳（僖二十八）、子魚（定四）所言，西周時所封同姓與異姓諸侯約有一百三十多國。另外散見於西周金文和其他典籍者還有一百多個。到戰國時只剩下七強，其餘侯國全遭覆滅。而這些覆滅之國的諸侯在本國皆爲大宗，隨同國滅而大宗亦滅，遑論各國中諸小宗。由此可知當時貴族之宗敗亡衰落的速度很快，規模也很大。這些敗亡之國的貴族或淪落國內，或移居他國，失去原有的身份和地位，而給士民階層不斷補充增添力量。

戰國時期姓氏制度發生混亂，表明氏族貴族和宗法制日趨瓦解，最後秦的統一使舊的氏族和姓氏制度被清除殆盡，姓和氏開始合二爲一。這標誌著舊貴族的完全平民化的過程。

四是與宗法制同時興起的世官制也與其衰落同時衰落。世官制屬於政治範疇，它可能脫胎於氏族制末期新的氏族貴族制度。氏族首長從氏族選舉轉變爲某一支氏族貴族世代執政的局面。西周之天子、諸侯爲世襲制，許多官職也是世襲的。如《周語中》記富辰言：「求無不至，動無不濟，百姓兆民」，注：「百姓，直官也，官有世功，受氏姓也。」將氏姓與功業聯繫，是一種世官制。王國維認爲周制定卿大夫士不世之制，但許多史料表明周時一般重要官爵仍採用世襲制。世官則不限於大宗，如魯國的三桓，應屬於非嫡長子之支的小宗，儘管這樣，其勢力終春秋不衰。

世官制是與宗法制有些矛盾的一項政治制度。世族既世有官職，則擁有世襲的采邑和俸祿所以稱之為「世祿」（《孟子．梁惠王下》：「仕者有世祿。」也就是說，世族或世官擁有世襲的政治特權和財產。即使這樣，內外動亂也使世襲的卿大夫子孫難以長保富貴。首先是子承父職時由周王重新加以冊命（春秋戰國時諸侯之家臣世襲，亦需曾作任命其父祖之上一級貴族重新冊命）。但只有那些對周室有功或與周王室關係密切的貴族才能得到重新冊封，否則就得不到重新任命，這一族也必然會逐漸沒落。另外，某一貴族縱使世襲，其內部也實行宗法，非宗子之支也終要湮滅。所以世官制儘管和宗法制有些矛盾，但宗法制仍然是更根本的制度。

諸侯當戰亂之時，不復堅持任人唯親，常依事功選用有才能的人為官。《周語下》記太子晉語：「天所崇之子孫或在畎畝，由欲亂民也；畎畝之人或在社稷，由欲靖民也，無有異焉。」可知由於宗統的特殊性和社會動亂，或使王公子孫散在畎畝，或使畎畝之人擔當起治國重任，於周靈王時或已透露出僅憑血緣關係或世官制不足以維持貴族地位的消息。

還有由農業生產力提高及生產關係改變而造成的暴發戶們，和退出正在衰落的貴族階層的但仍有一些財產的貴族們，也加入不必完全憑「勞力」為生的士民群體。其中某些成員，成為向新政權中的統治者傳授知識的私人教師性質的、或以特殊才能奔走效力的食客。各國諸侯也越來越依賴那些士民階層中有才幹的「賢能」，而不再是受蔭庇的世襲貴族。

孟子說：「舜發於畎畝之中，傅說舉於版築之間，膠鬲舉於魚鹽之中，管夷吾舉於士，孫叔敖舉於海，百里奚舉於市。」（〈告子下〉）內容雖不可盡信，但表達了士民階層的願望和要求，此類現象在當時日見增多。

戰國時各國變法，如魏文侯、魯繆公、燕昭王、齊威王、齊宣王等國君紛紛在平民中選拔人才，形成布衣卿相之局，舊貴族則大多搖落。

降爲平民的貴族大量增加，漸使百姓與民成爲同義詞。《周書・泰誓中》：「百姓有過，在予一人。」《傳》：「已能無惡於民，民之有過，在我教不至」；〈正義〉云：「此百姓與下『百姓懍懍』，皆謂天下爲民也。」又《史記・始皇本紀》：「今天下已定，法令出一。百姓當家，則力農工，士則學習法令辟禁。」這些地方，百姓就是指天下衆民而言。

降爲平民的士民群體隨著社會地位的落差，造成心理結構和本能意識的集體異化。五世而遷之親盡毀廟的具體情況雖難以詳考，對當事人心理平衡所造成的破壞必是極其巨大的。士民群體在改變社會地位的同時，也構成一種異化性質的、超個性的共同文化心理積澱。

春秋以前君父爲一，政教不分，書皆在官府，文化教育掌在貴族百官。《荀子・榮辱篇》說：「循法則度量，刑辟圖籍，不知其義，謹守其數，愼不敢損益也。父子相傳，以持（奉）王公。是故三代雖亡，治法猶存，是官人百吏之所以取祿秩也。」是知三代以前百官各自執掌一部分政治文化知識和相關圖籍，是父子相傳，世代沿襲的。而且有關圖書似乎分散在各國，未必相互交流而各國官府盡有，至少在春秋時期是這種情況。是以《左傳·昭二年》載：作爲晉國之世卿的韓宣子，也必須到魯國「觀書于太史氏」，方才得見《易象》與《魯春秋》。儘管孔穎達以爲此二書在晉國也應有，韓宣子只是「味其義而善其人」，「非爲不素見也」。但這只是他的揣度之辭，並無實據。也許晉國有《詩》、《書》或「晉之《乘》」，確實無此二書。

貴族百姓降而爲民，有意無意地攜帶了許多世守的文化知識。古代的簡策不像後世圖書那樣容易流傳或進行版本校勘，所以他們或許憑口傳記憶，或許私自抄寫，或許有祖傳抄本。如同現在出土的帛書楚簡一樣，文獻相同的部分與通行版本之間、以及它們相互之間也多有歧出。那時聚徒講學或有高名於世的學者，可能都網羅到較多的藏書，如墨子「南遊使衛，關中（扃中）載書甚多」（《墨子·貴義》），「惠施多方，其書五車」（《莊子·天下篇》）。

這些淪落的知識精英，以各種形式和方法把文化知識傳播開來。由於沒有官方職位，他們自己也不再像以前的官人百吏那樣「不知其義，謹守其數」了，而是大加損益，自鑄偉辭，紛紛講學授徒，著書立說。

通六藝、有文化的平民，逐漸成爲士農工商「四民」之首。

「士」字的意義，在諸子之前泰半指卿大夫或軍士而言，間或泛指男子、人士。

「四民」之詞最早見於《尚書・周官》，有「居四民」之語，但其言不詳，與書中「四岳」、「四海」等相交影，而《傳》則謂指士農工商。再次則《穀梁傳成元年》「古者有士民，有商民，有農民，有工民。」《公羊傳成元年》正文未見「四民」，何休解詁有士民，謂「德能居位」，《穀梁傳成元年》范寧注士民爲「學習道藝」。實際最古的材料應屬《穀梁傳》，而此《傳》雖古，著於竹帛卻很晚，當在尸子、商鞅之後。

根據有關文獻，至孔子之前，具有「德能居位，學習道藝」之特點的士民人數，就增加到足以發揮社會影響並形成一個社會階層了。

民本思想的充分發展，當在這個階層出現和擴大以後。而諸子百家所以皆遠離西周的宗教傳統，正是由於宗法制把士民群體制度性地拋棄於以祭祀祖先爲標識的宗教傳統之外，社會群體的距離給批判意識提供了可能性。舊的宗教道德更多地代表居於統治地位的舊貴族的利益，而新興的各種充滿人文主義精神的學說卻能反映士民階層的要求。

二、春秋戰國時期民本思想的發展

春秋戰國時衝擊宗教傳統和鬼神權威的首先是民本思想的出現和蔓延。

民本思想反映了平民知識階層的政治要求，也是當時各種新思潮樂章的主要基調。它的主要內容是：不是代表王權或統治階層的上帝的意志，而是士民的意志應該成爲衡量所有行爲和政治活動是否有價值的標準。諸子所謂「士」和「民」，雖然在前代有特定內涵，或抽象而言是指所有民衆，但實際上這兩個詞於春秋戰國時意義發生了根本變化，成爲專指由貴族淪落而成的士民群體、或以「德藝學習」爲特徵的精英們的專有名詞。除了「民」和「百姓」之外，還有其他稱謂，如《孟子．梁惠王下》所說「國人皆曰不可」、「國人皆曰可殺」；《荀子．王制篇》中「庶人駭政」、「庶人安政」等語，其中的「國人」、「庶人」等都是指受過教育的士民。

這些士民失去貴族身份的同時，也或多或少減弱了與宗法聯繫在一起神權的羈絆。

民本思想的實質並不是以一種契約論關係爲基礎，而仍然是以專制統治爲基礎的。它表現出的特別之處在於很巧妙地借助「天」的權威，對統治者強調士民階層的意見，促使他們傾聽和採納。爲了表達他們的聲音，百家寧願建立起理性主義的世俗價値系統，用以取代神秘主義的宗教道德體系。因爲世俗道德比起以神權爲標誌的宗教道德來說，能夠更有力地反映他們的利益要求。由此形成的人文理性也促使社會政治或多或少呈現出某些民主的狀態。

民本思想孳萌很早，但春秋以前尚未充分自覺而形成氣候。如〈康誥〉：「天畏棐忱，民情大可見」；〈盤庚〉：「古我前後，罔不惟民之承」；〈多士〉：「惟我下民秉爲，惟天明畏（孔傳：惟我周家下民秉心爲我，皆是天明德可畏之效）」；〈皋陶謨〉：「天聰明自我民聰明，天明畏自我民明畏」；《禮記．表記》引〈大甲〉逸書：「民非後無能胥以寧，後非民無以辟四方」；《孟子》引〈泰誓〉逸文：「天視自我民視，天聽自我民聽」；《左傳．襄三十一年》引〈泰誓〉逸文：「民之所欲，天必從之」；《小雅・十月之交》：「下民之孽，匪降自天，……職競由人」等等。這些記載，有些可能確實是很古老的，但其中大部分是西周末或春秋時的人加進去的。在這些文獻中，民本思想的基本邏輯已經大體確定，天作爲至高無上的權威，凌駕於天子之上，是天子也要服從的。然而天又從民所欲，以民衆的感受和意願爲依據而採取行動，所以對「天」負責的天子也要遵循民衆意願。而且這是一種傳統，「古我前後」、即古代所有的先王，都是遵從民意的。天和傳統於是成爲媒介性的權威，人類秩序的最根本的基礎還是民衆意志。

民本思想中還含有一種特殊形式的平等意義。在先秦較早的史料中就出現「天生人」或「天生民」（參見《左襄十四》等）的說法。從人皆爲天生、即天賦人道、稟氣而生這個角度來說，在道德價値上是平等的。如《大雅・烝民》之詩曰：「天生烝（衆）民，有物（事）有則（法），民之秉彝（彝，常），好是懿（懿，美）德。天監有周，昭假於下。」疏云：「言天生其爲民，使之心性有事物之象，情志有去就之法，既稟此靈氣，而有所依憑。故民之所執持者有常道，莫不愛好。是美德之人以爲君也。民之所好如是，天亦從民所好，故天乃監視有周之王政教善惡。」這裏所謂「天生」、「秉彝」，強調的是人生來就稟有一種天賦的人道或道德本質。這種道德主要還是以人與神關係爲依據的宗教道德。追求美德就是人類社會的「常道」，不變的法則，作爲統治者也要遵循。庶民由天賦之道德本能而得到充分肯定，也提高到可以作爲監視君主和政教的依據之地位。儘管在名義上是天在監視，但判斷實歸於民意。這樣，由表達不能說十分清楚的、並非絕對的道德平等，表現出某種範圍的政治民主的趨向。

「天生烝民」之說在詩中不一見，其他如《大雅．蕩》：「天生烝民，其命匪諶，靡不有初，鮮克有終」等。

君主稱天子，最早見於《商書．西伯戡黎》，〈洪範〉篇，以及《詩經》之雅、頌中。其後的文獻和諸子書中就很常見了。「天子」兼有同姓貴族的最高族長和天下政治共主的兩種身份，是至高無上的。但從「天生烝民」而言，所有的民衆皆爲天之子，「天子」與民衆之間其實沒有不可逾越的永恒界限。

〈召誥〉說：「皇天上帝改厥元子茲大國殷之命」。所謂「元子」即天子，大概是天子比較古老的稱謂之一，孔疏訓釋元子之義又可用「大子」或「首子」等詞語來表達，並引鄭注：「言『首子』者，凡人皆云天之子，天子爲之首耳。」是說人類皆爲天之子，君主不過是受天命在衆子之中成爲輩份最尊最長者，相當於周代社會嫡長繼承制中的嫡長子。所謂「凡人皆云天之子」，證明不獨王者爲天之子。元子可以改，則元子與衆子的地位又不是絕對不變的。

《穀梁傳．莊公三年》說：「獨陰不生，獨陽不生，獨天不生。三合然後生。故曰母之子也可，曰天之子也可。尊者取尊稱焉，卑者取卑稱焉。」這可以作爲〈召誥〉「元子」之說最好的注解。范寧注：「王者尊故稱天子，衆人卑故稱母子。」楊士勛疏：「衆人亦稟天氣而生，不云『天子』者，天子取尊稱，故稱天子；衆人取卑稱，故稱母子。」因爲人類皆三合而生，稟氣均同，所以人類稱「天之子」或「母之子」均可。但由於有尊卑地位之分，故王者獨稱天子，儘管稱謂不同，但王者與衆人在本質屬性上是相同的。《穀梁傳》改用陰陽之理來解釋天之子，實際上減弱了天子的神聖性，含有人類皆爲天地或自然之子的意思，這在儒、道等學說中得到進一步發展。

民本思想在歷史上出現得很早，與西周的德治政策及「天」之自身的抽象性特點有關。商代的「帝」是多元的，繼承它的西周的「天」又含有屬性概念或自然之天等物質屬性的因素，其「人」的性狀本來就不十分凸顯和確定，它的意志也不易通過具體的語言行爲表現出來。殷、周皆重占卜，要通過卜筮才能與「帝」或「天」溝通，很少採取直接交流的方式，說明其神的人格性亦不甚鮮明。而西周標榜德治，不僅以天，也以天的道德意志作爲權力的依據。天的道德意志在西周末和春秋戰國時隨著士民群體的壯大，不再以統治者或神職人員爲媒介，而通過民心向背直接體現出來。這也是促使民本思想發展的原因之一。天意由民心直接體現出來，使天意變得愈來愈直觀和容易把握，客觀上造成天的神性不斷消減和代表道德原則之民意作用的逐漸增強。

意識形態產生明顯變化的趨勢，這就是世俗道德權威終將取代宗教權威的趨勢。

到春秋戰國時期，隨著士民群體的擴大，民本思想的社會基礎也隨之擴大。大約在春秋中後期即已成爲比較普遍的思潮了。當時統治集團內部也有很多人強調傾聽民衆聲音，獲得民衆支援的重要性。如〈周語上〉記邵公語云：「防民之口，甚於防川，川壅而潰，傷人必多」；〈楚語上〉記子革語云：「民，天之生也。知天，必知民矣」；《左傳・莊三十二年》記內史過語云：「國將興，聽於民；將亡，聽於神。神，聰明正直而壹者也，依人而行」，等等。這些地方所謂「民」，不包括社會最底層的民衆，大約是五世而遷之後或失去官位的貴族百姓。從防民之口，「甚於防川」，可以得知「民」的數量已達到何種規模。民本思想所追求的理想統治仍然是專制王權的體制，主要依賴當權者的洞察力和善良意志，而不是分享權力的結果。這種體制與制度化的和形式化的法治政體根本不同。所謂「民」也仍然是政治的客體，他們是屬於懷有堅定的人文主義價値取向、不斷提醒自己盡職盡責的那一部分社會精英。與前代發生微妙變化的地方是，「民」表達自己的要求，從過去比較迂迴地借用天的意向，傾向於更多、更直接地顯示獨立的力量。如內史過所說的「國將興，聽於民；將亡，聽於神」，這裏，代表舊制度的神只能使國家走向滅亡，而非宗教的民意則能使國家興盛。世俗之民的權威已經勝過宗教之神的權威了。至於說神「依人而行」，則把權衡的輕重更多地向民衆這一方傾斜。

士民階層要求在社會事務上發揮眞正作用。《左傳・襄十四年》載師曠語：「夫君，神之主而民之望也。若困民之生，匱神乏祀，百姓絕望，社稷無主，將安用之，弗去何爲（指衛國人趕走國君事）？」這裏說君爲神之主，乃指祭神之主持（或解作神之木主）。「困民之生」和「匱神乏祀」成爲民或百姓起而趕走國君主要原因。所謂「神之主」實則事關祭祖，是以宗教形式反映的政治權力。百姓與民互見，可知民即失其官守或「莫之宗」貴族或貴族後裔。其中有些可能還失去「食田」，無以爲生。他們雖然淪落到社會下層，但隨著數量增加也積蓄起越來越大政治力量。他們的政治要求與其經濟要求是相關的，堅決主張統治者應該承擔與他們的權力相符的特殊責任，至少要保障民之生計。他們把自己的利益提高到與神和國家之利益平等的高度，指出百姓的生活保障是神之享祭和國家安定的根本。統治者如果得不到民衆的贊同和支援，不符合社會下層的互利主義期盼，就要遭受喪失政權的風險。這些實質內容使民本思想從神的權威逐漸向純粹的人文理性因素轉化。

士民階層從春秋時期開始在各方面推動民本思想的發展，給其後的諸子學說提供了基本導向。民本思想中所含有的理性主義因素和民衆行使社會裁判權力的要求，雖然對世俗專制王權產生約束、監督和規範作用，並沒有動搖它的根基。然而作爲天和神之意志的代表，「民」越來越多地凸顯出直接性和獨立性，逐漸將神的權威暗中移換到世俗道德、即士民自己這一方面，造成神權的失落。

這個重要動向在社會的表現就是巫覡等神職人員地位下降，乃至其權力和獨立性最後完全喪失。這種情況反映出宗教傳統在人文主義政治主張的進逼下，逐漸失去現實基礎，政教合一體制走向消亡。

中國古老的宗教傳統，隨著各國變法等社會的制度結構變化而發生根本變化。

三、巫覡政治之衰落的時限及過程

士民地位的提高，和巫覡卜祝的地位下降及獨立性喪失，是一個關係到中國古代文化傳統發生位移的重大歷史事件。但這個事件不是突然發生的，它是兩者之間相反相成的運動，經歷了漫長的歷史時間。

周代神職人員盛衰歷史，實際是宗教性「天」或至上神之權威、和三代傳統宗教本身的盛衰歷史。

在殷墟甲骨和有關文獻來看，巫覡等神職人員在商代和西周具有相當高的社會地位和獨立權威。〈楚語下〉記觀射父之語云：

古者民神不雜。民之精爽不攜貳者，而又能齊肅衷正，其智慧上下比義，其聖能光遠宣朗，其明能光照之，其聰能聽徹之，如是則明神降之，在男曰覡，在女曰巫。是使制神之處位次主，而為之牲器時服，而後使先聖之後之有光烈，而能知山川之號、高祖之主、宗廟之事、昭穆之世、齊敬之勤、禮節之宜、威儀之則、容貌之崇、忠信之質、禋潔之服，而敬恭明神者，以為之祝。使名姓之後，能知四時之生、犧牲之物、玉帛之類、采服之儀、為器之量、次主之度、屏攝之位、壇場之所、上下之神、氏姓之出，而心率舊典者為之宗。於是乎有天地神民類物之官，是謂五官，各司其序，不相亂也。民是以能有忠信，神是以能有明德，民神異業，敬而不瀆，故神降之嘉生，民以物享，禍災不至，求用不匱。

及少皞之衰也，九黎亂德（韋昭注：「九黎，黎氏九人」），民神雜糅，不可方物。夫人作享，家為巫史，無有要質。民匱於祀，而不知其福。烝享無度，民神同位。民瀆齊盟，無有嚴威。神狎民則，不蠲其為，嘉生不降，無物以享。禍災薦臻，莫盡其氣。顓頊受之，乃命南正重司天以屬神，命火正黎司地以屬民，使復舊常，無相侵瀆，是謂絕地天通。

其後，三苗復九黎之德（韋昭注：「三苗，九黎之後也」），堯復育重、黎之後，不忘舊者，使復典之。以至於夏、商，故重黎氏世敘天地，而別其分主者也。其在周，程伯休父其後也，當宣王時，失其官守，而為司馬氏。寵神其祖，以取威於民，曰：「重實上天，黎實下地。」遭世之亂，而莫之能禦也。不然，夫天地成而不變，何比之有？

這一番話中，剔除其中因傳說和神話而被弄得淆亂的歷史，能夠發掘出一些重要的資訊。首先，巫覡卜祝在古代社會的地位很高，他們不但作爲「上下之神」的代言人，掌管宗廟祭祀、彝器壇場，安排「昭穆之世、氏姓之出」之類涉及君王和貴族等級地位的大事，而且還主持禮節威儀，忠信道德，甚至還負責對先聖之後、名姓之後等王公貴族子弟的教育。他們的地位在五官之上，大約具有相當於猶太系宗教中「先知」等神職人員那樣的威望和權力。其次，巫覡不僅掌握在古代社會中被視作非常最重要的宗教事務和知識，而且掌握「山川之號、四時之生、玉帛之類」自然科學知識。由是可知思想文化、自然科學皆孕育於巫術宗教中，中國古代文明發展與其他民族的文明在歷史發展的階段性上有類同的地方。

巫覡卜祝佔據高層社會地位，並在政治上發揮主導作用，可稱爲巫覡政治。它是三代政治的自然形態。

這段記載最重要的地方在於，它勾勒出三代巫覡政治興衰的大體過程和基本時限。按觀射父此段話是答楚昭王之問，昭王所問的是《周書》所載「重、黎使天地不通」事，懷疑在此之前，即未絕地天通時，人類是否能夠隨意「登天」？這實際涉及到三代雖同爲巫覡政治，但表現形式不盡相同的問題。

「絕地天通」的典故最早載在西周中前期周穆王時的《呂刑》中，是那時出現的一個神話傳說。《呂刑》載：

> 民（三苗之民）興胥漸（漬於亂政，起相漸化），泯泯棼棼（泯泯為亂，棼棼同惡），罔中於信，以覆詛盟（無有中于信義，反背詛盟之約）。虐威庶戮，告無辜於上（眾被戮者，方方各告無罪於上天）。上帝監民，罔有馨香德，刑發聞惟腥（天視苗民，無有馨香之行，其所以為德行者，發聞於外，惟乃皆腥臭）。皇帝哀矜庶戮之不辜，報虐以威，遏絕苗民，無世在下（帝哀矜為被殺戮者，不以其罪，乃報為暴虐者以威，止絕苗民，使無世們在於下國，言以刑虐故滅之也）。乃命重黎（傳謂重黎即羲和），絕地天通，罔有降格（使人神不擾，各得其序，天神無有降

地，地祇不至於天，明不相干）。

由此傳說可知，「絕地天通」事件以鎮壓三苗之民爲緣起，其中還隱喻著對其他民族政治軍事上的鎮壓和宗教信仰上的排他性行爲等內容。

這一傳說亦見於其他傳世文獻，《墨子．非攻下》：「昔者三苗大亂，天命殛之。……高陽乃命玄宮，禹親把天之瑞令，以征有苗，……禹既已克有三苗，焉磨爲山川，別物上下，卿制大極，而神民不違，天下乃靜。」

又〈禹貢〉：「三危既宅，三苗丕敘。」

又〈太平御覽〉卷八百八十二引〈隨巢子〉：「昔三苗大亂，……禹乃克三苗而神民不違，辟土以王。」其他還有〈說苑〉等也提到三苗之事。

關於這段神話的解釋，《左》《國》等有關文獻及舊注極爲混亂。關於「苗民」，有的認爲所言三苗即指蚩尤作亂事，有的認爲是蚩尤遺類，或是學蚩尤的「九黎之君」作亂；關於「帝」，或以爲指堯，或以爲指黃帝，《墨子》則說是高陽和禹，《太史公自序》又認爲是顓頊。古史五帝系統本來就事涉渺茫，頭緒繁多，按照這本來就不清楚的系統來解釋神話，更是亂上加亂。還有關於「重黎」，屬何官職，是一是二，究爲何人或何神等問題，也有許多矛盾的說法。然而這些矛盾恰好可以相互作爲反證，相互否定，使我們可以認定其時限不必是在傳說的五帝時代。

實際上，有些神話傳說包含著眞實的歷史記憶，認眞加以分梳便能獲得珍貴史實。

這個神話就是如此。根據現有的歷史資料和文獻來看，此一段記載中所包含的巫史興衰的眞實歷程當發生在商與西周兩代。尤其是從西周初至西周末，盛極而衰，變化之跡非常明顯。

「絕地天通」的神話最早見於周中期穆王時成書的《呂刑》中，給我們提供了考察其眞實歷史的時間界限和追溯線索。

「民神雜糅」和「民神同位」，很有可能是指商代或商末的情況。

從殷墟刻辭而言，學術界一般認爲其上限當起始於商中期的武丁時期，而卜辭的時代下限只到帝乙時期。這一時代中巫術極盛，巫覡的地位很高，刻辭中出現一些專門的貞卜祝史官員之稱，如「東巫」（《合集》五六六二）、「大史」（《合集》五六三四）、「小史」（《屯南》二二六〇）「西史」（《合集》九五六〇）以及「北巫」、「東史」等巫史名目，不一而足。武丁時期，或者還包括此前、甚至夏代。至帝乙之前，大概雖有「民神異業，敬而不瀆」的餘緒，但愈發展愈基本應歸入傳說的「民神雜糅」、「民神同位」的時代。

但商代的官制中，祀神與治民的職權似乎分得並不很清。如卜辭有「咸戊[illegible]王」（《合集》一〇九〇二）等語。許多學者以爲這就是指傳世文獻中的「巫咸」。咸戊或作咸巫，顚倒即巫咸。《尚書‧君奭》中有「巫咸乂王家」，孔傳謂「巫咸治王家，言不及二臣」；孔疏云：「巫咸亦是賢臣，俱能紹治王家之事」。《史記‧殷本紀》：「伊陟贊言巫咸。巫咸治王家有成，作〈咸艾〉，作〈太戊〉」，亦可證「戊」或作「巫」，且知巫咸爲治國賢臣。屈原《離騷》：「巫咸將夕降兮，懷椒糈而要之」，王逸注：「巫咸，古神巫也，當殷中宗之世。說者曰：『巫咸，殷賢臣。』一云：『名咸，殷之巫也』。」由是可知商代治國之臣也可以爲巫，或行使祭祀等職務，名臣也可爲名巫。

又卜辭中還有「貞，咸允佐王」（《合集》二四八正），「其甯風伊」（《合集》三〇二五九），像咸允、伊尹這樣的大臣死後還可以佐王、息風，具有很大的神通。推想其生時，除佐王治國外，也許負責一些特定的宗教事務。如伊尹或許還專司風雨之神的祭祀。在商代「率民以事鬼」的風氣中，貴族樂尚鬼事，祭祀又特別繁濫，世俗職務和神職不易分清。所以有商一代，也許都屬於「烝享無度，民神同位」、「神狎民則，不蠲其爲」的傳說時代。

在殷末紂王的時期，情況則更加明顯。《墨子・非命中》引逸書〈太誓〉曰：「紂夷之居，而不肯事上帝，棄闕其先神而不祀也。曰：『我民有命，毋僇（孫詒讓《墨子閒詁》：「言毋勠力其事也」）其務』。天不亦（《墨子閒詁》：「不亦者，亦也」）棄縱而不葆。」這與《商書・西伯戡黎》所載商紂之語「我生不有命在天」相合。說明紂王如果不是完全放棄，也是放鬆了對上帝和祖先祭祀的活動和權力。復對照殷墟出土甲骨，未見祭祀紂之父帝乙的刻辭，正反相證，這或許不是巧合。而神權的放鬆，會使貴族的宗教活動更加失去節制。

按殷墟卜辭的內容，有太多太濫之嫌。上煽其風，下必偃之，商代公卿士民競相仿效，祭祀活動泛濫成災。時間積久，則易失節制，而一旦失其節制，則很容易出現人人作享、「家爲巫史」的局面。殷末巫術活動，帶有民間樂舞或民間娛樂的成分，「烝享無度」或「神狎民則」的情況當在情理之中。

又關於三苗的傳說，大概是指不臣服於西周的一些方國的象徵性總稱。周初武王和周公、成王時期，在東方又對其他小的民族和方國進行了一系列征伐戰爭，如武王伐東夷，史牆盤載武王「遹征四方」；其他青銅器和典籍上也載周公攻滅東夷的蓋（奄）、薄姑（專古）等國。《孟子・滕文公下》：「周公相武王誅紂，伐奄三年討其君。……滅國者五十。」《書序》：「成王東伐淮夷，遂踐奄。」《墨子・耕柱》：「古者周公旦非關叔，辭三公東處於商蓋」，《墨子閑詁》釋：「商奄即奄……周公居東，蓋東征滅奄，即居其地，亦即魯也。」實際奄在魯而非魯全境；按《說文》釋郁（左「奄」右「阝」）字：「周公所誅郁國，在魯。」這些小的方國大約有些是商的屬國，有些是商紂東征時征服或未征服的氏族方國。蓋古代征伐之事，必先布罪狀，這大概就是《呂刑》和上引《楚語》所說的三苗的罪惡。觀射父所言「九黎亂德」、「三苗復九黎之德」中的「三苗」、「九黎」，泛指這些民族和方國也是可能的。

按僞孔傳對《禹貢》「三苗丕敘」之注，僅泛言三苗居「西裔之山」，孔穎達的訓釋也很混亂，或說在敦煌，或說在黃河之南。〈禹貢〉是部僞作，前人考證，最早出於戰國中晚期，不足爲據。

「三苗」的原型，也有可能是穆王時期的楚國和荊楚一帶的方國。

楚國與周初分封的其他諸侯國不同，它早已建國於荊山地區，周成王僅是追認既成事實，表面上確立了從屬關係，實際楚國一直保持著獨立地位。成王以後，楚與西周漸發生衝突，而且愈演愈烈。在穆王以前楚國已經成爲西周之最強大的敵國。穆王時似也曾伐楚。《北堂書鈔》卷一一四〈武功部〉引《竹書紀年》：「周穆王伐大越，起九師，東至九江，駕黿鼉以爲梁也。」是說穆王伐揚越而至九江，而《藝文類聚》卷九引《竹書紀年》此條作「伐楚」，《白氏六帖事類集》引此作「伐荊」。有些學者認爲有誤。其實九江縱非楚地，也距周遠而距楚近，當爲楚之勢力範圍，穆王之伐，或者實與楚戰。

給穆王時代的周人留下最慘痛記憶的事，就是穆王之父昭王南征楚國大敗，周軍六師喪於漢水，周昭王屍骨無存。這件事在有關文獻和一些出土金文中皆有記載。如《太平御覽》八七四引《竹書紀年》：「周昭王末年夜有五色光貫紫微。其年王南巡不返」；《史記・周本紀》：「昭王南巡狩不返，卒于江（當作漢）上。其卒不赴告，諱之也」。周人諱言此事，僞稱周昭王「南巡而不返」。但周朝從此開始衰落。

《史記・孫子吳起列傳》記吳起云：「昔三苗氏左洞庭，右彭蠡。」指的正是今湖南岳陽、湖北武昌及江西九江一帶，屬楚國的疆界及勢力範圍。

又《左傳》僖四年載齊桓公伐楚，管仲提出楚的兩條罪狀就是：一、「爾貢包茅不入」，二、「昭王南征而不復」。這兩條罪狀似可證實兩事，其一是楚地特產菁茅，「三苗」很可能是由茅得名，「三」爲泛數，周人對居產茅之地的楚和其他民族泛稱「三苗」。按《宋本廣韻》，「苗」爲蕭韻而「茅」在肴部，然而按照古音，無論分爲十部、二十二部還是三十部，蕭、肴皆同在宵部，苗、茅乃一聲之轉。又「苗」與「描」同在宵部且同音，「描」作畫解時，《廣韻》釋云「又音茅」。可證如不辨清濁，古音「苗」與「茅」可同音。周人稱楚地爲三苗而非「三茅」，蓋與「凡蔣、邢、茅、胙、祭，周公之胤也」（《左》僖二四年）中的古國茅有所分別。

二是「昭王南征而不復」這件事至春秋時還爲諸夏諸侯深刻記憶，可知此事在歷史上震動之烈。中原一直視楚國爲宿敵，因此將其妖魔化，用以象徵一切與不歸王化的民族和方國，應在情理之中。況從宗教信仰而言，楚國與中原差別很大，又以「信巫鬼、重淫祠」爲特點，更適於用作宗教意義上的異端比喻或倫理上的邪惡符號。

但這只是一種推測。總體而言，三苗所居之地在文獻中差距非常之大，或西北、或中原、或南方，它們或許最初是夏代或先商時期就出現的一些不歸化氏族、部落的名稱。考慮到至今未發現夏代和先周的文字，三苗之稱可能是通過口口相傳保存下來的含混的歷史記憶，經過漫長歷史時期的口頭傳說而造成混亂，實際成爲一種文化和傳統之異己力量的代表，在不同時代而有不同的特指。而《國語》所記觀射父之語，最有可能是指周初不臣服於周的異族。因爲在商末，有一段神權失控或神權下移的時期，甚至周人也許把有商一代都看作是民神雜糅的時代。《楚語》這一段話，又是在宗教傳統已經衰落的春秋時期所言，未必推得很久遠。

況《楚語》所記，唯一有較確切年代可考的是程伯休父。《詩經·大雅·常武》載：「王曰尹氏，命程伯休父」，是描寫西周晚期周宣王平定徐國叛亂事。周宣王命程伯休父爲大司馬，領兵布陣。與其傳說的祖先「重黎氏世敘天地」之事相去非常遙遠了。況且世官制度的確立，始於西周初。此前商代雖然也有氏族貴族的世襲情況，卻沒有制度的保障，很難設想某一貴族歷遠古及夏商周不變。此一類說法大多是春秋時期一些貴族的誇張之談，王國維甚至懷疑世官制乃春秋以後才出現的「亂制」。

可確定的時限有楚昭王、周宣王和《呂刑》成書的周穆王時期，這幾個明確的時間點連繫起來，再考慮古人汗青刻簡等保持記憶手段的局限，很難相信「絕地天通」事件可上推到夏商時期。而可能性最大的是在周初改制時，設立了一些專門負責神職的世官，其中包括程伯休父的祖先。確定祭祀許可權或祭禮權力，並設立世襲的神職官員，應該是「絕地天通」之最合乎情理的解釋。

商代的神祇既多且濫，有許多帝並列，周初時商的屬國及未歸服的方國或許一直保持自己的宗教傳統，各帝其帝；或許受了商的影響，與殷商之季同一風氣，同樣淫祠濫祭，家爲巫史，民神雜糅。

姬周克商以後，建國立宗，在宗教和祭祀方面自然進行一番改革。對所征服的小國有的革其俗，有的不變其俗，但無論革與不革，周初興起的天的信仰，爲加強神權，必在宗教方面採取重大的改革手段和某些統一措施。另外，〈多士〉、〈多方〉、《呂刑》等文獻表明，西周爲推行其制度文化，也是使用重典酷刑的。

周代尊天爲唯一至上神，對死去的祖先皆稱王，如〈金縢〉中稱太王等先祖先父爲「三王」，而不是像商代一樣皆稱帝。「天」在政治上、道德上擴大了權威，相反就使其他雜鬼神和侍奉他們的巫卜減弱了影響。從《周禮》等文獻所見的職官制度，可察知周初對包括天官巫祝在內的官制也進行過重新規範。

周初的巨大變革，在宗法和宗教方面的創新，「天官」「地官」等官職（參見《禮記・曲禮》中的「六大」與「五官」之分別）的創建與確定，掌管天文曆法及鬼神之事的「太史寮」之天官系統和治民之官的「卿士寮」的非神職系統的兩大官署之分別，可能是眞實歷史演變爲神話中的「絕地天通」事件的依據之一。周初由周王賜封官職的巫覡祝史、即專門負責祭祀鬼神的「天官冢宰」之輩獲得很高的地位權勢和「嚴威」，而且「世敘天地」。神職人員在人間的地位與神在天上的權威是一致的，那時應該是「天」的權威最高、宗教信仰在社會中起最重要作用的時代。

宗教事件由於其自身性質的原因，一般總會罩上神秘主義的面紗。西周中期穆王時代，又是神話傳說寄託最多的時代，中國最早的神話經典之作《穆天子傳》，即記爲周穆王西行故事。大概周穆王特重搜神，喜談怪異，開一代風氣。因此對時間相距並不很遙遠、很可能就是發生在周初的宗教變革的回憶，也在那時寫成的《呂刑》中以具有想像、誇張成分的神話形式記錄下來。而三苗之說，也可能就是把遙遠含糊的神話原始傳說與切近的歷史事件混合起來的神話新編。

所謂「重黎氏」等巫祝的後代休父，在西周晚期的宣王時還享有程國伯的爵位，只是改變了世守的神職，而爲大司馬。但可說明從這時起，神權與俗權的界限變得矇朧起來。神職人員轉爲世俗官員，透露出神職團體的獨立性開始動搖的重要信號。

由於各種社會歷史原因，再加上天的信仰之自身發展規律等作用，統治者更加重視士民階層的支援，「天」或神的權威逐漸淡化，巫祝地位亦隨之逐漸下降。大約從周宣王開始已見徵兆，至西周末或春秋初，巫祝後代「失其官守」成爲普遍現象。因此巫祝的後代在「遭世之亂」時（舊注謂周幽王時），只能用「重實上天，黎實下地」這樣的大話來炫耀嚇人，以「取威於民」了。

觀射父所講的這一段傳說與神話相雜糅的故事，揭示了商周兩代巫覡祝史之榮衰變遷的眞實歷史。

商與西周時期，王公貴族，「先聖之後，名姓之後」以巫祝等神職人員爲師。而至戰國時則出現完全相反的情況，諸侯禮賢下士，以有才能的士民爲師友。如魏文侯「師卜子夏，友田子方，禮段干木」（《呂氏春秋．察賢》）；燕昭王以郭隗爲「師」，「置郭隗上坐，南面」（《說苑．君道》）。士民階層表現出越來越重要的政治作用的百家爭鳴時期，也正是政教合一體制迅速滑落低谷的時期。

巫祝則逐漸成爲賤業。司馬遷《報任安書》說：

文史星曆近乎卜祝之間，固主上所戲弄，倡優所畜，流俗之所輕也。

又《史記．日者列傳》（此篇及《龜策列傳》等爲褚少孫所補）亦云：「夫卜筮者，世俗之所賤簡也。」可知在西漢，史官的地位已相當低下，被皇帝視爲宮廷中歌舞雜耍（倡優）一類的人。即使如此，它還要高於卜祝，所以太史公說「近乎」卜祝。是知卜祝差不多成爲低賤職位的標準了。不僅皇帝如此看待，一般人（流俗）也很輕視。

巫覡卜祝的地位落差如此之大，雖然經過漫長的演變過程，但結果仍是令人驚異的。神職人員淪落於社會底層，無論如何也透露出宗教傳統在中國的沒落信息。大約古老的宗教傳統到了秦漢之際，其社會地位也與神職人員一樣，由於無足輕重而爲「流俗之所輕」。

第四章 先秦儒家的世俗道德學說及政治理想

班固《漢書・藝文志》謂諸子皆起於王官，其中將九家分別系屬於不同的王官系統，加以附會解說。雖然有彷彿之處，臆解成分卻很明顯。現代胡適等學者以爲班固之說本於劉歆《七略》，不足爲據。研究諸子學說起源，主要有四書，即《莊子・天下篇》、《荀子・非十二子篇》、司馬談《論六家要指》、《淮南子・要略》。此四書皆無出於王官之說。

《淮南子要略》所說「孔子修成康之道，述周公之訓」以下，介紹諸子之學，皆是應時而生，隨時設教，目的都在於「救世之弊」。由於諸子學說都含有針對特別緊迫的社會現實問題而提供對策的性質，又處於諸侯力征的特殊歷史背景中，所以一般皆帶有非宗教性的理性主義成分。縱使是極力提倡尊天明鬼的墨家，其注意力也聚焦在解決現實社會問題上，表現出很強的世俗功利色彩，並沒有著力建設一種宗教。

一、孔子所建立的道德原則和人格理想

孔子的遠祖是宋國貴族，殷王室的後裔。按周宗法，五世親盡，別爲公族，他的先祖漸失諸侯之姓。至其六世祖孔父嘉時，因華父督作亂被殺，後代避難奔魯。孔子出生在魯國。他的家世從諸侯而世卿，從世卿而淪爲士民，是西周春秋時代由宗法制和社會發展原因所造成的貴族淪爲平民的一個典型。

魯國比較重視傳統文化，保存了較多的書籍禮樂，所以晉世卿韓宣子，要到魯國觀書；吳公子季札，要到魯國觀禮。孔子十五歲志於學，有家學淵源的根底，又有各國中比較而言最好的文化氛圍，所以很快就成爲博學的學者，三十而立，聚徒講學，開創了儒家學派。

孔子畢生的理想是得到某個諸侯重用，實現他的政治抱負。這個「立功」的理想沒有實現，轉而投身於立德、立言的事業中去。

孔子最主要的功績是建立起一個以世俗道德爲基礎的倫理學體系，是西周時的宗教傳統和春秋時壯大的民本思想之繼承和創新。它的核心內容包括兩個方面：新的道德原則和人格理想。

從繼承而言，孔子接受了西周傳統中的德治思想和春秋時民本主義思潮中的人文理性因素。從創新而言，他把新的道德原則和理想人格建立在人的自然感情和人性的自然稟賦的基礎上；偶爾以模糊不清的方式借用「天」的權威，卻否定了上帝或神的意志和目的，不以它們作爲價値系統的根據。

儒家的道德原則屬於世俗道德而不是宗教道德。不同的倫理學提出不同的善的定義。有人認爲善存在於上帝的認識與愛之中，有人認爲善存在於博愛之中，有人認爲善存在於美的享受之中，還有人認爲善存在於快樂之中。這些定義無法用科學的方法來鑒定眞僞，評判是非。因爲終極的善究竟是什麼的問題，歸根結柢是訴諸感情的問題。但是由善的定義是以宗教信仰爲基礎，還是以人的自然情感爲依據，大體可作出宗教道德和世俗道德兩種基本類型的分別。所以一旦善的定義被確定以後，那個終極的善被假定爲是已知的，從它所反映的是人與神的關係還是人與人的關係，就可以判定其價值系統是屬於宗教性的還是世俗性的。

雖然除了信仰規定的部分之外，難以區分在整個道德體系中的某些具體道德準則究竟是屬於宗教的還屬於世俗的。但是各種道德體系畢竟構成一定的結構整體，具體準則作爲整體中的關係項也要相互發生必然聯繫，從聯繫中獲得其意義。故從整體把握，宗教道德和世俗道德是判然有別的。

在古代社會，善的根據一般都歸於神的意志，並由神的賞善懲惡引出道德的保障，形成宗教道德體系。

孔子提出儒家道德體系的最高範疇是「仁」，它是儒家對善的定義。《中庸》：「仁者人也，親親爲大。」鄭注：「人也，讀如相人偶之人，以人意相存問之言。」這是聯繫「仁」之字義所作的解釋。凡言「讀如」而仍用本字者，蓋一字有數音數義，故云「讀如」以別之。這裏的「偶」，義同藕耕之藕。所以按鄭注的解釋，「仁者人也」這句話就是二人相加、人與人之間相互交流，以心意相慰問體貼的意思。

又疏云：「仁謂仁愛相親，偶也，言行仁之法，在於親偶。欲親偶疏人，先親己親，然後比親及疏，故云親親爲大。」仁或人都是不能獨自成立的，仁也是一種關係，是兩者甚至是多者之間的互動關係。人要能夠具有同類意識，相親相偶，才能成爲人或符合仁。這是強調人的社會意義。然而仁的實行，即「行仁之法」的特點是擴展性的，以自身爲中心，將仁愛意識向外層層推開，首先親偶身邊關係最近的親人，按關係親疏擴展，由親自己親人的同情，推廣到親愛無親之人或所有的人。

儒家的價值體系以家庭爲核心。所謂家庭，不僅是一個自然性的共同體，也是一個主要由它自己獨力確保其成員的教育、承擔特別的道德倫理義務的地方。

此外，對家庭承擔的義務必須與對一般公衆承擔的義務結合起來。它所表現的是人與人之間的義務和責任，而不是人與神之間的義務和承諾。

從《中庸》對仁的解釋，可知儒家學說的核心是強調人與人之間的關係，「仁」作爲最高的道德準則，是必須在有他人參與的情況下才能表現出來的。它具有無限的價值，以本我之向善的無意識爲內驅力，不斷擴大對自我侷限性的克服，無限地接近世界的完滿和眞理。仁這個基本範疇的意義表明，儒學的本質是建立在人與人關係上的世俗道德，而不是建立在人與神關係上的宗教道德。

在《論語》中，仁字出現很多，大約有六十次左右。如：

克己復禮為仁（集解：克己，約身；邢疏：使禮義勝其嗜欲，身得歸復於禮，如是乃為仁也。），（《論語・顏淵》）

樊遲問仁，子曰：「愛人」（泛愛濟眾），（《論語・顏淵》）

仲弓問仁，子曰：「出門如見大賓，使民如承大祭（敬或尊重）。己所不欲，勿施於人（推己及人）。」（《論語・顏淵》）

子張問仁於孔子。孔子曰：「能行五者於天下，為仁矣』。請問之。曰：『恭、寬、信、敏、惠（朱注：『五者之目，蓋因子張所不足而言耳。』由此推知仁亦應囊括其他德行）……』」。（〈陽貨〉）

當仁不讓於師（當仁，以仁為己任也。……蓋仁者，人所自有而自為之，非有爭也，何遜之有？）。（〈衛靈公〉）

仁者必有勇，勇者不必有仁。（〈憲問〉）

仁者安仁（見危授命，殺身成仁），知者利人。（〈論語・里仁〉）

> 或曰：「雍也仁而不佞。」子曰：「焉用佞（《論語注疏》及朱熹注：佞，口才也。）……不知其人，焉用佞？」（〈公冶長〉）

> 弟子入則孝，出則弟，謹而信，汎愛眾，而親（義為「近」）仁。（〈學而〉）

從這些關於仁的問題的解釋中，表明仁除了是禮之復、是愛、是敬、是推己及人等最基本的美德之外，也囊括所有其他具體的德行。儒家並沒有提倡倫理學上的排他主義，仁像愛一樣是同情，作爲人的本能動力，從一開始就含有置於親族關係的語境之外的因素。仁是那種當看到別人的苦難和不幸時，每個人會感覺到的自然而然的同情的擴展。在儒家哲學中，家庭和國家也有相互矛盾衝突的地方。國家應該比家庭更直接地服從於道德的指揮。它的合法化依賴於種種社會的和倫理的目標的實現。這對於實踐具有重要影響，實際上代表了士民階層對道德原則和政治權力的重新排序。道德原則成爲更根本、更直接的判斷標準，政治不能依據神的意志、而是要依據道德判斷取得合法性。

「仁」的內涵是「愛人」、「汎愛衆」。這種愛不是一般的博愛，是一種有等差親疏之分別、向外推展的愛。它不依靠神的啓示和訓戒，深深札根於人的自然感情，出自人的深潛本能。

仁在孔子的價値系統中占有的重要位置是顯而易見的。在《論語》中，如果誰要是達到仁，誰也就同時占有了其他美德。換言之，一切有助於仁的存在和實行的道德品質，都應該納入仁的範圍之內。

上引文中，當「仁」被解釋爲「己所不欲，勿施於人」、「當仁不讓於師」時，它是一種前序的道德行爲的原則，而當仁被看作是「恭、寬、信、敏、惠」，或者是「居處恭，執事敬，與人忠」（《論語・子路》）等道德價值的集合體時，就顯示出它的整體性特徵，它又可被視爲一種後序的道德行爲的綜合效果。

在儒家觀念中，仁是一個需要不斷追求的至上的善，又是一個非常崇高的精神境界。一般人所能作到的，僅是「親（近）仁」（〈學而〉）或「依於仁」（〈述而〉）。從本質上說，仁代表士民階層所追求的最高的道德理想。作爲一種理想，按孔子所說，甚至連他自己也未能實現。《論語・述而》：「若聖與仁，則吾豈敢？」雖然舊注在這裏皆謂是孔子自謙之辭，但從這自謙也可證明在孔子眼中，這境界也是非常崇高和很難達到的。在同一篇中，〈述而〉又載孔子說：「仁遠乎哉？我欲仁，斯仁至矣。」通過自我期待、自我投射的意向作用，理想和現實則可以相遇。這種說法很像佛家「立處即眞」（僧肇《不眞空論》）之類的思辨邏輯，但實際不是一回事。佛家所言是指可通過神秘體驗，當下證悟事物皆爲因緣會合的「空」或虛幻。而「我欲仁，斯仁至矣」，則表明仁是一種任何人都可理解的具體心理內容，它在需要克服自我侷限性的同時，還需要借助超我的控制力。反求內心己意之「反求」，實際是無意識層面本能的發揚和意識層面自我控制的雙重作用，最終把道德意向外化爲現實行爲。在這個過程中，個體的主體性既是根據又是動力。

「仁」是一種道德的理想境界，一般人只要堅持自我修養，都能在短時間內達到。而另一方面，孔子又強調縱使很有修養的人，也難以長時間保持它。在《論語．雍也》中孔子說：「回也，其心三月不違仁，其餘則日月至焉而已矣」。何晏集解：「餘人暫有至仁時，唯回移時而不變。」朱熹集注：「三月，言其久。……心不違仁者，無私欲而有其德也。日月至焉者，或日一至焉，或月一至焉，能造其域而不能久也。」這裏含有連顏回也不能保持長久的意思，所以朱熹又引程子曰：「此顏子於聖人，未達一間者也，若聖人則渾然無間斷也。」說明顏回也不能無間斷地止於這境界。這種解釋特別突出了儒家精神境界的審美的和藝術的性質。它一方面表明，人類自身具有侷限性，現實世界也具有幾乎永遠不能「天下歸仁」的不完滿性。現實世界是充滿苦難、沉淪和變幻無常的，與永恒秩序和世界完滿間隔著無法驗證其可能性的遙遠距離。然而通過一種類似審美體驗的道德的自確定性和由此產生的自明性的愉悅，人可以暫時擺脫自身的侷限性，在瞬間與世界眞理不期而遇，化解理想與現實性的對立。另一方面，人的侷限性和不完滿的社會現實又使這種感悟不能永遠駐足於隱秘的超驗性中，它注定屬於邂逅相逢、迅速一瞥的性質。永恒眞實存在儒家對於遠古的理想化的應然意識中。由於人的侷限性不能被永遠超越，世界的完滿也遙不可及，故只能在某一特定情境下，使人們被一種似乎是普遍可傳達和可以意會的共通感突然攫住。「能造其域而不能久」是一種審美意識的特徵，它是自我期待、自我投射的意向作用，是瞬間昇華的主、客統一的藝術經驗，而不是主觀觀念轉變爲固定對象化的宗教經驗；是暫時克服侷限性的自我確定性的審美意識，而不是侷限性被徹底取消的神人合一或去而忘返的宗教意識。

仁代表士民階層關於道德原則的理想，同時，孔子還提出代表士民群體關於道德人格方面的理想，這就是「君子」這個概念。

「君子」也同樣是一種道德行爲的綜合，與「仁」不同，君子是一種人格理想，也是一種對人生的基本要求。在《論語・述而》中，孔子一方面說「若聖與仁，則吾豈敢？」，另一方面又說「恭行君子，則吾未之有得」。孔子不承認自己能達到聖與仁，可以說是出自眞心的；然而說身爲君子，自己未能，則確實屬於自謙之辭了。這是在更高的標準上而言的。「豈敢」和「未之有得」的語氣明顯有輕重之分。聖仁與君子都是孔子提出的人生目標，君子屬於比較低級的、容易達到的目標。它基本上由一種自我具有道德要求的心理來決定，對行爲有大體的要求，卻沒有嚴格的界限。

「君子」也包括許多具體道德準則。如《論語・里仁》：「君子喩於義」（義）；〈爲政〉：「君子周而不比」（周）；〈述而〉：「躬行君子」（恭）；〈子路〉：「君子和而不同」（和）等等。君子小人，賢與不肖是儒家常講的問題，做君子不做小人是儒家倫理學的現實主義目標和承擔社會責任的道德信念。正像仁一樣，「君子」也是一種道德行爲的綜合效果，屬於人格方面的要求。不過，仁仍是所有道德倫理的最高標準。與仁比較，君子這個目標容易實現。《論語・憲問》說：「君子而不仁者有矣夫」，正如鷹隼，固然有能力飛到高空，卻未必總停留在高空一樣。這句話清楚說明，從道德標準而言，仁的級別高於君子的理想，它對所有其他標準賦予意義。

如何能使人的行爲符合道德，並達到至善的精神境界和人生理想呢？孔子對此的答案是依靠世俗教育而不是宗教信仰。教育主要有兩方面：一是文化知識，另一是價值觀和行爲規範。〈子罕〉篇載，顏淵喟然歎曰：「夫子循循然善誘人，博我以文，約我以禮。」程子曰：「惟夫子循循善誘，先博我以文，使我知古今、達事變；然後約我以禮，使我尊所聞，行所知」。可知孔子之教育，有「博」有「約」，博是指文化知識的授予，那時主要爲「六藝」，其中孔子又特重社會歷史、古今事變。「約」則以禮爲範圍，然孔子之教重視個體「我」之自覺意識。是指意識層面的超我的作用，主動控制和壓抑不道德的原始欲望，使行爲符合社會規範。

在《論語》中，很多地方談到學習：「吾十有五而志於學」，「學而時習之，不亦說乎」，「傳不習乎」，「行有餘力，則以學文」，「溫故而知新，可以爲師矣」，「學而不思則罔，思而不學則殆」，「吾嘗終日不食，終夜不寢，以思，無益，不如學也」，等等。從志向、樂趣、方法、心理、條件等各個方面談學習，可知他是非常重視而且精通教育的。其中許多話語成爲現代教育學的格言，與其他諸子學派比較，儒家對教育學探討得最深刻，孔子還能注意到弟子們個性差異而因材施教。

孔子認爲道德原則也是通過學習培養而被接受的，不是像有些宗教那樣把道德品質當作神秘內省的產物。孔子並不認爲價值觀和道德準則無法用理智來解決和論證，相反，他明確把道德和價值納入知識的範圍，強調他們是理性認識的結果。他說：「好仁不好學，其蔽也愚；好知不好學，其蔽也蕩；好信不好學，其蔽也賊（傷害於物）；好直不好學，其蔽也絞；好勇不好學，其蔽也亂；好剛不好學，其蔽也狂。」（《陽貨》）。仁、智、信、直、勇、剛都是儒家肯定的美德，但如果不通過客觀性的判斷來「明其理」（朱熹語），不通過學習來認識它的原因和它的合理性，則美德也會顯示出它的流弊，出現自身否定的破壞性。這裏，美德成爲一種雙刃劍，在某種語境中像科學技術一樣成爲客觀應用性的東西。如何使人們的行爲既符合善而又不流於蔽，孔子提出的實際是自我判斷和自我約束的方法，這與宗教神學之強調信仰基礎是有明顯區別的。

孔子的學生們也認爲知識理性能夠把握道德原則。如子夏說：「博學而篤志，切問而近思，仁在其中矣」（〈子張〉）。要想達到仁，不僅在立志求之，還要廣博地學習，深入細緻地追問自己所未悟之事，努力思索自己所未理解的問題。何晏解云如果不「近思」而「遠思」，則「所思者不解」。朱注引程子曰：「近思者，以類而推」，說明所謂近思也可以應用演繹式的邏輯推理方法。子夏又說：「百工居肆（官府造作之處）以成其事，君子學以致其道」（〈子張〉）。這裏把工匠做成器物，來比喻君子達於道；以工匠不能脫離工作的場所，來比喻君子不能離開學習，某種程度上把道德納入知識系統。「篤志」、「切問」和「近思」，強調的是人的意識的能動作用。人們根據道德要求（篤志），對自己的行爲及其後果作出權衡和預見（切問、近思），然後對自己進行自覺的約束和控制，這就表現爲仁。

孔子並沒有把達到仁歸因於宗教信仰、神的意志或外部環境，而是定位於人性本身。他認爲人類天性本身就具有自我確定性、可塑性、統一性和先天的綜合能力。由於人類心理這種固有的生物性的可塑和自主性質，故可以自覺地接受教育、進行學習和追求道德目標。後世儒家基本上接受了這種認識。

孔子說：「性相近也，習相遠也」（《論語．陽貨》），作出人的本性具有同一性、自主性和可塑性的基本假定。在這個基本假定之上，又保存一些例外，如孔子曾說人有上智與下愚的差別，但這種判別並不完全是在道德意義上、而是側重於才能的意義上而言的。由天賦能力差別使「無才者耕，有能者仕」的社會自然結構得以保存和延續。

儒家的人類文化學的特點之一在於：傾向於否認在人之間存在著價值倫理意義上的天性差別。孔子之後，孟子主性善說，荀子主性惡說，各偏一端。但相同之處在於都肯定人性是基本相同的。楚簡《性自命出》說：「性自命出，命自天降。」考之傳世文獻，儒家的正統觀點就是《孟子．告子上》所說的「食色性也」和「生之謂性」，意即人性乃天生而有，天賦而然。儒家所謂人性是本能和情感的統一，其中不僅包括生理欲求的方面基本相同的自然屬性，也包括在倫理價值上假定為同一的所謂本質屬性。如《禮記．禮運篇》：「飲食男女，人之大欲存焉」，《荀子．正名》：「生之所以然者謂之性」，《春秋繁露．深察名號》：「如其生之自然之資謂之性」，《論衡．初稟》：「性，生而然者也」。但是，「生之謂性」等說法中包括了對人的特有屬性的假定。如荀子認為人「生而有」「偏險而不正，悖亂而不治」的惡性（見〈性惡篇〉）；孟子說人有「不學而能」、「不慮而知」的良知良能（見〈盡心上〉）；董仲舒說「生之自然之資」中自有「善質」（見〈深察名號〉），都是把道德說成是先驗的存在，以人類自身固有的屬性作爲道德原則的保證。

唯王充則認爲初稟自然之氣不同，人性有善有惡（見〈本性篇〉）。他說：

> 無分於善惡，可推移者，謂中人也。不善不惡，須教成者也。故孔子曰：「中人以上，可以語上也；中人以下，不可以語上也。」（見〈雍也〉）告子之以決水喻者，徒謂中人，不指極善極惡也。孔子曰：「性相近也，習相遠也。」夫中人之性，在所習焉；習善而為善，習惡而為惡也。至於極善極惡，非復在習，故孔子曰：「惟上智與下愚不移。」（見〈陽貨〉）性有善不善，聖化賢教，不能復移易也。（《論衡．本性》）

王充所說的人性有善惡之分，一方面發揮了自孔子就確立的天賦觀念，另一方面也僅把這分別侷限於「極善極惡」的範疇。而且極善極惡畢竟屬於極少數，從大多數中人之性而言，仍然離不開聖化賢教，習善爲善，習惡爲惡。因此王充不能算作是性分善惡論者，而基本上應算作性無善惡論，接近告子，亦未離孔子宗旨，還是重視教化作用的。在神秘主義思潮一度氾濫的兩漢時代，儒者們大多仍然以人性爲本能和情感的統一，而情感的需要可以通過教化改變的。如揚雄提出人性是善惡相混的，全在教育訓練。他說：「人之性也，善惡混。修其善則爲善人，修其惡則爲惡人。」（《法言．修身篇》）強調人性之可塑和自主的決定性，否認天生聖哲的觀念。

王充對孟子、荀子人性論的理解有附會之嫌。《論衡．本性篇》說：「余固以孟軻言人性善者，中人以上者也；孫卿言人性惡者，中人以下者也。」所謂「中人」是指普通人或一般人，他們在數量上居絕對優勢。中人以上和以下，應該是少數人，王充認爲這部分人的天性難以改變。實際上王充對孟、荀的觀點是有誤解的。孟子荀卿雖在善惡主張上各趨一偏，但都是自主決定論者。《孟子・告子上》說：「故凡同類者，舉相似也。何獨至於人而疑之？聖人與我同類者（趙注：『聖人亦人也，共相覺者以心知耳』）。」又〈告子下〉宣告說：「人皆可以爲堯、舜。」這是從類概念說明人的屬性普遍相同，都具有自主的和先天的綜合能力之固有性質和內在規律。聖人也是人，由此推論出人皆可爲堯舜的必然性結論。

荀子說，甚至「途人」（走在道路上的普通人）都具有成爲夏王朝創立者禹的內在因素。《荀子・性惡篇》：「今使途之人者，以其可以知之質可以能之具，本夫仁義之可知之理可能之具，然則其可以爲禹明矣。」這裏所謂可以知之質和可以能之具，指的就是人性中含有能以某種方式處理普遍經驗的傾向。

楚簡《性自命出》說：「四海之內，其性一也，其用心各異，教使然也。」這句話可作爲儒家人性論的正統觀點的表述之一。所謂「其性一也」，就是從人性之無分善惡、並具有自主性和可塑性的自然狀態而言，外部教化根據它的發生作用，所以「教」可產生影響，致使「用心」各異。《性自命出》的人性論與孔子性相近、習相遠之說的內容完全一致，必得自孔聖之眞傳。

孔、孟等儒聖把道德建立在人類固有屬性的基礎上，但這種屬性是指「聖人與我同類」這樣含有生物學意義的生命的內在性質和演化規律，因此它還關係到人的情感。從整體的生命意識而言，他們認爲人性中就含有對理性與非理性的協調能力，這是可「教」之根據。

「可以知之質可以能之具」中並不排除情感的因素，儒家也不認爲情感或欲望一定會成爲理性的障礙，故孔子肯定通過人自己的努力就能夠實現道德目標、獲得人生意義。他說：「我欲仁，斯仁至矣」（〈述而〉）；「爲仁由己，而由人乎哉？」（《顏淵》）他的學生冉求說：「非不說（悅）子之道，力不足也。」他回答：「力不足者，中道而廢，今汝畫。」（〈雍也〉）從倫理學的角度來說，人們根據道德規範的要求，對自己的欲望、情感、意志以及行爲都應該具有調節能力，這並不仰賴外部的他律的力量，而是建立在自律的自我意識之基礎上。因此爲仁、弘道都要自己盡力求之，不可能出現「力不足」的情況。所謂「力不足」，是中途而廢的藉口，如同自己爲自己畫出一條止步的界限。

孔子學說的偉大成果在於把前代宗教信念和戒律中的道德準則抽繹出來，加以創造性地建構，使諸如「仁」之道德信念，和「君子」的代表的承擔社會責任的道德感整合在一起，形成一種新的適應士民群體要求的倫理體系。

孔子學說不是憑空出現的，它與西周的宗法制也有承傳關係。王國維《殷周制度論》說：「故知周之制度典禮，實皆爲道德而設，而制度典禮之專及大夫士以上者，亦未始不爲民而設也。周之制度典禮，乃道德之器械，而尊尊、親親、賢賢、男女有別四者之結體也。此之謂民彝。」孔子站在士民階層的立場，把西周之制度典禮的最高準據，從「天」的君臨變爲人的關係。在儒家那裏，道德發展並不忽略前代宗教傳統，傳統依然是新價值體系的來源之一，但是新體系的權威是建立在士民階層所代表的民衆的公認的基礎上的，與過去對天或帝的盲目服從並不相同。儒家儘量化解宗教傳統與其新道德體系的矛盾，並超越它向前行進。

二、儒家的社會政治理想

孔子在他的哲學體系中提出一個很重要的密碼——「道」。他說：「齊一變至於魯，魯一變至於道。」（〈雍也〉）這個道，是他的道德生活和社會政治的理想。朱熹注：「齊俗急功利，乃霸政之魯則重禮教，崇信義，猶有先王之遺風焉，但人亡政息，不能無廢墜爾。道，則先王之道也。」孔子是推崇周禮的，魯國是周公之後，是當時保存傳統最多，奉行周禮的模範。齊國一變，才能趕上魯國，魯國再一變，才能「至於道」，可知孔子提出的「道」是比周禮更高的標準。

比周禮更高的標準則是堯舜之治，所以大道之行，代表孔子的最高理想。

這種理想是世俗社會的理想，不是宗教性的天國夢幻。孔子又說：「人能弘道，非道弘人。」（〈衛靈公〉）「道」見於外則是外部社會的價值理想；見於內則是個人的自我道德修養所致的人格理想。按朱熹等人的解釋，是「人外無道，道外無人。然人心有覺，而道體無爲也。」宋儒說有一個「道體」，其實改變了孔子的本意。「道」在《論語》中只代表一種超越目前階段的特殊階段，並不是以鮮明的彼岸本體論概念爲先決條件的範疇。這裏強調人是道的根據，而不是相反，所以儒道仍然是一種致力於人之自我修養的凡俗世界的學說。

儒家的理想政治，與人人平等的烏托邦是不同的。它只是現存的君主集權制的道德化的結果。《論語・學而》載有子曰：「禮之用，和爲貴。先王之道斯爲美，小大由之。有所不行：知和而和，不以禮節之，亦不可行也。」邢昺疏云：「夫禮勝則離，所居不和也。故禮貴用和，使不至於離也。」現行制度講究等級尊卑，必須以禮節制。但全用禮來節制，又使人與人之間的關係冷漠而不和諧，故要以樂和之。何晏引馬融曰：「人知禮貴和，而每事從和，不以禮爲節，亦不可行。」可知儒家特別注重在道德原則的基礎上，使社會等級秩序得到情感的溝通，而不至於成爲非人性的。處理好禮與和的關係，則能夠使「先王之道」得到最充分的體現。

儒家所講的仁愛是有等差，分親疏的。這就是尊尊、親親的道理，所謂「親親之殺，尊賢之等」，由上及下，由內及外，仁之適用於各人之名分者謂之義，「義者宜也」（《中庸》）；析爲條理者謂之禮，所以顏子問爲仁之「目」（條目），孔子以行爲均要止於禮而答之（《論語・顏淵》）。「禮」對交往加以限制。

宗教一般也強調以愛心爲生活準則，但是宗教要求人們彼此相愛是與對神的愛和敬畏聯繫在一起的。儒家所強調的是人與人之間的愛，而且是有等差的或不平等的，由此突出了儒家道德原則的世俗性。

「復禮」是儒家實現「仁」的途徑，「禮」與「仁」一樣是其政治理想中永遠保持的內容。

禮教給社會交際設定界限，強調的不是平等，而且是社會地位的不平等。它們區分高與低、尊與卑、貴與賤，建立等級秩序。《荀子・富國篇》：「禮者，貴賤有等，長幼有差，貧富輕重皆有稱者也」。《禮記・禮運》：「故禮達而分定」。《荀子・王制》：

> 夫兩貴之不能相事，兩賤之不能相使，是天數也。勢位齊而欲惡同，物不能澹（楊注澹讀為贍）則必爭，爭則必亂，亂則窮矣。先王惡其亂也，故制禮義以分之。使有貧富貴賤之等足以相兼臨者，是養天下之本也。《書》曰：「維齊非齊」，此之謂也。

荀子在〈王制〉、〈富國〉、〈禮論〉等篇指出人類「能群」，能組成社會。而人類社會雖然有智愚不同、勢位不齊、不能兼技，但人道卻能有辨別，有分際，明其分（參見〈非相〉），即劃分和承認有不同的等級、不同的社會分工。所謂「明分使群」（〈富國〉），是爲「制禮義以分之」，禮的本質是承認社會不平等，在不平等中求秩序。這裏可用一些類似於西方契約論內容作比附，那就是爲了使人類從對資源的爭奪中解脫出來，保障所有人的生存。從「爭則必亂」找到爲社會不平等作辯護的理由。

「禮」不但可以在現實社會中作爲人們的行爲指導原則，還可起到一種人類心靈的防柵作用，用作節制過度的情緒之「坊」。故云：「禮者，因人之情而爲之節文，以爲民坊者也。」（《禮記‧坊記》）

儒家的禮是其道德倫理體系之頂端的善——即「仁」——的履行條理和實現途徑，它既是特定倫理價值觀念的體現，又可成爲具體的政治措施的根據。《論語‧顏淵》載：

> 齊景公問政於孔子。孔子對曰：「君君，臣臣，父父，子子。」公曰：「善哉！信如君不君，臣不臣，父不父，子不子，雖有粟，吾得而食諸？」

這裏強調的尊卑有序，上下不失，屬於禮的範疇，也是仁政的內容，所謂「一日克己復禮，天下歸仁焉」。道德倫理和社會秩序有機地結合起來，就是「天下歸仁」，是儒道的實現。

因此，儒家的政治理想也是把愛從家庭向一般公衆過渡，這是一種親族關係之道德風氣的擴大。希望在確定社會倫理名分的基礎上，把在家庭中取得的最初始的同類意識或同情經驗，當作進一步發展、直至最後將所有其他人都包容進倫理責任範疇內的根據。善推己心之所好惡，由近及遠地推廣開去，一切政治措施都由這一原則出發，便可以達到安定四海，天下爲公的理想。如：

> 老吾老，以及人之老；幼吾幼，以及人之幼，天下可運於掌。《詩》云：「刑于寡妻，至於兄弟，以禦於家邦。」言舉斯心加諸彼而已。故推恩足以保四海，不推恩無以保妻子。古之人所以大過人者，無他焉，善推其所為而已矣。（《孟子．梁惠王上》）

> 大道之行也，天下為公。選賢與能，講信修睦。故人不獨親其親，不獨子其子。使老有所終，壯有所用，幼有所長，矜寡孤獨廢疾者皆有所養，男有分，女有歸。貨惡其棄於地也，不必藏於己；力惡其不出於身也，不必為己。是故謀閉而不興，盜竊亂賊而不作；故外戶而不閉，是謂大同。

> 今大道既隱，天下為家。……禹、湯、文、武、成王、周公，由此其選也。此六君子者，未有不謹於禮者也，以著其義，以考其信，著有過。行仁講讓，示民有常。有不由此者，在勢者去，眾以為殃，是謂小康。（《禮記．禮運》）

實際儒家所說的理想，不僅指〈禮運〉中的「大同」之世，也包括「小康」之世。同篇中記載：「子曰：大道之行也，與三代之英。丘之未逮也，而有志焉。」這裏是把「大道之行」和「三代之英」並提的，而三代之英，即指「夏商周三代英異之主若禹、湯、文、武等」（疏）。三代之英主也是孟子所講的「推恩」的榜樣。是知大同與小康雖有高下之別，但都是孔子所嚮往的。理想社會也包括禹湯文武等英主統治的小康之世。

這樣嚮往古代，並以古代作爲理想社會的象徵，大概出於士民群體對往昔貴族身份的潛在記憶作用。這種回憶基於潛意識或無意識，是一種文化心理積澱的表現。不僅儒家尊崇古代，如道家、墨家等也同樣推崇往古。這可能關係到士民群體共有的集體心理內容。

從「老吾老，幼吾幼」，再到「以及人之老，以及人之幼」，強調把家庭之愛置於普遍的「愛人」的範圍內，其目的不是強調界限，而是在於強調社會道德規範的「根據」。將道德的發展設想爲家庭之愛和關切之情的擴展，一方面，能預防各個家庭或部落的利己主義對普遍利益的侵害。另一方面，它從重視對自己家庭的照顧奉養的角度，甚至設想到一種接近現代公共福利制度的規劃。

在這社會理想中也包含著作爲人的道德人格的理想。孔子的「仁」是以人爲基礎的，存在於人與人的關係之中，由人來實行，而不是仰賴天的德治。他說：「己所不欲，勿施於人」（〈顏淵〉），這還是一種比較被動的表述；從積極方面而言，他說：「己欲立而立人，己欲達而達人，能近取譬，可謂仁之方也矣。」（〈雍也〉）在假定人類都有同樣的欲望的前提下，提出我不願別人怎樣對待我，我也不怎樣對待別人；我自己有怎樣的欲求，也要想辦法使別人滿足同樣的欲求。這就是所謂「能近取譬」。

在「能近取譬」的基礎上，才能實現「老吾老，以及人之老；幼吾幼，以及人之幼」和「人不獨親其親，不獨子其子」的社會和諧與完美。而社會的道德原則和個人的道德人格也只能在理想的和諧社會中體現出來。

孔子及儒家之理想社會與宗教的彼岸世界或來世觀念完全不同，它的可能性就存在於現存的經驗世界中，存在於人與人的關係之中，沒有依靠任何超自然、超人間力量的必要。孔子甚至並不要求完全改變現存的社會體制，他所設計的理想藍圖，仍屬於君主集權體制。但是他希望君主能適應士民階層要求和意願，傾聽民衆的聲音，以儒家提出的道德原則作爲規範社會秩序的基礎。孔子所以標舉「周禮」或「古」，也許是西周宗法制社會留給士民階層那種關於貴族身份之記憶的集體無意識所致。然而新的社會生活經歷發出已經改變了的回聲，儒家的理想仍然是處理當時社會歷史經驗的結果。

孔子及儒家之政治理想的最突出特徵就在其道德之世俗性。

在天下爲公的理想社會中，仍然是有尊卑貴賤之分的，所謂「男有分」，疏云：「男有分者，分，職也，無才者耕，有能者仕，各當其職，無失分也。」這是說按照各人的能力進行分工，故有勞心與勞力之分，沒有才藝的人以體力耕種爲職業，而有才能者成爲官吏或管理者。在這理想社會中衆生並不平等，仍然存在高下不同的階層，所以還需要「選賢與能，講信修睦」。理想社會中的民衆在道德上也未全體達到完滿境界，故仍需不斷進行教化，不斷地進行「講」與「修」。除了保障社會安定之外，還要營造出一種非制度化的然而卻實際存在的社會福利，使「矜寡孤獨廢疾者皆有所養」。

在儒家的理想社會中，仍然有君臣父子的關係存在。仁和禮非但不否定社會不平等，相反，它們正是與等級秩序同構的。在許多有關的論述中，仁也經常被認爲是統治者所應該具有的、適合其地位的美德。如《禮記・禮運》：「行仁講讓，示民有常」。《大學》第三章：「爲人君，止於仁；爲人臣，止於敬；爲人子，止於孝；爲人父，止於慈；與國人交，止於信」。仁的系統通過人君的示範，貫穿於社會上下各種關係中。在《論語》中，孔子把堯、舜、周公等描述爲理想社會中的理想君主。在《論語》、《孟子》和《荀子》及其他一些先秦比較可靠的儒典中，有時確實從統治的角度對仁或禮加以探討，但這並不意味著仁是爲統治精英們特製的。當儒家學說堅持要那些當權者採取「仁」的態度時，那是因爲他們肩負著特殊責任，而不是因爲仁在他們手裏才特別可靠。《論語・泰伯》：「君子篤於親，則民興於仁」；《禮記・緇衣》：「上好仁，則下之爲仁爭（欲）先（他）人。」（郭店本爲「則下之爲仁也爭先」，語更通順）可知「仁」不是統治者和地位優越的人所特有的美德。儒家所以要求它應該成爲一個有約束力的政策原則，是因爲他們希望通過這種途徑，使人民被喚醒而自覺興起達到「仁」的水平。

雖然儒家倫理學表現出某種不對稱現象，但並沒有排除較低的社會群體的仁的責任。仁的基本表現之一的同情心，越在有權力傷害別人時，其重要性也就越發增加。不過，從基本上說，每個人都會感覺到他處在一個他人的命運需仰賴自己而不是上帝的位置上。道德原則使人類社群自身就具有無可比擬的價值，人與人之間的相互仰賴關係也是使生命凸顯意義，而無需超驗的存在賦予它意義的原因之一。

如果我們僅從儒家倫理學本身的陳述進行考察，縱使仁和禮不是普遍有效的，它們也不單單是貴族群體的道德本質。所謂「民」，在孔子之時已經包括以道德學藝爲特點的士民群體，甚至是以這個群體爲中堅的。另外，至少在兩方面，也適用於當時被視爲「無才者」的農工等下層民衆。首先，孔子認爲，君子小人，對仁禮等道德準則皆不可不學，他說：「君子學道則愛人，小人學道則易使。」（《論語·陽貨》）只有在小人也學道的前提下，才能使盜賊不生、講信修睦。其次，這些民衆是仁治的對象。特別是孟子對「仁政」的呼喚意味著對人民幸福的關懷。仁還包含著「使民如承大祭」的意思。孔子說：「惠則足以使人」。（〈陽貨〉）仁人的屬性之一是「惠」，即仁慈體貼，應該對人民展示出來。

據說孔子只有一位弟子能達到仁，就是能造其域而不能久的顏回。要成爲一個仁人，縱使幾乎不可能達到，在原則上說是每一個人都應該爭取的目標。這首先關係到儒家的「君子」們，他們把他們自己、而不是統治者們，看作是「仁」的捍衛者。仁既是理想社會的本質，也是具有「威武不能屈、富貴不能淫」的獨立精神的知識份子所追求的理想人格。他們是爲了仁而爭取仁，政治抱負則因命運的左右而另當別論。

儒家的理想社會是一種世俗化的文明，和宗教的彼岸世界、人類解脫與天國相比，儒家現實的政治抱負顯出完全不同的性質。在佛教學說中，唯有佛、菩薩才能絕對地自我圓成（完滿）、絕對地慈悲。佛教用自我推遲的阿羅漢表現這種慈悲，而基督教則用耶穌的自我犧牲，爲人類付出寶血的贖價表現神的愛。中國儒家學派則沒有這方面的企求，他們固守人類的同情心（仁），爲自己設立了一個成爲孝子賢臣的傳統日常道德目標，並不追求宗教意義的自我解脫。出於對這種世俗目標的絕對信念，他們並不迴避解釋複雜社會現象，也不迴避失敗的可能性，以達則兼濟、窮則獨善的堅定態度，有效地化解了命運和際遇給他們的道德理想造成的打擊。

儒家的理想社會中不存在一個宗教意義上的上帝，它的道德體系也不是建立在宗教權威基礎上的。在追求超驗的「彼岸世界」或神的世界與儒家之保持尊卑等級的大道之行、行仁講讓的家國之間；在基督教的靈魂得救和印度教的「梵我一如」、佛教的「涅槃」等神人合一的信念和儒家的出將入相、修齊治平的塵世抱負之間，存在一條恒定的、永遠不能彌平的鴻溝。

三、孔子的歷史理性

孔子是一位具有淵博知識的學者。但人們也許忽略了一點是：他自本自根還應算是一位歷史學家。他的許多淵博知識來自於前代的史料文獻，其思想蘊含著歷史學家所特有的理智判斷和科學精神。

戰國以前的歷史和文化，主要依靠儒家的經書得以流傳。史稱孔子刪定六經，然而孔子是否進行過六經的修定，實在是一個爭論不清的問題。

孔子與《春秋》這部史書的關係尤其值得注意。說孔子作《春秋》，最早見於《孟子》，其中還引用孔子的話說：「知我者其惟《春秋》乎！罪我者其惟《春秋》乎！」

司馬遷說：「孔子因魯史而作《春秋》。」《公羊傳》載孔子自己的話說：「其事則齊桓、晉文，其文則史，其義則丘竊取之矣。」（亦見《孟子．離婁》）然而也有一些反證，有人提出在《論語》中沒有一句刪述的話，《公羊傳》和《穀梁傳》都在襄公廿一年十一月記「庚子，孔子生」，《左傳》在哀公十六年「夏四月己丑，孔子卒。」如《春秋》爲孔子所修，不可能寫自己生死日期。但這些反證也不足以完全否定孔子作《春秋》的證據。因爲死生之語或爲後來好事者所加，或現存《春秋》之主要部分爲孔子作，後經其他人定稿。至於《論語》中未見刪述之語，更不足以證此事之不存。如郭店楚簡的發現，證實了許多以前沒有實證的文獻。

西漢今文經學家認爲六經皆孔子親手所定。《莊子．天運》說：「孔子謂老聃曰：丘治詩、書、禮、樂、易、春秋六經。」今文學派以孔子爲經學開闢時代，不但相信《春秋》爲孔子所作，而且認爲六經中許多文字也出自孔子之手。

古文家則認爲，孔子是「述而不作，信而好古」的，主要是把古代的史料或周公舊典加以整理傳之後人。以爲周公作《易》爻辭，孔子作《易》傳，僅注前聖。《春秋》因於史文，亦爲孔子援周公舊例修之。將《詩》、《書》歸之帝王，《禮》、《樂》皆周公所定。他們更推崇周公，而以孔子爲繼往開來的史學家。

無論是孔子撰寫《春秋》還是依例修之，他所做的都屬於史學範疇。六經或者經過孔子修定，或者經過孔子整理，無論哪一種說法，都與他的關係密切。而這些經書，大多可算作歷史文獻，如《尚書》，是典型的歷史文獻彙編。

在諸子時代，未必只有孔子一人重視前代經籍，並加以整理。各國的史官和諸子其他學派也會做這方面的工作。但經由孔子之手的六經（樂經另當別論）得以流傳後世並發揚光大，說明孔子搜集得最爲全面，編定得最爲精審，如有著述，也是群書中最優異的。將前代最重要的文獻史料幾乎網羅殆盡，這不是後世有些人所說的如同只做「選詩選文」工作的「教授老儒」。縱使孔子所做的工作眞的止於「選詩選文」，他也是第一個使學術民衆化的教育家，第一個具有史學家功績的史料文獻學者。「述而不作，信而好古」正是一種歷史學家的態度。這樣全面地收集政治、制度、思想、宗教、科學、文藝等各方面的文獻，已經超過了我們在《左傳》等經籍中所見的孔子之前史官的職責範圍，也超過後世史書的記錄範圍。如從六經皆史的角度來看，孔子在歷史學方面的貢獻可說是空前絕後、無與倫比的。

孔子學說中滲透著一種鑑別、求實、客觀的科學精神，把文獻形式的感性材料作爲進行推理判斷的重要前提。他對歷史的研究，並沒有陷沒在實證主義範圍內，而是把主觀性和客觀性有機地統一起來。《論語》中有幾段非常重要的話：

> 子張問：「十世可知也？」子曰：「殷因于夏禮，所損益可知也。周因于殷禮，所損益可知也。其或繼周者，雖百世可知也。」（〈為政〉）
>
> 顏淵問為邦，子曰：「行夏之時，乘殷之輅，服周之冕，樂則韶舞。」（〈衛靈

公〉）

子曰：「夏禮吾能言之，杞不足徵也。殷禮吾能言之，宋不足徵也。文獻不足故也。足則吾能徵之矣。」（〈八佾〉）

子曰：「周監於二代，郁郁乎文哉，吾從周！」（〈八佾〉）

子曰：「君子於其所不知，蓋闕如也。」（〈子路〉）

這些地方的孔子，我們與其說看到的是一位創立學說的思想家，毋寧說是一位認眞而博學的歷史學家。他對夏、商、周三代的歷史非常重視，講到前代的禮樂文化或典章制度，一般都採取以歷史事實爲根據的實證主義態度。但這種態度也包含著積極的自我思考，並非是純以客觀性爲前提的。上引〈爲政〉「因革損益」一文，何晏集解引馬融注云：「所因謂三綱五常，所損益謂文質三統。」疏引〈白虎通〉謂五常爲仁義禮智信。三綱五常是從孔子學說中才開始萌芽的思想，固非孔子所成，亦非三代所有。但可以肯定的是，孔子所認識的包括「文質」在內的「因革損益」，不完全是三代文化眞實存在的內容。他既把握了歷史發展的客觀眞實性，又在解釋歷史時把他自己的政治理想和生命意識融於其中。通過對前代制度文化的考察，結合自己的思想，提煉出一些屬於儒家理想的新內容。據說周代的宋國爲殷之後裔；杞國爲夏的後裔，此二國中應保存著他們祖先的風俗、史料和傳說。所以在〈八佾〉中，孔子提出要考證夏、殷二代的典章制度，應該到杞宋兩國去尋找。但他認爲在兩國中已經沒有賢者將現成的實例保存下來，不足徵信了。這是一種非常認眞的史家之客觀實證態度。

特別可貴的是，孔子能夠自覺地意識到一味純客觀地追求揭示歷史本眞面貌是沒有意義的。他把對歷史的研究自覺當作現在之理想的實現和生命的拓展。所謂「行夏之時，乘殷之輅，服周之冕」，說明孔子對前代曆法、車服等具體的文化現象都是很有研究的。然而他所追求的不是爲了研究而研究、爲了理解而理解，從而成爲一個接受性的絕對認識者。這裏他表現出不脫離文本的重構和創新的能動性，把他自己認爲有價值的東西挑選出來，重新創造一種將改變人們心靈的新的世界之理想。孔子說，由於「周監於二代」，所以要遵循周禮。他認爲周禮已經借鑑於夏禮和殷禮，作了應有的損益，故達到最高的程度。這裏的借鑑（監，視也）表明孔子對歷史的認識不僅是發展的、樂觀的，而且包含一種不斷更新的「反常化」意識，力求擺脫習以爲常的慣常化和無意識性的機械化等各種控制。他所言周對二代的借鑑，也反映孔子本人超越過去視界、依據文獻材料並用前結構進行邏輯推導、達到嶄新的未來視界的歷史借鑑原則。

歷史學家的觀點以認眞記錄和保存記錄爲前提，作出精確的事實判斷，通過對實然的縝密觀察方法，跳出自我中心的封閉心理空間，使認識比較容易地上升到科學精神和理智判斷的層面。這樣的理智與思想家的創造特徵結合起來，很容易反抗麻木不仁的感覺方式和日常習俗的陳腐偏見。孔子的思想，始終滲透著非常清醒的歷史理性，他在建立其價值體系時，把史學方法中所含有的科學態度和超越理解對象的感悟也帶進去。

歷史學的實證主義精神，使世俗的人文理性能夠以歷史學作爲哲理闡述的文本基礎，有助於道德原則在一定程度上擺脫宗教權威的約束而取得獨立地位。

中國上古時代就非常重視歷史學，殷王朝國家機構中設置了一些精通文字、掌管文書的史官，形成文字的史料和史學。甲骨文中有「卜人」之稱，可能就是史官的一種。《尚書．多士》說：「惟殷先人有冊有典，殷革夏命。」說明殷人曾有記載湯革夏命的「典」、「冊」。周代繼承商的傳統，不但王朝設有史官，「左史記言，右史記事」（參見《禮記．玉藻》和《漢書．藝文志》），各諸侯國也設有專門的史官。如《墨子．明鬼下》說有「周之《春秋》、燕之《春秋》、宋之《春秋》、齊之《春秋》」，這些《春秋》都是體例嚴謹的編年體史書；《孟子．離婁下》說：「晉之《乘》，楚之《檮杌》，魯之《春秋》，一也」。各國皆有史書，春秋時及其以前史學就相當發達了。這是世界上其他民族或國家都不可企及的。

伴隨著史學的發達，史官以認眞求實的態度進行記錄，盡可能達到客觀眞實。這種態度稱爲「史德」，將科學精神與價值判斷聯繫起來，形成一種古代中國所特有的史學道德傳統。古代史官的記錄雖然不免有「爲尊親者諱」的做法，但這種做法是受到譴責的。他們一般能如實記錄，不畏強暴，力求公正。如《左傳》宣公二年（西元前六〇七年），趙穿爲晉靈公，太史書曰：「趙盾弒其君」。《左傳》襄公二十五年（西元前六四八），崔杼爲齊莊公，太史書曰：「崔杼弒其君」。這些史官大多世襲其職，他們因如實記錄而被權臣殺掉，但家中接續其職的人又抱簡而來，仍記下「某某弒其君」的文字，太史被連殺幾人，仍是前仆後繼，秉筆直書，直到權臣被這種精神所折服爲止。「某某弒其君」之類的記敘雖然含有與時代相聯繫的價值判斷在內，仍屬於根據客觀事實作出判斷的陳述性語句。

我們或可把這種傳統精神稱之爲歷史理性。它是一種客觀求實、注重證據的理性主義精神。在建立以人文理性爲基礎的價值系統時，歷史學傳統發揮出極重要作用，它也是中國古代文明的特殊性之一。

關鍵問題是，把眞實、偶然、特殊、個別的歷史事件認眞記載下來，而且這些記載涉及社會和自然的方方面面，有時甚至是相當瑣碎的。雖然史書中也記載著前代每一時期的統治思想或價值取向，然而事實畢竟與粉飾有衝突。時間久之，道德決定與科學實證便會形成矛盾，人們產生許多疑問，尤其是對神學教義產生疑問。

比如在天文學方面，古代人按照宗教的教義，總是把日月星辰等自然現象與人事聯繫起來。如《隋書經籍志》序說道：「天文者，所以察星辰之變而參於其政者也。《易》曰：『天垂象，見吉凶。』《書》稱：『天視自我人視，天聽自我人聽』。故曰：『王政不修，謫見於天，日爲之蝕。……各有其應。』」這是一種很古老的觀念。在甲文和先秦典籍中，有許多將天象災異與人事吉凶聯繫起來的文字。天象實際上沒有社會意義，儘管古代的文史星曆竭力附會，漫長悠久的天文觀測和曆法知識仍會透漏出許多不能自圓其說的矛盾現象。《詩經》中有許多怨天尤人的詞句，如《大雅．雲漢》說：「旱既大甚，則不可摧，……昊天上帝，則不我遺。胡不相畏？先祖於摧！」天災並不一定是由人事引起的，人間的痛苦，未必引起上天的憐憫；統治者的作惡，也未必使上天降下懲罰。「七月流火」、「三星在天」，自然按照一定的規律周而復始。於是人們不禁懷疑：宇宙也許是無目的的？

歷史記載中的矛盾逐漸使人們認識到：星光燦爛的宇宙表面蘊藏著一種整體的基本節律——日夜交替、季節更迭、萬物生息。這一天文學的歷史觀之偉大意義在於：徹底更正了人類天賦的自我中心的偏見。儘管它或許以降低生命意義，甚至還要降低宇宙本身的意義來糾正這種自我中心意識。

孔子說：「天何言哉！」或者，其中也許蘊有這樣的意思，天也是一種非人格化的、包括物理世界意義在內自然秩序，連帝王本人也不過是這種秩序的傀儡。自然擁有支配人類的力量。其物理方面的必然性也參與了產生芸芸眾生，產生具有一切個人特性的「自我」之作用。一旦不得不這樣相信，人們就會在某種程度上感到自己喪失意義、無足輕重、是周圍環境的奴隸，不能改變自然一開始就指定他們去扮演的角色。

一位希臘哲學王馬可·奧勒留用詩一樣的語言寫道：「理性的靈魂漫遊於整個宇宙和周圍的虛空，探尋著萬物的性質，它達到無窮無盡之時，不僅理解了，而且研究了宇宙周期性再生的意義。這些研究使理性的靈魂認識到這樣一條眞理：後至之人將無任何新奇之事可見，而先去之人也未見任何我們所不能理解之物。在此意義上，可以說任何

一個理智平平的四十歲的人——按照自然的一律性——理解全部的過去和未來。」（《沉思錄》第十一卷第一章）

中國古代的孔子並沒有深刻研究「宇宙周期性再生的意義」，甚至不承認宇宙是沒有精神和生命的機械物質世界，所以不會產生那樣悲觀的意識。

但是中國古代的歷史理性中既含有人文精神，也具有科學理性的因素。在科學理智的意義上而言，自然界具有無目的、不與人類意志相關的法則和規律性。人應該效法自然，順從客觀規律（這是指孔子所認識的、既有物質也有精神因素的規律），而不是相反。所以孔子說：「天何言哉，四時行焉，百物生焉，天何言哉」，「五十而知天命」，「其或繼周者，雖百世可知也」。歷史理性使人確信現象界並無任何不能理解的事物，這種宇宙可理解性給思想家提供了一個開放的、具有客觀有效性的新的視界。「知」與「可知」，含有主觀前見與歷史文本同一性相統一所激發的創造信心。

從西周初就建立起天的信仰，相信唯一的至上神上帝或「天」賦予人間君主以統治權力，按照德治原則轉移「天命」。

然而認眞的歷史記載再現朝代更迭的眞實事實、及更迭過程的詳細情節，人們懷疑不僅宇宙是無目的的，而且「天」也許是無意識和無神性的，甚至歷史發展可能並不服從道德法則。

歷史學具有一種精神性保存和流傳的功能，然而每一個人都是歷史性的存在，故揭示任何歷史文本的原意，都必然帶有學者自身的印痕。遠古的情況或許比較模糊，不過，歷史學能夠偶爾透露出令人信服的眞實資訊。對於孔子等最早創立學說的諸子及其弟子們來說，西周末和春秋時代的情況近在眼前，君不君，臣不臣，父不父，子不子的現象經常發生，天並不按照主觀認定的道德倫理或社會秩序的法則進行干涉。亂臣賊子犯上作亂，往往得逞。禮樂傳統不能展現出它的價値和意義，故孔子感慨地說：「夷狄之有君，不如諸夏之亡也。」

社會之不道德的現實喚醒了傳統的歷史理性，道德決定論與科學精神產生深刻而微妙的矛盾，很早便開疑古之風。當「文武之道未墮」的春秋之世，子貢已說：「紂之不善，不如是之甚也。是以君子惡居下流，天下之惡皆歸焉。」（《論語．子張》）像這樣針對歷史典型人物作翻案文章，意義非同小可。它不僅衝擊由統治者作出的正統歷史結論，也威脅到支援人間秩序的宗教權威。天並不一定按照道德的原理進行皇權或權位的轉移——於是此後就有了五德終始說、春秋無義戰等說法。

儒家把這種由歷史學形成的含有科學精神的理性主義傳統一直保持下去。口邊常提「詩云」、「書曰」的孟子，也說：「盡信書則不如無書。」班固著《漢書藝文志》根據的就是劉向、劉歆父子的《七略》，其所錄書名下輒注云「依託」、「非古語」、「近世增加」，有的更直揭其作時與作者。如《神農》二十篇不但不信為神農之書，且注云：「六國時諸子疾時怠於農業，道耕農事，托之神農。」又如《黃帝泰素》，不但不信為黃帝之書，且注云：「六國時韓諸公子所作。」到東漢，有王充的「疾虛妄」的《論衡》，其〈藝增〉〈儒增〉等篇對經書和子書舉發了不少疑點。到唐，劉知幾的《史通》，不信古代記載爲完全眞實，還說破學術界不敢疑古的心理，是「拘于禮法，限以師訓，雖口不能言而心知其不可者蓋亦多矣！」（〈疑古〉）

歷史學之求知求眞、依據經驗材料進行判斷的科學精神，是各個時代擺脫傳統影響而達理性主義的保證。

孔子作爲儒家的創始者，既是思想家，又是知識淵博的史學家。他對於過去社會和時代的把握，是歷史文本保持同一性與其創新的變異性的統一。他在掌握過去與現在之相似性的前提下，基於無意識與充分自覺的混合，通過建設性的創造活動，力圖達到超越期待視野的未知領域，由此建立起一個非宗教性的價值系統。早期儒家相信命運的盲目性，否定上帝鬼神的存在價值，不肯定宇宙是完滿無缺的，在人類歷史上最早用世俗道德權威取代了宗教權威，歷史理性和實證態度在其中產生重要作用。

四、孔子的天命觀

儒家是講敬天法祖的，「天」是核心概念之一。從孔子學說開始，「天」這個概念雖然還保持著傳統輪廓，實質內容已經發生變化。

在西周之天的信仰中，天的意志是與獎善罰惡聯繫在一起的，孔子可以把仁、義、禮等價值觀念也很自然地歸結爲天的意志，以天爲根據來建立他所提出的新道德體系，取得更有權威的效果。但在《論語》中卻不是這樣，孔子給他的學生們留下的普遍印象是：「子罕言利與命與仁」(〈子罕〉)。按何晏、孔穎達之解釋，是說孔子很少談「難考之事」。其中命乃「天之命」的意思，利則為「天能利益庶物」的意思。由此可知，特別注重講道德倫理的孔子卻很少把它們與天的意志和天所給予的利益聯繫起來。在西周已經流行了幾百年把天當作上帝的歷史背景中，號稱「吾從周」的孔子，卻以「天之命」為難考之事，則表現出雖然是消極的但卻是明確的態度，即否認天具有神靈之實體意義的態度。孔子在《論語》中多談「天」和「天命」，但從不將它們與上帝聯言或互文，這並不是語言習慣的忽略，而是意味深長的保留。乃至他的學生講「夫子之言性與天道，不可得而聞也。」

孔子講「三畏」，是尊重傳統的表現，這也是儒家一貫堅持的態度。但是在他所畏對象代表的傳統輪廓中，內容卻暗中物換星移。與「天命」並列者，都是人。故何晏直截了當地解釋說：「大人即聖人，與天地合其德」。這裏，與天地合其德的大人與聖人，並沒有多少神秘之處，他們不過是人類理性傳統的化身而已。如果「天命」就是指上帝的話，人則取得與上帝同樣的權威，這在西周是不可思議的。況且「天命」並非上帝。注疏皆作「順吉逆凶」。疏引孔安國云：「順道吉，從逆凶。吉凶之報，若影之隨形，響之應聲。」則天命也是人可自己把握的自然法則。

孔子認為道德修養的基礎在於自我的情感和意願，他說「克己」(約身)復禮可致仁，「我欲仁」，斯仁至矣。其他的美德也是如此，都是從人的自我判斷和自我約束提出要求。他不是把人作為天實現其目的之手段，而是把人看作目的，強調其政治理想的最終意義是作爲道德主體的人性的自我形成。

在《論語》中，孔子談到天的時候，有很多地方像是在講一個有意志的上帝，如：

子曰：「獲罪於天，無所禱也。」（〈八佾〉）

夫子曰：「予所否者，天厭之，天厭之。」（〈雍也〉）

子曰：「天生德於予，桓魋其如予何！」（〈述而〉）

子曰：「文王既歿，文不在茲乎？天之將喪斯文也，後死者不得予于斯文也。天之未喪斯文也，匡人其如予何！」（〈子罕〉）

子曰：「吾誰欺，欺天乎？」（〈子罕〉）

子曰：「噫！天喪予！天喪予！」（〈先進〉）

孔子曰：「君子有三畏：畏天命，畏大人，畏聖人之言。」（〈季氏〉）

子曰：「不怨天，不尤人，下學而上達，知我者其天乎！」（〈憲問〉）

上引孔子講天和天命的地方，看起來很像是講一個有意識的上帝，所以不少學者認爲孔子還是相信一個主宰之天的。但是細觀《論語》又不然。這些語句都與特定的語境相聯繫，含有特定的意義，不能成爲孔子認爲天或天命就是人格化的上帝的確實證據。如〈八佾〉所謂「獲罪於天，無所禱也」就是這樣，它並不是孤立的，而是存在於特定的關係域中。這句話是回擊衛大夫王孫賈的。按當時五祀時俗，奧有常尊，而非祭之主；灶雖卑賤，而當時用。這是那個祭祀盛行時代人人皆知的常識。王孫賈當時阿附權臣，無視衛君，他應知孔子提倡君君臣臣，卻故意用這個常識進行譏諷。他說：「與其媚於奧，甯媚於灶，何謂也？」比喻他自己與其奉事沒有實權的君主，不如阿附權臣。而孔子的回答，舊注謂其意是「如獲罪於天，無所禱於衆神」，以天之地位高於衆神這種影射人類社會秩序的神界的秩序作譬。這是用一個宗教意象的比喻回擊另一個宗教意象的比喻，而且孔子這句話中帶有憤怒指責的情緒。這在當時可以成爲一個表現聰慧機敏、膾炙人口的格言，卻不能當作認眞的理論表述。

再如〈雍也〉中的「天厭之，天厭之」是一種賭咒發誓的話，〈先進〉中的「天喪予！天喪予！」是感情的宣洩，雖然他在冷靜的時候說要「不怨天，不尤人」，但是在激動的時候仍然像《詩經》中的詩人們一樣怨天的。「知我者其天乎！」也是一句發洩情緒的話。何晏以「聖人與天地合其德」解釋，意義差近之。這裏的實義只是說無人知己，而宋儒所謂「人不及知而天獨知之」，有望文生義之嫌了。

至於「天生德於予，桓魋其如予何！」「天之未喪斯文也，匡人其如予何！」倒是頗似商紂王所言「我生不有命在天？」是說有命在天，別人不能加害於己的意思。孔子所言，其實與紂所言既有差別，又有相同之處。差別在於紂所言強調神賜的意思，而孔子所說的「天生德」，並不突出神賜的意義，接近後世之「天賦」的意義；相同之處在於孔子和商紂的話裏面，都含有命定論的傾向。

《論語》中的孔子常常慨歎「天下無道」，「道不行，乘桴浮於海」。可知他的天命觀與其「道」經常是矛盾的。他認爲「道」之將行將廢都在「命」（〈憲問〉）。那麼這個天命則很難用宗教的目的論來解釋。他「知其不可而爲之」，實際一直都在逆天行事。就主觀方面論，不無對前代「天命」說的理性審視。

墨家正是在「以鬼爲不神」、「以命爲有，貧富壽夭、治亂安危有極（極猶定）」這種觀念上對儒家進行攻擊，並將儒家的命定論與桀紂之言相提並論，說：「自桀紂以下，皆以鬼神爲不神明，不能爲禍福」，由此導致「政亂而國危」或「喪天下」（《墨子・公孟》）。

孔子不語天道，但是卻多言天命。他所謂「畏天命」，「五十而知天命」，「死生有命，富貴在天」等語，都是在天賦、命運的意義上而言的。天賦並不是上帝賦予，而是自然之生而有的稟賦；命運也不是上帝安排的命運，而是由一種盲目力量決定的、與生俱來的必然遭際。《論語・爲政》：「五十而知天命」，何晏解：「知天命之終始」，那疏：「命，天之所稟者也。」這樣的解釋顯然與人格化的至上神無關。朱熹注：「天命，即天道之流行而賦於物者，乃事物所以當然之故也。」這裏，所謂「天道之流行而賦於物者」中的「流行」，就不是有意的安排，是自然運動中自然而然產生的，自然而不知其然稟領的命運。如同隨風飄落的樹葉，在風的舒卷中落到哪裡是不確定的。但風過後，此葉與彼葉落處之不同又是自然形成的必然性狀態。〈季氏〉「畏天命」何晏解云：「順吉逆凶，天之命也」；疏引孔安國云：「順道吉，從逆凶」。這含有一些前代的術數卜筮之影響在內，也可解作天賦之規律。朱熹注：「天命者，天所賦之正理也。」亦謂天賦之自然法則，也包括一切從天所稟受者。

《論語》中或言天，或言命，有些可以互易，有些則不可互易。可以互易的地方一般指「天命」而言。

自然天賦和不可抗拒的命運兩義，應該是孔子所言天命的正解。

孔子不多談論「天」，但在論語中卻有一句論「天」的話，引起古往今來許多爭論。

《論語．陽貨》載：

子曰：天何言哉？四時行焉，百物生焉，天何言哉！

這裏究竟是把天看作是物理世界意義上的自然或萬物總名之類，還是大體是那種上帝無爲而治意義上的神靈作用呢？於此聚訟紛紜，莫衷一是。

郭沫若說：「看了孔子這句話便可以知道孔子心目中的天只是自然，或自然界中的理法，那和舊時的有意想行識的天是不同的。」（《青銅時代》，人民出版社一九五四年版）這樣說也不無道理。因爲或經孔子之手整理、或爲孔子用來講學的《尚書》中，明明記載著天能夠與人直接交流，不但能採取行動，還能直接用語言向人發佈命令。

對孔子思想的研究，不能脫離具體的時代背景。在春秋末或戰國初，日常生活中的宗教氣氛仍然是很濃重的，像王孫賈隨便引用的「與其媚於奧，甯媚於灶」，屬於當時的俗語，可知祭祀活動也很頻繁。尤其是此前的正統思想承認有一個人格化的至上神，統治並權衡人間的善惡，依照道德原則降下福報或懲罰。

孔子提出「天何言哉」那一段話，在此後的中國思想史上也許是很常見的，但置於那個特定語境中，就明顯含有否定天的神性之意義。天不通過語言和具體行動，而是通過自然運轉和自然規律來表現它的目的，那麼這個天就成爲虛懸的一格。即使從有神論的視域來說，它也是對神性的削弱、對含有物理意義之自然法則的提升。

孔子這句話是在民本思想基礎上的重要發展。士民階層與傳統宗法制中的神權之疏離，使天或上帝之神性和權威不斷下降，孔子所建構的含有人文理性的理論體系，對此又作出進一步的推動。在孔子之前的民本思想中，已有天聽自民聽，天視自民視；國之興亡，職竟由人；民之所欲，天必從之等說法。但這些思想主要指向社會，指的是政治治亂和國家興亡等社會發展規律。《尚書》、《國語》、《左傳》等典籍也載有許多相關資料，從社會學角度講神之依人而行或天從人願，從倫理方面談天之無爲。

而孔子這裏講天之無言無爲，卻是從自然觀而論的，講的是含有物理世界意義的自然狀態。這種自然狀態是指一種爲自然生化本來就具有的精神和物質相統一的原始和諧狀態。「四時行焉，百物生焉」，儘管其中並不排除精神因素，但它的意義指向在於非人格化的法則支配的循環運動和宇宙節律。

《論語》中記載孔子論天，基本都是從社會政治和道德規範的角度而言的，唯此處專從自然領域而言天，與整體風格迥異其趣。如果從社會和自然兩個方面否定天具有隨意性的支配力量，則徹底否定了天的神秘性。

孔子的政治理想中也推崇上古堯的「無爲而治」（《論語‧衛靈公》），這種自然觀也可能是其根據之一。

在這個特別重要、關係孔子和儒家思想體系之性質的問題上，如果說這一條孤證顯得單薄的話，那麼新近出土的郭店楚簡提供了非常有說服力的佐證。

在郭店楚簡中發現儒家著作十幾篇，學者多認爲是在《孟子》之前成書的，出自孔子嫡孫子思之手。相傳子思曾師從孔子的第一代弟子、七十子之中的曾子。如果不是出於子思，楚簡也必爲七十子或七十子弟子所作，代表了孔孟之間的七十子之學。楚簡中的儒家著作多是申述孔子的觀點的，填補了從孔子到《孟子》中間的一段空白，彌足珍貴。

楚簡中〈性自命出〉、〈成之聞之〉、〈窮達以時〉等篇都談到天與命的關係，可以看到許多孔門對於天命或性與天道等問題之思想素材，和有關哲學思辨的原始剪輯。關於天與命，有以下一些論述：

凡人雖有性，心無定志，待物而後作，待悅而後行，待習而後定。喜怒哀悲之氣，性也。及其見於外，則物取之也。性自命出，命自天降。道始於情，情生於性。……四海之內，其性一也，其用心各異，教使然也。（〈性自命出〉）

有天有人，天人有分。察天人之分，而知所行矣。有其人，無其世，雖賢弗行也。苟有其世，何難之有哉？舜耕於歷山，陶埏於河滸，立而為天子，遇堯也。……遇不遇，天也。（〈窮達以時〉）

古者堯生為天子而有天下，聖以遇命，仁以逢時，未嘗遇（賢。雖）秉于大時，神明將從，天地佑之，縱仁聖可舉，時弗可及也。（〈唐虞之道〉）

天登大常，以理人倫，制為君臣之義，作（或為著）為父子之親，分為夫婦之辨。是故小人亂天常以逆大道，君子治人倫以順天德。《大禹》曰「餘茲宅天心」何？此言也，言餘之此而宅於天心也。是故君子，簟席之上，讓而受幼；朝廷之位，讓而處賤，所宅不遠矣。……唯君子道可近求，而（疑脫「不」）可遠借也。昔者君子有言曰「聖人天德」何？言慎求之於己，而可以至順天常矣。（〈成之聞之〉）

知己所以知人，知人所以知命，知命而後知道，知道而後知行。……有知己而不知命者，無知命而不知己者。（〈尊德義〉）

天形成人，與物斯理。……有天有命，……有性有生。（〈語叢三〉）

有天有命，有地有形。……有天有命，有物有名。……天生百物，人為貴。人之道也，或由中出，或由外入。……由中出者，仁、忠、信，由……察天道以化民氣。（〈語叢一〉）

這些地方的「天」，大多是指人之外的整個外部環境。其中唯一與神似乎有聯繫的地方即〈唐虞之道〉中所謂「神明將從，天地佑之」。但「神明」這個詞本身有精神的意義，「神明」與「天地」對舉，又「天」與「地」聯言，不能完全說是以天爲人格化的神的證明。而且觀其整段語意，主要是強調時運和機遇的重要性。有了機遇，則神明迎合、天地護佑，是對機遇之重要性的強調和形容，把這種重要性塗上一層神秘色彩，實義指向機遇而非神靈。

把上引文章中的「天」和《尚書》中所講的天帝作一個比較，即可知兩者不可同日而語。

首先，「天」是一個具有生生不息本質的自然存在。《詩經》中只講「天生烝民」，但楚簡說「天生百物，人爲貴」。則天不但生人，也生百物，縱使人最爲尊貴，也不過是萬物之一。天既是宇宙生成論上的本源，又是自然本身。天與人和萬物是一種生化關係，由自然生化而論，人與萬物屬於同一個自然整體。所謂「天形成人，與物斯理」，是從宇宙論根據上講自然法則與人文法則的同一性。

其次，人性乃爲天賦，「性自命出，命自天降」、「有天有命」是楚簡中所一再強調的。這裏所謂「性」是無分善惡的，不過是「喜怒哀悲之氣」而已，發見於外，則成爲物欲。人心向善，須待教育而後定。

除了天賦人性的意義，在楚簡中，明顯可見天由神靈轉變爲道德原則的軌跡。楚簡作者把「大常」、「天常」、「天德」等，非常明確地解釋爲人倫和君臣之義。

「天登大常」一段中所舉《大禹》曰「餘茲宅天心」，可能是《大禹謨》中的佚文。按「天心」之原義，應指上帝或神靈之義。《書・咸有一德》：「克享天心，受天明命」，疏釋爲：德當神意，神乃享之。天道遠而人道近，天之命人，非有言辭文誥，正以神明佑之，使之所征無敵，謂之受天命。可知「天心」原本當作神意解，應該是沒有疑問的。然而在楚簡中，意義明顯發生了變化。「余之此而宅於天心」中「天心」，是指外在的、普遍的道德法則。所以它講君子之合於天心，在於遵循行仁講「讓」等道德準則。「天心」又同於「道心」。《書・大禹謨》說：「人心惟危，道心惟微，惟精惟一，允執厥中」，是謂民心惟甚危險，道心惟甚幽微。危則難安，微則難明，汝當精心，惟當一意信執其中正之道。這也是「餘之此而宅於天心」的意思，要求君子之心合於儒家提出的中正之道，而這個中正之道就等於天心或道心。「天心」、「天常」、「天德」等概念，在子思等儒生那裏，從神的意志暗中移換爲宇宙法則與個體的主體性精神絕對同一的道德原理。由此「愼求於己」，即可使人心在「此」而達天心於「彼」。

天有常德等觀念，是從西周宗教中關於天的涵義中繼承下來的。這裏還帶有遺留的關於神靈記憶的神秘表象，不過其中悄悄淡化和撤除了天的神性，縱使「小人亂天常以逆大道」，也沒有說天會降下懲罰；君子合天德，也沒有說天會予以獎勵。於此拋棄了獎懲等功利性因素。「天」在這裏也不是嚴格意義上的本體論概念。所謂「聖人天德」、「愼求之於己，而可以至順天常」等語，表明天人之間在道德原則上具有同一性，然而「可以至」、分「彼」「此」，則兩者並非體用關係，也不是本體論的聯繫。天只是一種自然規律或價值標準，給人生提供尺度和意義。

楚簡中關於天命的觀念很值得注意。有些學者指出楚簡中「命自天降」、「有天有命」、「性自命出」等有關論述，表達的核心意義正是《中庸》開篇「天命之謂性，率性之謂道，修道之謂教」三句話。但《中庸》中的「天命之謂性」顯然是經過了文字的精心提煉和理論的邏輯歸納，由於古代漢語言簡意賅，講究含蓄雋永，意在言外，所以經過整理修飾的《中庸》反而較多歧義，顯得深奧而不易理解了。楚簡很像是《中庸》這些理論的原始素材和思想注釋，話語直白且意義明確。楚簡所言的「天命」除了天賦或天賦人性之外，還有一個不容置疑的解釋——人的自然命運。

商周的天命觀中，也含有命運之義的萌芽，但都是認爲天神的意志決定命運，神意又以道德爲依據，如〈湯誥〉中所謂「天道福善禍淫」的思想佔有正統地位。尤其是西周建立以後，像商紂那種生而「有命在天」的命運爲盲目性的說法是遭到堅決否定的。

在楚簡中明確宣揚天命即命運、即盲目的必然性，而人的際遇與主體意識和行爲的善惡無關。「有天有人，天人有分。察天人之分，而知所行矣。有其人，無其世，雖賢弗行也」這句話，讓我們能夠重新認識儒家及其他古代思想家所講的天人關係、「天人之際」的原始意義。

在這句話中，天非但不是天神，也不僅指自然而言，擴而言之，它指人之外的、包括歷史時代（其世）在內的整個外部環境。「分」的本義爲「別」，像「刀所分別」之形，「天人之分」應該指天、人是合成人的命運的兩個限制性條件或原因。人生成功取決於天命與人事兩個方面，有天有人，兩者之間的關係是客觀特殊性與主觀個別性互相作用的關係。人在做事的時候，既要考慮自己的才能和努力（人），也要考慮外部環境（天），兩者缺一不可。如果外部環境不允許的話，「雖賢弗行也」。

外部環境是每個人所遭遇的各種特殊條件的綜合，子思等人把它看作是命運。它無關乎人的道德修養，縱使是聖賢，也難以擺脫它的控制，所以說「聖以遇命，仁以逢時」，「遇不遇，天也」。

「察天人之分」最重要的內容之一，就是考察時機和命運。「有知己而不知命者，無知命而不知己者」講的就是這個道理，知己容易知命難，「苟有其世，何難之有哉？」個人的命運完全捲裹在外部世界之變幻無常的洪流中。

由此可知孔子所說「畏天命」，「死生有命，富貴在天」，「天喪予」等等，雖然有意借用傳統的宗教權威，其實並無特別的神秘之義，不過是指際遇命運言之而已。「五十而知天命」，大概是說自己到五十歲的時候，雖然已知道命途多舛、時運不濟、其道不行，但是仍然要直面人生之眞，使生命達到一種透明性。此時知己知命，「縱仁聖可舉，時弗可及也。」當命運仍然把他束縛在既定的生活秩序上時，他能夠通過自己的道德信念揭示生命固有的超越性意義。

這種盲目的自然命運之天命觀，以對命運之悲觀傾向和自我定向的積極精神所造成的矛盾，拉開了其學說自身與宗教傳統的距離。它的一個明顯特點主是孔子和儒家身體力行他們所主張的仁，實踐他們的道德準則時，並不抱有任何宗教性的祈福期待。由於命運的盲目和不可預期，他們的努力則未必能實現出將入相的抱負，更不用說功名、利祿、富貴、健康、長壽等具體個人利益了。孔子說：「不義而富且貴，於我如浮雲」（《論語・述而》），說明他的價值信念與個人幸福不是一致的，有時甚至是對立的。兩者之間，孔子更傾向於相信後者，所以又說：「富而可求也，雖執鞭之士，吾亦爲之。如不可求，從吾所好」（同上）。注引鄭玄說：「富貴不可求而得之，當修道以得之」；又注云：「孔曰『所好』者，古人之道。」可知他自己清醒認識到，他的道德追求與個人利益在大多情況下是對立的。他明確表示，他所追求的就是這價值信念本身，別無其他，說：「求仁而得仁，又何怨！」「樂在其中矣」。孔子或其他儒者表達此類意思的話，不勝枚舉。

他們表現出來的樂觀精神，實際是建立在對時代的悲觀認識基礎上的。與其說儒家表達的是一種樂觀主義精神，毋寧說是一種悲壯精神。他們在爲之付出犧牲的追求中，確實得到一種「樂在其中」的滿足感，但這種滿足感與宗教的靈魂得救意義上的救贖是有本質不同的。救贖期待是建立在以短暫的犧牲換取永恒的個人利益的謀略機心上的，而儒家並不承認靈魂和彼岸世界等觀念，這種滿足感中不包括實際利益的打算。如果強要附會說後世儒家至少是追求青史留名的，「名」本身也是一種利益期待。那麼由於儒家否認靈魂觀念，否認生存經驗之外的認識價值，這種回報可說是相當抽象而虛無的。「求仁而得仁」，除了道德主體的自確定性和自明性之外，沒有任何其他的外在目的。它與宗教性的祈福不可同日而語。

至於通過盡力求之是否能夠實現理想的道德目標，那麼則是另一回事，可能成功，也可能失敗。這又與人的身世一樣，要看命運如何了。孔子說：「道之將行也與，命也；道之將廢也與，命也。」（〈憲問〉）道之行與不行，也爲盲目的天命所決定。但這種朝著實現道德理想的努力縱使失敗，也並不減少這種努力行爲的道德價值，反而能夠增加其行爲的價值。正是在這個意義上，孔子說：「不知命，無以爲君子也。」（〈堯曰〉）朱注引程子曰：「知命者，知有命而信之也。人不知命，則見害必避，見利必趨，何以爲君子？」在被圍於陳、蔡之間的非常危險的時刻，子貢對孔子說：「夫子之道至大也，故天下莫能容夫子。」顏淵對孔子說，「不容然後見君子！」（《史記・孔子世家》）。一方面相信命運，不逃避危險和厄運；另一方面無論處於何種境地都要見義勇爲、當仁不讓、甚至殺身以成仁。拋棄功利考慮，以人自身的意志和努力實現道德價值，人類通過自然生命本身所含有的理智因素給自己尋找生命意義，不需要宇宙目的或者神的意志的賦予，是在儒家創立之初就已確定的原則。孔子以「知其不可而爲之」的道德自信和悲壯行爲，最大限度地昇華了生命的價值與意義。

孔子的天命觀雖然含有悲觀的成分在內，但絕不是消極的。相反，儘管他認爲生不逢時，仍然要求「君子治人倫以順天德」，抱著積極進取的心態對待人生。反映這種心態的例證在《論語》中俯拾皆是。它成爲整個儒家的傳統精神。如荀子論命運，與楚簡〈窮達以時〉等表現出來的思想驚人地一致。《荀子・宥坐》說：「知禍福終始而心不惑也。夫賢不肖者，材也；爲不爲者，人也；遇不遇者，時也；死生者，命也。今有其人而不遇其時，雖賢，其能行乎？苟遇其時，何難之有。」將此與上引〈窮達以時〉中「有天有人，天人有分。察天人之分，而知所行矣。有其人，無其世，雖賢弗行也。苟有其世，何難之有哉？」等語相對照，兩者的思路毫髮不爽。這說明，所謂「天命」中含有命運之解，非由孔子只傳思孟學派之一脈，而爲孔子後學所廣泛接受。在對於命運的認識方面，孔門在承認命運之不可抗拒的前提下，普遍抱有「天命雖難違，人事貴自勵」的進取精神。這種悲觀的社會預期和積極態度合成一種悲壯美感，由此形成獨特的吸引力。這種吸引力給人造成超越的效果，但它不是宗教性的超越，而是美學性的超越。

孔子說：「歲寒然後知松柏之後凋也。」把道德主體與惡劣環境和悲慘命運相抗爭作爲彰顯生命意義的必要途徑，含有悲壯美和崇高美的美學義蘊。

孔子罕言性命，少談天道，因爲他出於天命乃命運和機遇的意識，認爲這樣的問題超越理性認識的界限，屬於非常玄妙的人生之謎，而不在理智的「可知」範圍之內，故避而不談。然而他通過對自己歷史境遇的深刻體驗，通過親身經歷、耳聞目擊，形成極其複雜的孤獨、痛苦、渴望、希冀的內心世界。這種內心世界的體驗把生命與生活聯繫起來，凝定爲「命」、即命運的形式。但是他也並非不談這方面的問題，只不過沒有採用邏輯論述的方式，而是出以訴諸情感的方式。孔子表示，天下無道則隱，直欲乘桴浮於海，暮春詠而歸，何嘗不是其性命感受的外化形式呢？他說：「加我數年，五十以學《易》，可以無大過矣。」（〈述而〉）說明他很想弄清關係命運的吉凶消長之理，進退存亡之道。

「天何言哉」這段話，無疑是否定前代天帝鬼神、福善禍淫之說的。他認爲自然界中並無主宰，四時運行，萬物榮枯，都是無因而自因的。社會也是如此，並不存在什麼道德的因果律，人事窮達，只爲一種無因、盲目的命運所決定。帝何宰之，天何言哉！人生爲盲目力量所支配的現象，引起他的困惑和思索。

孔子所言「天命」，除了天賦和命運的意義之外，並沒有諸如宋儒所倡言的天理等哲學涵義。楚簡中「天心」之說，由命運逐漸趨向哲理，言孔子之所罕言。看《中庸》和《孟子》，即可知儒家的哲理也是由樸素而繁縟，由經驗而概念，有一個發展漸進的過程。孟子在〈盡心章〉中講盡心知性，知性知天，修身俟命，知命者不立乎岩牆之下，即揭示了由楚簡的樸素認識出發進行理論建樹的過程。

五、早期儒家對經書的態度

儒家之教育自成一套體系，與宗教信仰濃厚的西周貴族教育相比，顯示出鮮明的世俗性特色。形成這種特色的社會基礎是屬於士民階層的儒生們脫離了貴族宗統，也逐漸疏遠了與貴族宗統關係密切的宗教權威，而建立起向君統傾斜並適合平民生活經驗、表達此一階層要求的新的倫理觀念和知識體系。

孔子教育體系的內容，既有他自己熔鑄鍛煉的創造，也有對傳統演變的接續。《國語·楚語上》，楚莊王使士亹傅太子箴，士亹問于申叔時，申叔時論傅太子之道說：

> 教之春秋，而為之聳善而抑惡焉，以勸戒其心。教之世，而為之昭明德而廢幽昏焉，以休懼其動。教之詩，而為之導廣顯德，以耀明其志。教之禮，使知上下之則。教之樂，以疏其穢而鎮其浮。教之令（先王之官法時令），使訪物官（使議百官之事業）。教之語，使明其德，而知先王之務用明德於民也。教之故志，使知廢興者而戒懼焉，教之訓典，使知族類，行比義焉。

這事發生在孔子出生之前，又是被諸夏視爲蠻狄的楚國，教育內容已如此豐富全面。這裏雖說的是對太子的教育，但可推知一般貴族子弟的學習科目可能與此大體相同。這些科目中，禮、樂、詩、令、語，屬於政治、道德、藝術修養等方面的內容，而春秋、世（先王的世系）、故志（古書載記）、訓典（先王訓典）等，基本上都屬於歷史方面的內容。

這些科目形成一套貴族教育大綱，可能是春秋時主要科目之比較細緻的羅列。這與西周時的內容已經不盡相同。

西周教育，有「六藝」之說，指禮、樂、射、御、書、數等六類知識和技能。其中最主要的是禮樂和射御，因爲「國之大事，唯祀與戎。」西周王族和諸侯子弟的學習場所有辟雍、明堂、泮宮等，其他貴族有庠、序、校等。諸侯貴族子弟幼年入學，由少傅教之以小學，「成童」（十五歲）由太傅教之以大學。《禮記・內則》說：「六年教之數與方名……九年教之數日，十年出就外傅，居宿於外，學書記……朝夕學幼儀，請肄簡涼；十有三年學樂，誦詩，舞〈勺〉；成童（注：十五以上）舞〈象〉，學射御；二十而冠，始學禮。……博學不教，內而不出（不炫耀其能）。」是說大約六至九歲在家中學數位、方名等。十歲出外居宿，入小學，受教于傅，學朔望、六甲、六書、計數等，在十五歲（成童）以後要學習音樂舞蹈。最後至二十歲行冠禮，便爲成人，始學禮。據朱熹注，禮指吉、凶、軍、賓、嘉之五禮。那麼所學禮之中應有祭祀鬼神之事。〈內則〉中還說十五歲以前，除了「學女事」外，還要「觀於祭祀」，「禮相助奠」。

這一套制度並非後世僞託之談，許多典籍都有記載，儘管入學的年齡不盡一致，但小學大學之制以及學習的大體內容是一致的。《尚書大傳》說：「古之帝王者必立大學小學，使王太子、王子、群後之子以至卿大夫、元士之適（嫡）子，十有三年始入小學」，「年二十入大學」（陳壽祺輯本）。另還有實物證據，大盂鼎記康王對盂說：「女（汝）妹辰（童蒙暗昧）又有大服，余隹（惟）即朕小學。」郭店楚簡〈唐虞之道〉說：「夫聖人上事天，教民有尊也，下事地，教民有親也；時事山川，教民有敬也；親事祖廟，教民孝也；大學之中，天子親齒（大約指以年齡序列禮遇宗室子弟之意。《漢書·武帝紀》建元元年詔：「古之立志，鄉里以齒，朝廷以爵，扶世導民，莫善於德」），教民弟也。」是知天子還要經常到大學中親自參加某些活動或論敘親情。

西周教育中的宗教氣氛比較濃重，與西方歷史上猶太系宗教國家由教會和神職人員掌握教育權利的情況雖不盡相同，卻同樣以文化知識隸屬於神學。印度系婆羅門教和佛教國家也同樣把文化知識系於神學，而有「五明」之教。《大唐西域記》卷二載：「七歲之後，漸授五明大論：一曰聲明，釋詁訓字，詮目疏別；二曰工巧明，伎術機關，陰陽曆數；三曰醫方明，禁咒閑邪，藥石針艾；四曰因明，考定正邪，研核眞僞；五曰內明，究暢五乘因果妙理。其婆羅門，學四吠陀論。」文化知識是從屬於宗教理論和信仰的。

以「六藝」爲主要分類的教育體制應該是從西周開始的。不過，西周初期雖然進行過宗教意義的重新定位和「絕地天通」那樣的宗教組織的重新建構，但是「絕地天通」的嚴格分別卻使得其制度文化中的世俗部分獲得一定的獨立地位。在殷代，傳說是「率民以事鬼」，而西周則是「敬鬼事神而遠之」，可知西周的教育與殷商也必有不同。但由於西周天的信仰之抽象性和多義性，自身即含有演變的內因，西周的教育體制很可能發生過一個宗教性逐漸減弱的自然演變過程。

而從上引申叔時論傅太子之道來看，春秋時的教育與西周時代又有變化。其中少了射、御兩項，這主要指軍事訓練方面的。申叔時所論未必很全面，或許是擇其要者而言之，大概西周後期貴族的尚武精神有所衰落，武士的社會地位也在下降，不及掌握文化知識的士民了。其中最主要的變化還有兩點：一是關於「禮」的內容，禮的內容極爲繁複，涉及生活的方方面面，例如除鬼神祭祀外，還包括「武事」等，《穀梁傳．昭公八年》說：「因蒐狩以習用武事，禮之大者也。」而申叔時認爲學禮的主要原因在「使知上下之則」，說明春秋戰國時人們對禮的認識開始產生微妙變化，認爲禮的作用主要表現在保持等級尊卑的社會秩序方面，鬼神之教退居其次。二是增加了很多歷史知識內容。這些關於社會歷史的客觀陳述和如實記載，實際與士民階層逐漸退出宗教傳統濃重的貴族宗統，在平民化的生活方式中形成一種新的視域和語境有關。

孔子主要以六經爲教材，這與申叔時提出的內容比較接近。不談鬼神與重視歷史，是兩者一致的地方，也是與前代思想分歧最大的地方。

六經自成一套體系，大約是孔子開創的。六經之說，過去最早只能追溯到《莊子》。《莊子．天運篇》載：「孔子謂老聃曰：丘治《詩》《書》《禮》《樂》《易》《春秋》六經，自以爲久矣，孰（熟）知其故矣。」是否從孔子以六經施教，古今有許多爭論。現郭店楚簡已經證實，其〈六德〉篇說：「觀諸《詩》、《書》，則亦在矣；觀諸《禮》、《樂》，則亦在矣，觀諸《易》、《春秋》，則亦在矣。」〈天運〉與〈六德〉對經書敘述的次序也相同，可證它們確實是出自孔子之手的教材與科目。

孔子對這些經書的認識，與宗教信仰者對經籍的認識完全不同。從這些經書的出處而論，自孔子始，儒家就不像宗教徒那樣看作是出於上帝鬼神，沒有宗教那樣高不可攀的神聖和神秘性。如猶太教、基督教等皆認爲其教義來自上帝的啓示，聖經是上帝和人類所定的盟約。佛教曾經有結集之舉，核實經中的每一句話都是出自佛陀之口；其後大乘所出經典，也往往假託神佛。中國道教也說他們的經書都出自神仙之手；都有至高無尙的神秘性和神聖性。

孔門認爲他們讀的經書是人類的作品，這裏面含有與盲信相對立的科學精神。如《論語．爲政》：「子曰：《詩》三百，一言以蔽之，曰『思無邪』。」像這樣的評語實在不算太高，只是說這些詩沒有什麼邪僻，大抵歸於正。反映出的批評態度也是客觀而從容的，絕非仰慕神聖的態度。又如孔子談到夏、殷之禮，說：「文獻不足故也。足則吾能徵之矣。」（〈八佾〉）說明對於《禮》，也認識到它們不過是記載前代典章制度的文獻。

郭店楚簡〈性自命出〉有一段話說：

> 《詩》《書》《禮》《樂》，其始出皆生於人。《詩》，有為為之也。《書》，有為為之也。《禮》《樂》，有為舉（舉，立也）之也。聖人比其類而論會之，觀其先後而逆順之，體其義而節文之，理其情而出入之，然後復以教。教所以生德於中者

也。

這與孔子的態度一致，但說得更清楚，又證明六經可能是經過孔子刪節整理的。首先，〈性自命出〉的作者肯定說，《詩》《書》《禮》《樂》等經籍，「其始出皆生於人」。這句話有兩義，一是說這些經籍出於人類之手；另一是說它們的產生乃是出於人的需要，根據需要而進行收集的。這與孔子的觀點相符合。作者說這些經籍都是「有爲」而作的。所謂「有爲」，當指有施爲，有緣故，有作爲之義。可參見《繫辭上》「夫易，何爲者也」，「是以君子將有爲也」之舊注訓解。意思是說這些經書當初都是有感而發，緣事而作的，而且是因爲它們起社會作用、爲社會需要而成立（舉之）和流傳下來的。其三，所謂「聖人比其類而論會之，觀其先後而逆順之」中的「聖人」，應是孔子的弟子及後學對孔子的敬稱，說明孔子對經書進行過分類歸納、重新排序整理。像如今之對楚簡的整理一樣，如何分章節，何者在前，何者在後，意見皆不盡一致。至於「體其義而節文之，理其情而出入之」說明孔子按照自己的思想和理解，即「體其義」和「理其情」，在原著基礎上作過增刪、修改和潤飾。「節文」，意即節制修飾。「出入」，意爲經過內外斟酌。最後，孔子把這些按照自己思想收集和改造過的經書用以教育學生。道德或倫理觀是通過教育在心中形成的。

「教所以生德於中者也」，代表孔子的教育觀；而「詩書禮樂，其始出皆生於人」，則表明儒家教育之世俗信念。在這樣一種顯然是非宗教的自我教化的倫理學中，幾乎等於毫不掩飾地說對天的訴求並沒有什麼作用。

非但經書出於人之手，而且儒家非常理智地認識到其產生本身也是社會歷史客觀原因作用的結果，所謂「有爲爲之」。如《漢書・藝文志》說：

《書》曰：「詩言志，歌詠言。」故哀樂之心感，而歌詠之聲發。誦其言謂之詩，詠其樂謂之歌。故古有采詩之官，王者所以觀風俗、知得失，自考正也。孔子純取周詩，上采殷、下取魯，凡三百五篇。遭秦而全者，以其諷誦，不獨在竹帛故也。

又何休《春秋公羊傳宣公十五年解詁》：

男女有所怨恨，相從而歌。饑者歌其食，勞者歌其事。男年六十，女年五十無子者，官衣食之，使之民間求詩。鄉移於邑，邑移于國，國以聞于天子。故王者不出牖戶，盡知天下所苦；不下堂而知四方。

這兩處說到詩，能夠非常客觀理智地介紹《詩經》的來源、詩的性質、詩產生的歷史原因和詩的社會作用，甚至還包括詩的流傳方式（諷誦）。所謂「哀樂之心感」，「有所怨恨」，「饑者歌其食，勞者歌其事」，可從《詩》的產生證明楚簡〈性自命出〉「有爲爲之」的論點。又從楚簡關於《書》《禮》《樂》等其他經籍皆是「有爲」、有緣故而「爲之」或「舉之」的說法，可證早期儒家即對經書持一種一以貫之的歷史理性的態度。

孔子整理經書的時候，是從知識的角度使用科學方法進行考證的。如孔子說：「夏禮吾能言之，杞不足徵也。殷禮吾能言之，宋不足徵也。文獻不足故也。足則吾能徵之矣。」(〈八佾〉) 可知孔子首先把《禮》視爲前代和當代客觀存在的文化知識，必須先有充足、確實的資料和根據，然後才能進行闡述或解釋(言之)。又說：「君子於其所不知，蓋闕如也。」(〈子路〉) 可知經孔子之手的經書，都是根據文獻不足就付諸闕如的求實精神整理而成的。

孔子以求實精神作經書的蒐集整理工作，又要求以學以致用的實用態度去讀經。孔子說：

> 小子何莫學夫詩？詩可以興、可以觀、可以群、可以怨。邇之事父，遠之事君，多識於鳥獸草木之名。」(《論語・陽貨》)

> 誦詩三百，授之以政，不達；使於四方，不能專對，雖多，亦奚以為？(〈子路〉)

孔子教人讀經，不是把目標放在宗教信仰上，而是放在經世致用和學習知識上。興、觀、群、怨及事父事君者屬於詩的社會功用。「興」是指用詩的比興方法認識和感受外物，引譬連類，感發志意；「觀」指從詩中或用詩的方法觀察社會風俗的盛衰得失：「群」指與人切磋探討；「怨」指可以使用詩的形式向統治者諷喻勸戒。這四者都是非常具體的「行仁之法」，可由學詩而得到。事父事君則是泛指社會功用了，言其有助於實現君君、臣臣、父父、子子的倫理原則。至於「多識於鳥獸草木之名」，在當時可算是科學知識，詩還有增加知識的作用，經書亦可當作科學教科書使用。

儒家之於經書和學習，實用主義的目的非常明確，雖然不至於說「有用的便是合理的」，但至少含有「無用的就是不合理的」傾向。孔子及其後整個儒家學派都以出將入相，經世濟民為個人抱負，所以孔子認為讀經是出仕或從政的準備，一旦授之以政、獲得機會，就應該將學習的知識應用在具體政務上。

孔子還說過：「不學禮，無以立」（〈季氏〉）。這裏「無以立」，指無以立身，與〈雍也〉中所說的「己欲立而立人，己欲達而達人」的意思一致，指「立身進達」（邢疏）。亦即不僅指道德目標的實現，也包含著為實現機會之到來而預作準備。可知孔子的教育，在對道德倫理的追求中，也包含著政治哲學上的人文理性和實用主義目的。

然而，在堅持入世信念和歷史理性的同時，孔子及其學派又注意不使世俗性降低人自身及宇宙的價值。他們不蹈宗教之舊轍，而以人文精神作為自然和宇宙的根本內驅力，由此提升人的精神境界和世俗價值系統的意義。

孔子及先秦儒家一方面提出經書「其始出皆生於人」，道德修養是教育的產物；另一方面又提出儒經是效法天地而產生的，道德可「參於天地」，使生命獲得最高的價值。儒家對自然或宇宙抱有相當敬畏和珍重的態度，認為人類是自然之子（天地絪縕，萬物化生），應該以自然造化爲表率和師法。如《易・繫辭下》介紹《易》的產生時說：

> 古者包犧氏之王天下也，仰則觀象於天，俯則觀法於地，觀鳥獸之文與地之宜。近取諸身，遠取諸物，於是始作八卦，以通神明之德，以類萬物之情。

這裏的「神明」不是指上帝鬼神，而是指萬事萬物的神妙和活力，如「健順動止之性」(《周易本義》)。其次，觀象於「天」，指的是實實在在的日月星辰、風雨晦晴。古人作八卦，試圖掌握世界的規律和法則，是通過認眞觀察天象、地法、鳥獸、草木、人身、器物等達到的。人間的秩序或人的本質，也是通過這樣的觀察、仿效而概括出來的。這種概括本身即已使生命意識和道德情操得到提升。儒家所認識的自然，不僅是意識、感覺、經驗的物質實在，而且也是充滿著詩意的生命、精神和活力的存在。外部世界的物質和運動形式與人的自然存在形式和諧一致，故萬物之情可通神明之德。因此，儒家的人生觀根源於光影搖蕩、生機盎然的、包括鳥獸草木在內的生生不息的自然過程。

《詩》、《書》、《禮》、《樂》等固然是「生於人」的，但進行述作而使它們得以建立的人卻是精神與天地通、可以稱作「聖」、「明」的人。《禮記・樂記》說：

> 故知禮樂之情者能作，識禮樂之文者能述，作者之謂聖，述者之謂明。明聖

> 者，述作之謂也。樂者，天地之和也；禮者，天地之序也。和故百物皆化（化猶生），序故群物皆別（別謂形體具）。樂由天作，禮以地制。

這裏，樂和禮是效法天地而產生的，它們既是人對天地宇宙「知」、「識」而後進行「述作」的結果，又是由於人的效法而參於天地之和與天地之序、在精神上與物皆化與物同構的過程。儒家提出禮樂之類皆「生於人」，是由人的「明聖」理智對自然效法（則）而述作出來的，所以反過來說，人類的理智和價值觀又賦予了脫離人類而單獨存在便會是不完滿的、不斷發展變化的宇宙以合理性與崇高意義。

如《大戴禮記・禮察》說，依靠禮，「天地以合，四海以洽，日月以明，星辰以行，江河以流，萬物以倡……」《荀子・禮論篇》也有幾乎措辭完全相同的說法，認爲禮能夠使「天地以合，日月以明，四時以序，星辰以行，江河以流，萬物以昌，好惡以節，喜怒以當。」這個仿效天地之序而成的禮，反過來又成爲上調天時，下節人情的原因。《孟子・盡心上》也說：「夫君子，所過者化，所存者神，上下與天地同流」。道德明顯成爲了宇宙過程本身，如天之神妙不測，如天地之化物，上下與天地同運並行。

在此宇宙不再展示人類社會應該怎樣組織起來的模式，相反，人類社會秩序的規則變成了自然界的最深刻的驅動力。這其實並不屬於一種實質性的宇宙論，而只不過是從修辭學上對儒家道德所作的溢美之辭。然而儒家經籍中經常出現此類以宇宙論闡釋爲背景的說法，客觀上昇華了人類自身和感性世界的價值與意義。

第五章　戰國諸子的宗教批判運動

春秋末興起的諸子之學，按《漢書．藝文志》說皆出於王官。章太炎贊成此說，其《諸子學略說》：「古之學者多出王官，世卿用事之時，百姓當家則務農商畜牧，無所謂學問也。其欲學者，不得不給事官府，爲之胥徒，或乃供灑掃爲僕役焉。」但他也承認，諸子之學與西周的王官之學是不同風貌的。他說「官人守其要，而九流究宣其義」。不過按這種說法，諸子之學也只是在理論上作了發揮，學術實質與西周官學並無不同，顯然忽略了兩者的本質區別。

胡適強烈反對《漢書》和章太炎的觀點，認爲「古者學在王官是一事，諸子之學是否出於王官又是一事。」主張諸子學實際是一種與西周傳統完全對立的文化學術。其《諸子不出於王官論》說：

> 蓋古代之王官定無學術可言，《周禮》偽書本不足據（無論如何，《周禮》決非周公時之制度），即以《周禮》所言「十有二教」及「鄉三物」觀之，皆不足以言學術。徒以古代為學皆以求仕，故智能之士多萃于官府。此如歐洲中世紀教會柄世政，才秀之士多為祭司神甫，而書籍亦多聚于寺院。以故，其時求學者，皆以祭

司為師。吾意我國古代，或亦如此？當周室盛時，教育之權或盡操于王官。然其所謂教，必不外乎祀典卜筮之文，禮樂射御之末，其所謂「師儒」亦如近世「訓導」「教授」之類耳。與諸子學術，正如天地之懸隔。諸子之學，不但決不能出於王官；果能與王官並世，亦定不為所容而必為所焚燒坑殺耳。此如歐洲教會嘗操中古教育之權，及文藝復興之後，私家學術隆起，而教會以其不利於己，乃出其全力以抑陰之。哲人如卜魯諾乃遭焚殺之慘，笛卡兒至自毀其已著未刊之《天地論》。使教會當時竟得行其志，則歐洲今世之學術文化尚有興起之望耶？是故教會之失敗，歐洲學術之大幸也；王官之廢絕，保氏之失守，先秦學術之大幸也。（見《古史辨》第四冊第六頁，上海古籍出版社一九八二年八月版）

胡適所說古代王官「定無學術可言」，似乎比較過激了。因爲縱使只是「祀典卜筮之文，禮樂射御之末」，也屬於廣義上的學術範疇。並且兩者固然對立，也有歷史的聯繫，西周王室和各諸侯國都有史學的傳統，有各國的史書和《禮》《樂》《易》等文化資料，這是諸子之學發生的文本基礎。但他作出的周室之教「與諸子學術，正如天地之懸隔」的論點是非常正確的。尤其是從歷史背景說明諸子之學與西方文藝復興運動的相似之處，雖然中國宗教和文化成熟較早，諸子爭鳴在前，文藝復興運動發生於大約兩千年後，但相似的歷史場景卻在異代異域重新上演。兩者都不僅發生官方教育權力與私家學術的衝突，也出現宗教傳統與新興社會思潮的抗衡。不同之處在於文藝復興運動以自然科學爲中堅，而諸子學術以人文理性爲特點。又文藝復興時期西方國際神權統治雖然經歷宗教改革運動的衝擊，教會勢力仍非常強大；而中國卻不存在一個統一的宗教權力機構，並且西周「天」的信仰本身就蘊藏著許多促使人文理性發生的潛在因素和動力，如它的抽象屬性、它的自然原型、它的規律化邏輯趨向等等，很容易通過解釋學的發揮促進原有文本的轉化。

更深刻的社會原因在於宗法制的衰落和士民階層的興起。士民群體本身就是宗法神權瓦解的產物，屬於一種與宗教傳統對立的人文理性的社會力量。因此，在西元前第一個千年的中期，中國能夠承擔起給人在世界上重新定位的任務。

春秋戰國時期天下分崩離析，政治多中心狀況撒下戰爭的種子，同時也鋪就非常肥沃的文化土壤。中國哲學的發展達到巔峰狀態，士民群體的精英在不受任何強有力的政治中心監控的情況下，取得非常自由的爭鳴空間。思想家們不僅僅是戰勝了過去，也在不同程度上繼承了它的遺產。在新時期，出現許多嶄新的規範概念。對這些概念的研究，構造出中國哲學發展的不同道路。百家爭鳴改變了人們對世界的看法，其中包含著一個宗教批判運動。

這個宗教批判運動沒有發生西方文藝復興運動中那種傳統宗教與新興思潮的尖銳對立，沒有發生新學說遭受迫害，甚至像布魯諾那樣慘遭焚殺的情況，除了上述理由之外，還在於諸子的宗教批判是一種水到渠成的後果。

三代宗教傳統的衰落是一個漸變過程，西周的宗法制從一開始便孕育著最終瓦解它的異己力量。這個制度不斷製造沒落貴族，不斷壯大與之對立的士民群體。西周的德治和民本思想，一定經過一個從模糊到清晰、從微弱到響亮的漸進過程。它們代表由小漸大的士民群體的要求，本身就是一種不斷衝擊和削弱神的權威的內部異化。至春秋末期，作爲新思潮之社會載體的士民群體已經具有影響政治的決定力量，作爲異化因素的德治和民本思想也發展到由量變到質變的轉捩關頭，而作爲傳統宗教的神學理論就像漸被掏空了內容的蛻皮一樣，它的輪廓還在，卻已產生別一種生命。社會思想和時代精神的轉變於是卒底於成，水落石出。

當時的社會思潮中，最具有鮮明特色和代表性的當屬儒、墨、道、法四家。他們在政治、哲學、倫理、文化、軍事、經濟等方面都提出卓有建樹的新學說和新方案，對於宗教，也表明新的主張和態度。其中，儒、道、法三家對上帝鬼神都進行了不同程度的批判，對「天」的神性進行了不同程度的否定。唯有墨家主張鬼神實有且天有意志，但墨家既不是維護前代的宗教也不是旨在建立新的宗教，他們實際只是功利性地利用鬼神之說，這種態度本身也對前代宗教造成強烈打擊。

春秋戰國時期出現的宗教批判運動，只是當時社會思想潮流的一個側面。諸子百家對前代文化遺產的批判繼承是全方位的，風俗和傳統的合理性從整體上受到重新審視。例如對前代的禮樂文化，墨家認爲用在禮樂上的花費基本都是無用的財力物力浪費。在主張嚴肅法紀的法家看來，文化是不合時宜的事物；道家則更偏激地宣佈要毀滅和拋棄一切文化知識。

從整體而言，諸子對前代宗教的神學體系及其基礎進行了整體的揚棄。孔子和百家對鬼神崇拜都傾向於存而不論，表現出相當明確的批判態度。如《莊子・則陽》謂「非言非默，議有所極」，「議有所止」。堅持不討論經驗範圍之外的原則。甚至維繫傳統宗教之基礎的價値系統也受到不同程度的挑戰。儒家的態度是最溫和的，表面上還保持著傳統輪廓，但進行的改革也是最深刻的。墨家用功利主義觀點破壞它的根基，縱橫家、名家、農家不同程度地忽略和漠視它，法家根本不相信道德倫理的效用，而絕對地依靠制度的力量。

下面大體言之。

一、儒家

儒家的理想是一種對既有社會形態作一定改革的世俗文明，他們的學說伴有清醒的歷史理性，重視感性材料的依據，以開創新的世俗道德爲目的，因此從建立伊始就對鬼神權威和宗教傳統採取溫和然而有效的攘斥態度。

儒家堅持的準則之一，就是絕不超越經驗現實。在《論語》中可以看出，孔子是一個很切實的人，不說玄妙的話，不以先知先覺自居。他說：「知之爲知之，不知爲不知」；「我有知乎哉，無知也」；「學如不及，猶恐失之」；「吾嘗終日不食，終夜以思，無益，不如學也」；「君子於其所不知，蓋闕如也」等等，很難將這樣切實的態度與非理性意識聯繫起來。儒家把人生理想也定位於現實存在的領域，故使人格的最高理想境界也不可能超越經驗而異化爲鬼神。孔子說：「若聖與仁，則吾豈敢」，以聖與仁作爲人之存在的最高限度。然其中所謂「聖與仁」，不過是指聰明或有道德的人而言。「聖」是聰明的意思，仁是有道德的意思，它們實際上是人類理性所能達到的最高程度的標誌。楚簡〈唐虞之道〉說：「聖以遇命，仁以逢時」，以爲沒有外部的機遇，則聖仁亦無能爲力，是對「聖」「仁」之非超越性本質的最好注解。

古代人類堅持這樣的信念：即宇宙是有目的的。中國的商與西周時代也是這樣。春秋戰國時期的傳世的《書》、《詩》以及當時各國《春秋》之類的文獻史書，都含有很多宣揚自然和社會是受上帝或「天」支配的內容。

早期儒家與其他諸子學派相比，是最重視繼承傳統文化、保存和整理前代典籍的。然而儒家對於典籍和傳統中的鬼神意志論部分，卻明顯作出了重新評估。《論語》中記載孔子所說的「敬鬼神而遠之」，「未知生，焉知死」，「祭神如神在」，「未能事人，焉能事鬼」等千古流傳的格言，非止是對鬼神的存在表示懷疑，實際對傳統宗教的全部價值也表現出消極但是有效的排斥。置於前代文獻的歷史性語境中，儒家之解釋視界中的這種在世間的呈現方式就顯得特別突出。

儒家對於前代文化的汲取，是有選擇，有取捨的。他們棄鬼神而取術數，是古今許多學者都指出的特點。但應該特別注意的是，儒家也重視人類自然情感的需要，並不以唯理主義壓制人的內心生活。它承認人類情感常訴諸於無意識潛能的必要性，因此也給非理性因素保留一席之地。孔子不直接地否定鬼神存在，子貢曰：「大哉死乎！君子息焉，小人休焉！」《荀子・禮論》說：「祭者……其在君子以爲人道也，其在百姓以爲鬼事也。」這些都說明儒家並不把理性和非理性對立起來，爲了使生命意識與自然形態達到最高程度的和諧，也以非理性認知方式作爲必要補充。

儒家並不明確否認鬼神的存在，但不承認鬼神的神性與實體性；不明確否認抽象的「天」的存在，但不承認天具有超經驗範圍的認識價值。儒家的主要對手墨家對其考語正中鵠的，《墨子・公孟》篇說：「儒以天爲不明，以鬼爲不神。」天、鬼如果不神且不明，則淘空了它們的內涵，使之名存實亡。

「以天爲不明，以鬼爲不神」是一種否定性的表述，儒家對於「天」作爲至上神的主宰之義的化解還有一種肯定性的表述。這就是《墨子・公孟》篇所說：「又以命爲有，貧富壽夭、治亂安危有極矣，不可損益也。」所謂「有極」，就是「有定」。在以前的傳統宗教中，天命是連在一起的，指上帝的命令。但到了孔子和早期儒家，天命變成沒有意志又不可理解的力量了，這種命定論實際是肯定「天命」爲沒有意志、不可控制的力量。

《後漢書・方術列傳》說孔子「不語怪神，罕言性命」。不僅如此，從孔子的學說中，我們可以看到他的方法具有獨到之處。對於過去的神秘主義文本，不是採用明顯的、激烈的批判態度，而是採用一種基於真實感受、並考慮歷史文本的現實效果的意識，將傳統的宗教內容暗中移換，通過視界融合或視界變異的主觀控制過程，轉變爲合理性的意義系統。例如對上古的一些神話傳說，孔子能夠以感性經驗爲依據作出理性主義的解釋。先秦典籍中有以下幾條記載：

宰我問孔子曰：「昔者予聞諸榮伊令：黃帝三百年。請問：黃帝者，人耶？抑非人耶？以至於三百年乎？」……孔子曰：「……生而民得其利百年，死而民畏其神百年，亡而民用其教百年：故曰三百年。」（《大戴禮記．五．帝德篇》）

子貢曰：「古者黃帝四面，信乎？」孔子曰：「黃帝取合己者四人，使治四方，不計而耦，不約而成，此之謂四面。」（《太平御覽》卷七十九引《尸子》）

（魯）哀公問於孔子曰：「吾聞夔一足，信乎？」曰：「夔，人也。何故一足？彼其無他異，而獨通於聲。堯曰：『夔一足矣，使為樂正。』故君子曰：『夔有一，足。』非一足也。」（《韓非子．外儲說左下》）

這些典籍都比較可靠，如果有一條是眞實的，也足以說明孔子的態度；如果都不是孔子本人原話的記錄，那麼它們也可代表早期儒家的觀點。對於春秋戰國時聲望最隆的黃帝，雖然並未把他抬高到天神，但出於古人對英雄人物的崇拜心理，進行最大限度地神奇化應是自然而然的。傳說他活了三百歲，長有四張臉，雖然已非常怪異了，但只是誇張其非凡之處，還沒有將他說成是神。但孔子卻完全推翻這些怪誕之談，肯定說黃帝之生命不過百年，只是生時之政績連同死後影響達到三百年。又否認黃帝會有四張臉，解釋說是他派出四人幫助統治四方，所以訛傳爲「四面」。

又「夔」是神話傳說中的怪獸名，《莊子．秋水》篇載：「夔憐蚿，蚿憐蛇」。疏云：「夔是一足之獸，其形如詖（鼓），足似人腳，而迴踵向前也。《山海經》云，東海之內，有流波之山，其山有獸，狀如牛，蒼色，無角，一足而行，聲音如雷，名之曰夔。昔黃帝伐蚩尤，以夔皮冒鼓，聲聞五百里也。」又釋文：「夔，求龜反，一足獸也。李（頤）云：黃帝在位，諸侯于東海流山得奇獸，其狀如牛，蒼色，無角，一足，能走，出入水即風雨，目光如日月，其音如雷，名曰夔。黃帝殺之，取皮以冒鼓，聲聞五百里。」關於夔的記載還見於《尚書．舜典》：「伯拜稽首，讓于夔龍」。舜命夔「典樂，教胄子」，則夔爲人名，是舜時的樂官（樂正）。另《國語．魯語下》謂：「木石之怪曰夔。」可知「夔」的傳說有兩種，一種是怪獸名，另一是通曉音樂的樂官名，哪一種是最早的傳說已不得而知了。但至孔子時，這兩種已經合流，魯哀公聽說的是堯時有一位只長一足、形態面貌非常怪異的樂官，亦獸亦人，亦人亦神。這種神話傳說與黃帝活三百歲、四面的情況相同，都是古人對前代歷史英雄人物崇拜而神化的結果。傳說者、或原文作者的主觀意圖就是一種神話想像，其內容原本是神秘而怪異的，絕非像孔子解釋的那樣，是說有夔一人則足矣的意思。孔子對於黃帝和夔的解釋，顯然是利用文字、語句的歧義或多義性作文章，改變了這些神話傳說文本的原有意義。但從孔子的理解和解釋本身，卻顯現出與原文解釋相聯繫的理解行爲本身的性質。

孔子的解釋，充分體現出理解者本人的創造性和能動性。對於理解對象，他更多地考慮它能在讀者所在的、當下的歷史和文化背景中所產生的效果。因此，根據其包含歷史科學精神之人文理性的先在結構，先行決定了理解的目的性。他完全是根據自己的先行選擇、先行具有的主觀前見，發掘並照亮神話傳說中的「歷史眞實」。他這裏似乎認爲一切知識都必須以主觀經驗爲基礎，那麼，主觀經驗就是人們的認識能力，也是科學知識的界限。這種解釋行爲就是一種人文理性的、具有無神論傾向的「歷史研究」態度。

孔子的方法開創了在中國最先出現的解釋學方法，後世儒家多採用注疏的方法作爲發揮自己理論的途徑，能夠在孔子那裏找到源頭。如《論語》、《禮記》中就包含許多對經書和前代思想的解釋，大多是通過發生在語言媒介中的理解，基於主體的體驗、感悟，而且還滲入自己的人格、氣質、生命意識，對前代的文本進行開拓、補充、再創造，見人所未見，言人所未言。後世儒家對經書的注釋浩如煙海，但每一人對同一部書的解釋絕不相同。儒家的注疏不是被動的接受活動，而是一種包含著創造因素的積極的、建設性的行爲。

在繼承傳統的形式下，通過一些前結構的暗示、創造、具體化的方法喚醒不同時代讀者之新的、而且並不完全與神秘因素相對立的意向期待，使儒家經書的意義無限生成和延伸。許多傳統性的主要範疇和思想，都在這種「六經注我」的方法中獲得新的規定性存在。儒家很少直接批判宗教傳統，卻用這種方法將其超越性和神性不動聲色地化解於無，並建立起新的道德原則。

保留某些非理性因素而把它們置於從屬地位，用闡釋的方法進行再創造，由此使人文理性精神取代宗教權威，是孔子開其端緒，運用巧妙，幾乎不留痕跡。後世儒家則把這種方法發揮得淋漓盡致。

二、道家

梁啓超把《老子》成書的日期定在《論語》之前，但是，這是有疑問的，迄今尚有爭議。按馮友蘭等人的見解，《老子》大概是由從春秋末至戰國中期不同時期的作者共同創作。

道家提出一些高度抽象的概念，如有、無、道、自然等，對這些範疇的研究屬於純粹的哲學問題，使抽象思維水平得到全面性的提高。《老子》提出「道」作爲最高實體範疇，代表世界萬物爲生的總根源及其變化的總規律，取替了傳統人格神的「天」。由於道家之哲學反思的深度，超過儒、墨等其他諸子學說，又特別明確地標舉「道」爲最高範疇，所以在對前代宗教的批判方面顯得最爲激烈和徹底。

《老子》二十五章說：「人法地，地法天，天法道，道法自然。」關於「道法自然」這個命題，向來有兩種解釋，一是說道沒有超出自然界而成爲自然的主宰，法自然即遵守自然界的法則，而不能以自己的意志強加給自然界。二是說道遵循一種自然而然、無爲無不爲的法則，在某種程度上說是由道來代替天或上帝主宰天地萬物。

實際上這兩種解釋各有合理性，亦各有缺失。關鍵在於《老子》所說的「自然」，與現代所謂之物理世界的意義並不完全相同。《老子》中的「自然」，既含有客觀世界之現象及其經驗規律的意義，同時又賦予它特定的道德內涵和潛在的精神意義。這也是包括儒家在內的中國古代哲學之有別於西方哲學的普遍特徵。

如「道生一，一生二，二生三，三生萬物。萬物負陰而抱陽，沖氣以爲和」（四十二章）。這是老子的宇宙生成論，然可有不同的解釋：或可說是道爲可生萬物、渾沌未分的整體，「生」是其自我分化或內部生成。可以解釋爲：一謂氣，二謂陰與陽，三謂陰與陽會和之氣，即所謂沖氣。「萬物負陰而抱陽，沖氣以爲和」，即申說三生萬物也（參見魏源《老子本義》三十六章引張爾岐言）。或按《老子本義》引蘇轍說：「道一而物不一，故以一名道」，皆此意。

又可以解釋爲精神性的或唯一實在的「道」是「無」，由道生一，「一」是「有」，是渾沌未分的物質整體。即王弼說「何由致一？由於無也。由無乃一，一可謂無，已謂之『一』，豈得無言乎？」由「一」這個總體的「有」衍生萬物。《老子本義》三十六章引李嘉謨言：「萬物抱陽，一也；負陰，二也（有陰有陽）；陰陽交而沖氣爲和，三也。萬物孰不具此三者乎？由其本生於道，故末而不失其本。」

實際上，這兩種意義、甚至更多的意義在《老子》作者的內心世界中都渾沌地包含著，道既是本體又是本源，作者自己也不能按後代理解確切地區分它們。故「道」這個概念的意義在《老子》書中表現出不同的側重和傾向。

所謂「自然」也同樣，它既有自然界本身所固有的本原及其規律性的概括意義，也有超於天地之上的道的「無爲而無不爲」的法則意義。如第五十一章說：

「道生之，德畜之，物形之，勢成之。是以萬物莫不尊道而貴德。道之尊，德之貴，夫莫之命而常自然。故道生之畜之，長之育之……生而不有，爲而不恃，長而不宰，是謂元（玄）德。」這可理解爲：道之本身及其規律性就的「尊」、「貴」等價值意義。道既生育萬物，畜之長之，應爲主宰，卻又明確地「不宰」，這就是「自然」。用哪一種解釋皆可附會，但又都不甚確切。

「自然」本身，其實還包含著道家的人生和社會理想。從人性和道德而論，道家認爲應復歸人的原始本性。《老》《莊》都提出「能嬰兒」的標準。如《老子》第十章（馬王堆帛書乙本）：「專氣致柔，能嬰兒乎？」《老子》二十章：「如嬰兒之未孩」，二十八章：「復歸於嬰兒」，五十五章：「含德之厚，比於赤子，蜂蠆虺蛇不螫，猛獸不據，攫鳥不博……」王弼注：「赤子無求無欲，不犯衆物，故毒蟲之物無犯之人也。含德之厚者，不犯於物，故無物以損其全也。」嬰兒是一種純潔無瑕的自然的象徵，對他的理想化是道家文獻最引人注意的特色之一。道家的前提是把人的原始本性視爲本眞之善，認爲不去刻意追求當時普遍承認的道德準則，才能得到善的實質。

與此相關，社會家庭也應歸復原始本眞，《老子》十九章說：「棄聖絕智，民利百倍；絕仁棄義，民復孝慈；絕巧棄利，盜賊無有……見素抱樸，少私寡欲。」（郭店楚簡本「棄聖絕智」作「絕智棄辯」；「絕仁棄義」作「絕僞棄詐」）道家的歷史哲學與提倡人的原始本性的人類學密切結合在一起，最終提出類似於個體發生學上的嬰兒階段的歷史上的原始村社、即「小國寡民」（八十章）那樣的理想社會形態。

道家的「自然」既有自然法則，又含有一種排斥外在的習慣的道德準則、向原生狀態回歸的意義，所以天然地具有排斥或降低上帝鬼神之權威的自然主義傾向。

《老子》二十三章說：「希言自然，故飄風不終朝，驟雨不終日，孰爲此者？天地。天地尚不能久，而況於人乎？」第七章：「天長地久，天地所以能長且久者，以其不自生，故能長生。」天地不能久，是自然法則，有所「當分」（《老子本義》語）；天地可長久，在於它的無爲無私。正反兩義相互發明，道家既把「道」當作形而上學的概念，又把它當作含有宇宙法則意義的「自然」的概念。在這兩種情況下，它爲生活所提供的規範標準都會導致對文化規則和傳統方式的極端批判主義。

六十章說：「以道莅天下，其鬼不神。非其鬼不神，其神不傷人；非其神不傷人，聖人亦不傷人。夫兩不相傷，故德交歸焉。」因爲道法自然，遵循自然則「神無所加」，沒有作用的鬼神乃「其鬼不神」。可知不僅儒家以鬼爲不神。道家亦以鬼爲不神。

《老子》四章：「道沖而用之或不盈，淵兮似萬物之宗……吾不知誰之子，象帝之先。」與道相比，天地不能及。道爲萬物宗主，在天帝之先，則天帝也不過是萬物中之一物，其至上神的地位和權威不復存在。

《莊子》內篇論道，與《老子》同一見解。〈大宗師〉說：「夫道，有情有信，無爲無形，可傳而不可受，可得而不可見。自本自根，未有天地，自古以固存。神鬼神帝，生天生地。」謂鬼神上帝皆得道而乃神，則神不在帝而在道，道在帝先。又《應帝王》篇說上帝也有生死：

> 南海之帝為儵，北海之帝為忽，中央之帝為渾沌。儵與忽時相與遇於渾沌之地，渾沌待之甚善。儵與忽謀報渾沌之德，曰：「人皆有七竅，以視聽食息，此獨無有，嘗試鑿之。」日鑿一竅，七日而渾沌死。

這個故事的寓意在讚揚原始渾沌，主張自然無爲，但其中也透露了作者對於傳統宗教的認識。莊生之意，則謂雖天帝也只能順從自然之道，故得道則生，違道則死。上帝有生有死，可知帝也不過是不超自然之一物，此合於《老子》所謂「天地尚不能久」之義。

早期道家雖然對傳統宗教批判的態度最爲激烈和鮮明，但由於歷史傳統的影響，仍不能完全斷絕與鬼神報惡等通俗信仰的連繫。如《莊子》雜篇〈庚桑楚〉中談到「爲不善乎顯明之中者，人得而誅之；爲不善乎幽閒之中者，鬼得而誅之。明乎人，明乎鬼，然後能獨行。」是說人鬼殊途，道理無隔，所行皆應無愧於心。這與《老子》之「象帝」、〈大宗師〉之「神鬼神帝」一樣，上帝鬼神雖然在他們的理論體系中恍兮惚兮地保存著，但已經喪失了原有的神聖與權威，成爲並沒有什麼特權的萬物中之一物。

從整體而言，即使戰國末期至秦漢之際的道家後學，對傳統宗教也是持批判態度的。如他們嘲諷三代以來最盛行的卜筮，得出神知之不足恃的結論。《莊子．外物篇》：「卜之，曰殺龜以卜吉。乃刳龜，七十二鉆而無遺筴。」又仲尼曰：「神龜能見夢於元君，而不能避余且之網；能知七十二鉆而無遺筴，不能避刳腸之患。如是，則知有所困，神有所不及也。」《注》：「神知之不足恃也……」《疏》：「夫神知之不足恃也，是故至人之處世，忘形神智慮，與枯木同其不華，將死灰均其寂魄……是以孔丘大聖，因而議之。」這裏，從「神有所不及」的判斷，對神靈的超自然能力提出了疑問。神龜對自己的命運都不能預知，又何以能預知他人的命運呢？成玄英之疏，謂〈外物〉篇的意思是說至人「將死灰均其寂魄」之類，引入佛家語，也有曲解之嫌。其實〈外物〉篇於此表現出的理性主義精神是十分明顯的。

西周的「天」在老、莊學說中變化最大。有些地方與儒家一樣，天與命可互換，成爲命運的代名詞，如「死生，命也；其有夜旦之常，天也」（〈大宗師〉），是說旦明夜暗，乃天之常道，死生來去，是人之分命。又「且夫得者，時也；失者，順也。安時而處順，哀樂不能入也……且夫物不勝天久矣，吾又何惡焉」（同上），皆以天和命爲神秘的、不可知的必然性。天有時又等同于道或自然，如「道與之貌，天與之形」（〈德充符〉），「盡其所受於天而無見得，亦虛而已」（〈應帝王〉），「是以聖人不由而照之於天，亦因是也」（〈齊物論〉）。這些地方天可與道、自然或天然是相同的意義。

最突出打破常規的地方是，前代經籍《詩》《書》中，甚至在當時的《墨子》中，因爲以天爲上帝，所以一般單言「天」，而「地」不得配言。至老莊，則「天地」常聯言，成爲自然之總名。《老子》書中還少一些，如「天地不仁」，「天地之間」（五章），「天長地久」（七章），「天地相合」（三十二章）等。《莊子》書中則觸處皆是，如「乘天地之正」（〈逍遙遊〉），「天地一指，萬物一馬」（〈齊物論〉），「官天地，俯萬物」（〈德充符〉），「遊乎於地之一氣」（〈大宗師〉）等等。外、雜篇中更多，至有以「天地」名篇者。天地並言，是因爲「天」的意義發生變化。從天帝到自然之天，有語義變化的原因，也有天帝之地位下降的因果聯繫。道家以「道」爲宇宙論中之最高範疇，上帝鬼神與天地都不過是道的表現之一，所以其系統是先「道」而後天地，其範圍是「道」大而「天地」小。

「道」與「自然」不懂得任何目的，對它們而言，一切事物都是平等的。在這個意義上，天帝鬼神與包括人在內的宇宙萬有處於平等的地位，鬼神崇拜在道家學說中被徹底摧破。道家提出的自然主義的生活哲學與宗教信仰格格不入。

另一方面，道家試圖通過類比原生狀態而與自然合一，完成了這種合一的人同時也體現出道德，達到他們的理想人格。但是《老》《莊》書中與道融合的目的似乎有兩種，除了把這種融合當作自然之外，另一目的把與道的神秘結合作爲所有存在的最終的一元論本原。另外還有他們所應用的方法，尤其是《莊子》提出的「心齋」、「坐忘」等方法，所依靠的是人心中的非理性層次，特別是神秘主義的玄想。這些與宗教有相通之處。所以道家在當世對宗教權威產生強烈的衝擊，但在後世卻被宗教理論所利用。

三、墨家

墨家是諸子中最早形成較大社會影響的學派之一，足以與儒道相抗衡。墨翟（約西元前四七六～三九〇年），魯國人，一說是宋國人，曾仕宋爲大夫。他自己能製造器具，據《墨子．公輸》載，他與公輸般比試攻守城的器械，《淮南子．齊俗訓》載，他曾用木料製成能飛的器械。學術界有人認爲他是工匠出身，就是根據這些記載。不過，墨子多才多藝，尤重製造技術，不能因此就證明他出身工匠。《墨子》及其他有關文獻表明，他在學術上造詣也很深，掌握許多文化知識，立德立言，使墨家成爲當世顯學，非可一蹴而就。《墨子．貴義》說他「南遊使衛，關（畢沅說「關」猶「扃」）中載書甚多。」其中又載他自稱「上無君上之事，下無耕農之難」，雖未至通達，然則也有餘裕專心學問，可確定他與孔、老等同屬於當時由貴族衰落而成的士民階層。

據《漢書．藝文志》載，《墨子》七十一篇，至清乾、嘉年間，王念孫、王引之、畢沅等人始爲之校釋整理，已亡佚十八篇，僅存五十三篇。光緒年間孫詒讓網羅散失，補正闕略，整紛剔蠹，撰成《墨子閒詁》，始開研究門徑。

墨子似乎是古代最早之重視科學技術的思想家。今存《墨子》中有《經》上下、《經說》上下篇及《大取》、《小取》等篇，有邏輯學、數學、物理學等研究內容，《備城門》以下十一篇，專門研究防禦戰術及技巧，這在諸子學中是很有特色的。俞樾《墨子序》說，清末甚至有人說當時西方傳來的科學技術如「光學、重學（力學）」等，「皆出於墨子」。這當然是附會之談。不過，墨家對科學技術的重視使其學說明顯具有重功利、重知識、重經驗等特點，頗含有別具一格的中國古代之工具理性的因素。

墨子所提出的道德倫理和社會準則，主要爲「兼愛」、「非攻」。這是深察春秋戰國百餘年戰亂時勢，所提出的帶有實用主義色彩的補偏救蔽之策。這種「愛」是不分親疏的、對所有人都平等的博愛。如墨者夷子所主張的是「愛無差等」，《孟子·滕文公上》載：「夷子曰：……之（夷子名）則以爲愛無差等，施由親始。」它與儒家之愛的區別涉及到對家庭特殊地位的認識。正是從這裏，孟子劃出了儒家和墨家學說的界限。《孟子·滕文公下》：「墨氏兼愛，是無父也。無父無君，是禽獸也。」他說，墨家對所有人的普遍「兼愛」原則，忽略了家庭，把人降低到動物的層次。

墨子的兼愛說中包含著原始社會互惠互利的準則，「兼相愛，交相利」，愛與利是緊密聯繫的。他也講「仁」，但他的仁就是兼愛，視人如己，定位點在「天下」或「天下之利」。他說：

> 為人之家，若為其家，夫誰獨舉其家，以亂人之家者哉？為彼猶為己也。然即國都不相攻伐，人家不相亂賊，此天下之害與、天下之利與？即必曰天下之利也。
>
> （《墨子·兼愛下》）

儒家則主張親親爲大，爲家庭的特殊地位進行辯護，定位點是家庭。墨子對儒家提出了許多非難。《非儒》中指責儒家華而不實，提倡奢侈浪費的禮儀儀式（特別是在喪禮上）；又指責他們懈怠懶惰，美化古代，欺君罔上，教唆叛逆。

墨家思想主要代表士民階層對自身之生存環境和經濟利益的關懷。

墨子對儒家的命定論尤下濃墨重筆進行批判。在〈非命〉上中下三篇中，運用「三表法」從邏輯上對命定論進行了深刻和周密的批判論證。他用「尚力」來「非命」，表現出人類對自身力量認識的深化。

但是，僅僅用考慮自身利益的功利主義或實用主義是不能說服當時人們接受「兼愛」之說的，因爲諸侯和大夫並不考慮「天下」的問題，他們攻滅他國和他家可以獲得直接利益，這種利益比「天下之利」更具有吸引力。

功利原則固有弱點就是利益直接性所引起的損人利己，這與墨子的初衷是背道而馳的。墨子對此進行補救的方法是利用西周的信仰，強調「天志」天意，爲他的倫理學建立起孔子幾乎沒有訴求過的天的權威，《墨子·天志中》說：

> 然則天之將何欲何憎？子墨子曰：天之意，不欲大國之攻小國也，大家之亂小家也；強之暴寡，詐之謀愚，貴之傲賤，此天之所不欲也。不止此而已。欲人之有力相營，有道相教，有財相分也。又欲上之強聽治也，下之強從事也。

天通過獎懲來強調它的意志。〈天志中〉又說：「愛人利人，順天之意，得天之賞者有之；憎人賊人，反天之意，得天之罰者亦有矣。」於是有道德的人就獲得福祿，而作惡的人就要認眞考慮禍祟的問題。

對於如何尊從天意這個問題，墨翟還推薦了一種簡便的思路。他斷言：「我爲天之所欲，天亦爲我所欲」（《墨子．天志上》）；「然有所不爲天之所欲，而爲天之所不欲，則夫天亦且不爲人之所欲，而爲人之所不欲矣。」（〈天志中〉）這種斷言很明顯在墨翟的同時代人看來也好像是太天眞了。當他患了病的時候，於是就有人諷刺地問疾病爲什麼落到他這位聖人身上。（參見《墨子．公孟》「子墨子有疾」段）然而，這種含有天眞坦直的功利思想之「天志」說，卻是對西周的德治思想和春秋時出現的民本思想的巨大發展。前代所說的：「天畏棐忱，民情大可見」（〈康誥〉）；「古我前後，罔不惟民之承」（〈盤庚〉）；「天聰明自我民聰明，天明畏自我民明畏」（〈皋陶謨〉）等等，只是從普遍原則上說天以民爲本，但對天、人如何相通一致則沒有提出具體方法。墨子提出天與人、甚至與個體自我在價値觀念和情感方面完全相同，自我的意志直接就是天的意志，人的行爲直接引起天的反應。「天志」實即「民志」。他在這方面的論證還不夠深入，但比前代已邁進一大步。後來董仲舒的天人感應說，或許借鑒了他的某些觀點而作進一步發揮。

天通過奬懲把人的私利追求帶到正途上來的功能，也被歸於鬼神。《墨子．明鬼下》：

> 今若使天下之人，偕若信鬼神之能賞賢而罰暴也，則夫天下豈亂哉？今執無鬼

者曰：「鬼神者，固無有。」旦暮以為教誨乎天下，疑天下之眾，使天下之眾皆疑惑乎鬼神有無之別，是以天下亂。是故子墨子曰：今天下之王公大人士君子，實將欲求興天下之利、除天下之害，故當鬼神之有與無之別，以為將不可不明察此者也……

此其說將奈何而可？子墨子曰：是與天下之所以察知有與無之道者，必以眾之耳目之實知有與亡為儀（標準）者也。請惑（或）聞之見之，則必以為有；莫聞莫見，則必以為無。

若是，何不嘗入一鄉一里而問之？自古以及今，生民以來者，亦有嘗見鬼神之物、聞鬼神之聲則鬼神何謂無乎？若莫聞莫見，則鬼神可謂有乎？

然後，墨子列舉了一大堆前代典籍記載和奇聞軼事，證明鬼神曾被看到聽到過，因此證明是存在的。其實，墨翟保護信仰和宗教，提倡有鬼論，就是出於功利原理的需要，是爲了「興天下之利、除天下之害」。他認爲，宗教信仰對道德是有用的，因爲它的超自然的神秘氛圍能夠增強對懲罰的恐懼和對獎勵的期盼。很有特色的地方是，他用經驗的、實證主義的方法來證明鬼神存在，所依據的是耳目之實、親見親聞。他使用工具理性的方法，竟能證明直到我們這個時代還有活力的毀滅理智的鬼神觀念。

但是墨子這種實證主義態度本身就不是宗教信仰的態度，甚至對信仰構成致命威脅。正如他自己所言，如果「莫聞莫見，則鬼神可謂有乎？」他列舉了大量古代典籍的記載作爲證據，然而按照實證主義方法，如果出於見聞的不可重複性，對這些記載也產生懷疑，像後來孟子提出的「盡信書則不如無書」，又如何是好呢？

墨子觀點對宗教造成威脅的地方還在於，在回答爲什麼人應該遵循宗教信仰時，其論證卻遵循利益的邏輯。如果通過道德行爲獲得利益是目的，而且這種理論歸根到底是一種利己主義，故此要達到目的就未必依靠宗教信仰。事實上也正是如此，在尋找對道德行爲的支援過程中，墨翟不但訴諸於天和鬼神，還另外尋求制度的支援。《墨子・兼愛下》說：

> 今若夫兼相愛，交相利，此其有利，且易為也，不可勝計也。我以為則無有上說（悅）之者而已矣。苟有上說之者，勸之以賞譽，威之以刑罰，我以為人之於就兼相愛、交相利也；譬之火之就上，水之就下也。

社會道德規範應該是一種屬於國家的責任，而「兼愛」則應得到法律的認可，於是墨翟的功利主義就在一種專制主義國家的觀念中劃上了句號。這是完全順理成章的。因爲墨子的互惠主義原則建立在很不牢靠的利己主義基礎上，它需要一個確實能使之奉行的保證者。墨子的論證顯然含有這樣的推理：如果「勸之以賞譽，威之以刑罰」那樣的政府控制證明是必要的，那麼就可以用縱向的服從原則來代替橫向的「兼愛」的互惠主義。另外，如果道德需要一種制度保障，索性用制度取代道德不是更簡單嗎？

墨子的倫理學論證，總是伴隨著「有利」之「計」、即策略性的互利主義之利益的計算。這種利益定位的不穩定性最終使得他傾向於宣傳一種嚴苛的制度道德。把希望寄託在喜愛（悅之）「兼相愛，交相利」原則的君主身上、由專制國家承擔道德責任的觀點，使得墨子實際上與宗教信仰處於尖銳對立的立場。在《墨子》中讀者可以深切感受到：宗教、道德、國家本身都不是目的所在。它們之中無論何者，只要能成爲保障和增加所有人的利益的普遍利益的代表，就能獲得合法性。《墨子・魯問》篇對這一點說得特別清楚：

> 子墨子曰：凡入國，必擇務而從事焉。國家昏亂，則語之尚賢尚同；國家貧，則語之節用節葬；國家熹音湛湎（喜好音樂，沈迷於酒），則語之非樂非命；國家淫僻無禮，則語之尊天事鬼；國家務奪侵凌（國家以欺侮、掠奪、侵略、凌辱別國為事），則語之兼愛非攻。故曰：擇務而從事焉。

〈魯問〉篇一般認爲是墨翟之弟子所記。這一段話基本概括了墨子提出的所有命題，它們都被納入「擇務而從事」的實用主義考慮中，深得墨子之眞傳。這一段話表明，墨子提出的所有基本主張都是用來對治具體社會問題的，它們的集合構成一種濟世拯民的政治哲學，而絕不是宗教學說。他的注意力凝聚在經驗世界中，「尊天事鬼」只不過是針對特定的社會蔽病而施治的策略之一，它與其他策略，諸如尙賢尙同、節用節葬、兼愛非攻等性質相同，並沒有特殊地位。

功利思想是墨家學說的核心主題。所以就墨子本人來講，也未必相信鬼神或崇拜鬼神。例如在《墨子‧明鬼下》一篇中，墨子熱情洋溢地大量列舉傳聞，引證古書，證明鬼神實有以及它們賞賢罰暴的威力和明察。但是在此篇將結束時，又說：「雖使鬼神請亡，此猶可以合歡聚衆、取親乎鄉里。」是說縱使事實上沒有鬼神，通過祭祀鬼神，還可以達到聚衆聯歡，加強道德感，使鄉里之人親密的效果。這是從實用主義角度出發勸人還是相信它們存在更好一些。這種天眞的勸告除了使人們增加對鬼神的疑惑之外，還表明墨子絕不是一個宗教家，墨家的學說更不是宗教學說。

《明鬼下》篇中反覆強調「鬼神之有，豈可疑哉！」其實鬼神信仰對墨子而言不一定是合理的，但卻是別有目的的，所以不允許被懷疑論者所削弱。他在篇末明確宣佈他自己尊明鬼神的目的，那就是「實將欲求興天下之利，除天下之害。」把視域明確無誤地定在於「利害」關係上。

事實證明，宣揚尊天明鬼的墨家把商周宗教中隱涵的內核之一赤裸裸地發顯出來，使人們更注意它的功利計較，讓神秘光環黯然失色，這非但沒有恢復和加強宗教傳統，反而取消了它們本來具有的不依賴於任何結果而獨立存在的權威，用功利的論點把整個宗教傳統一筆勾銷了。

墨家也是百家爭鳴時期進行宗教批判的一支生力軍，儘管它的方法特殊，但事實上對宗教傳統的破壞更加徹底，所以後世宗教可以利用道家學說，卻無法附會墨子之談。

四、法家

法家對宗教是根本否定的。他們想方設法維護和發展的只是世俗國家的利益和政權的效率，認爲人只不過是一種靠利益驅使完成規定的社會角色之任務的自私動物。把道德規範視爲具有破壞性的虛僞力量，把宗教描述爲對國家利益造成威脅的敵對勢力。

法家思想起源甚早，春秋時的管仲、子產等人即已肇其端倪，戰國時商鞅、申不害、愼到、尹文等人在實踐中把它推廣。但是形成完整的理論系統則爲時甚晚，直到戰國末期的韓非手中才集其大成。

按《說文》，「法」字含有「平」、「直」兩義，可作模範、範式、標準解，古漢語中的範、式、模等字皆釋云：「法也。」法家的意願，是運用他們認爲是公平合理的、客觀的、符合自然法則的標準和範式來解決社會危機。

韓非以前的法家，曾經從不同角度提出過「法」、「術」、「勢」等思想。按尹文子說，「術者，人君之所密用，群下不可妄窺。」（《尹文子．大道上》）可知術是指以上馭下、應對具體問題的機密權謀。「勢者，制法之利器，群下不可妄爲。」（同上）則知勢乃指用公開法律作爲支援的制度化權力，在《韓非子．難勢》篇中稱爲「勢位」。韓非認爲它們都各有偏頗，皆未盡善。他借鑒了以前法家的實踐經驗，指出：「申不害不擅其法，不一其憲令，則奸多」（〈定法〉），因此在原則上主張「奉公法，廢私術」（〈有度〉）。但是對「術」也不能完全拋棄，因爲「然而無術以知其奸，則以其富強也資人臣而已矣。」（〈定法〉）他認爲應該將三者有機地聯繫起來，「抱法」、「行術」、「處勢」，相輔以爲用。

韓非不僅融會貫通地綜合了法家先驅者的理論和實踐，同時也巧妙地借用了其他學派的的思想成果而集其大成。例如他借鑒了墨家的功利主義學說和專制主義的國家模式，荀子的人性論，以及道家對文化的敵視及對自然的尊崇等。

法家認爲，使中國脫離土崩瓦解之危機的唯一出路，就是建立一個中央集權的國家機器，以取代封建體制。

爲了達到這個目的，首先要消除貴族和宗族權勢，於是家庭和家庭紐帶成爲主要攻擊目標。韓非說：「且法術之士與當途之人不相容也」（〈人主〉），「智法之士與當途之人，不可兩存之仇也」（〈孤憤〉），表明與貴族舊勢力水火不容，勢不兩立。法家極力主張用國家權力來反對它們。家庭利益一定要被國家給人們規定的社會角色應負之絕對義務所取代。家庭道德與角色義務是相互排斥的，韓非講了兩個事例說明法家的觀點：

> 楚之有直躬，其父竊羊，而謁之吏。令尹曰：「殺之」，以為直于君而曲于父。報而罪之。以是觀之，夫君之直臣，父之暴子也。

> 魯人從君戰，三戰三北。仲尼問其故，對曰：「吾有老父，身死莫之養也。」仲尼以為孝，舉而上之。以是觀之，夫父之孝子，君之背臣也。故令尹誅而楚奸不上聞；仲尼賞而魯民易降北。（《韓非子．五蠹》）

直躬舉報他的父親偷羊之罪的故事見於《論語．子路》。孔子對於這件事持批評的態度，他說：「父爲子隱，子爲父隱，直在其中矣。」也就是說，當親情和法律發生矛盾的時候，應當首先選擇親情而不是法律。這與儒家以家庭道德爲立論基礎，親親爲大的主旨是一貫的。韓非則認爲，兩者的關係恰好應該顚倒過來，家庭道德必須服從法律和公共義務，當它們相互之間發生衝突的時候，無論如何要選擇國家利益，這是不能妥協的。在《商君書》中也表達了同樣的信念，其中〈去強〉、〈靳令〉等篇把孝弟、仁義、修善、貞廉等都列爲毀滅國家的「十惡」（十者）或「六虱」。如《商君書．靳令》：「六虱曰禮樂、曰《詩》《書》、曰修善、曰孝弟、曰誠信、曰貞廉、曰仁義、曰非兵、曰羞戰。國有十二者，上無使農戰，必貧至削。」法家從否定家庭道德開始，推及所有的具體道德準則，使得貴族權勢徹底失去合理依據。因此儒家意義上的、甚至普遍意義上的道德規範在法家的國家裏都被視爲異端。

但法家的目的不僅是剷除貴族權勢，還想建立起一種全新的體制，一勞永逸地解決人類生活在一起的所有問題。所以他們的矛頭所指，不止是具體的道德準則，還指向價值觀念本身——對善的追求。

韓非接受了他的老師荀子開拓的人性惡的觀點。在他的著作中，基本把人描述爲受到一些文化傳統之膚淺影響和社會約束的、本質上是自私自利的生物。道德教化不起什麼作用，社會只能通過法術進行治理，他說：

> 夫聖人之治國，不恃人之為吾善也，而用其不得為非也。恃人之為吾善也，境內不什數；用人不得為非，一國可使齊。為治者用眾而舍寡，故不務德而務法……故有術之君，不隨適然之善，而行必然之道。（《韓非子・顯學》）

韓非說人的道德自律是不可靠的，如果把治國的希望寄託在人們自覺的善行上，那麼自覺奉行的人不足十個。這樣的估計能夠表明他對人性的認識，縱使不是絕對的，也是普遍令人悲觀的。韓非的人性觀與荀子並不完全相同。雖然荀子指出人有欲有求、有求有爭，但是認爲人在道德上是有可塑性的。荀子主張「明分使群」、「化性起僞」，說明儒家的最終目的畢竟不是道德與社會角色的對抗，而是兩者的和諧。社會政治最終還是要落實到禮樂教化上。韓非在這裏與荀子分道揚鑣，他堅持統治只能依靠法術，現實目標不是善被實行，而是惡被制止。這樣才能「一國可使齊」。政治不能被純粹的理想所指引，而必須以充分估計到人性的低劣平庸爲前提。

法家對道德觀念的極端否定，最終甚至陷入一種對惡的美化，《商君書・說民》篇云：

> 用善，則民親其親；任奸，則民親其制。合而復者善也，別而窺者奸也。章善則過匿，任奸則罪誅。過匿則民勝法，罪誅則法勝民。民勝法國亂，法勝民兵強。
>
> 故曰：以良民治，必亂，至削（指領土消滅、喪失）；以奸民治，必治，至強。

《韓非子．外儲說右下》篇亦云：

> 治強生於法，弱亂生於阿（法曲則亂）。君明於此，則正賞罰，而非仁下也。爵祿生於功，誅罰生於罪。臣明於此，則盡死力，而非忠君也。君通於不仁，臣通於不忠，則可以王矣。

這些地方明確否定「善」、「良」，而大售其「奸」；或者公然提倡「不仁」、「不忠」。顯然在某些地方接受了道家的觀點，又有過之而無不及。他們設計的政權體制是建立在惡之上，確信因此就容易駕馭。其實這種佯謬語句，具有更深刻的含義。法家實際的想法是，人們之間的各種關係都應該被具體社會角色的規定的定位所取代。任何私人義務都會成爲弱點，無法量化的道德也許又從這些弱點萌生，對政權的穩定造成威脅。但是在這方面他們走得太遠了，甚至從現代而言，法治社會對民衆的要求也不僅是按照其社會角色的法律規定而行動，而且還必須輔以道德品質和善良意志。法家有時也講「德」，例如《商君書．說民》篇云：「刑生力，力生強，強生威，威生德。德生於刑。」但是這種「德」只不過是指服務於國家的效率，懲罰是達到「德」的終極道路。

法家把私人和集體利益、家庭、道德規範等都視爲國家政權的敵對力量。爲了使「善」徹底失去容身之地，韓非在〈五蠹〉篇中提出特別著稱的論點：「故明主之國無書簡之文，以法爲教；無先王之語，以吏爲師。」這裏所謂「書簡之文」和「先王之語」，代表整個文化傳統。剷除全部文化傳統，則道德的基礎亦隨之消滅。

宗教也是建立在文化傳統之上的，而且更依賴「書簡之文」和「先王之語」。

法家對宗教的態度是很明確的，至戰國晚期，很多諸侯在法家學派的支援下使自己從宗教和傳統的約束中解脫出來。

《韓非子．飾邪》篇講述了趙、燕、秦三國互相征伐，事先鑿龜占卜，都得「大吉」之兆。但後來趙、燕二國皆敗，地削兵辱；唯有秦國戰勝，名實皆收。韓非解釋說，這並不是因爲「秦龜神而趙龜欺」。戰爭勝負的原因在於君主是否「親民明法」。秦國是因爲變法強國，所以收「地廣主尊」之效。他最後得出結論說「故曰龜筴鬼神，不足舉勝」；「恃鬼神者慢於法，恃諸侯者危其國。」然而燕、趙之君竟然「恃之」，則「愚莫大焉」。把相信占卜和鬼神看作是莫大的愚蠢，這就是法家學說的題中應有之義。

法家學說的內容很有特色，它如此深刻地批判家庭、親情、道德，提倡用冷冰冰的法律標準取締一切人之常情，似乎把關心全部放在維護君主權力及國家機器的運轉上，在方法上也注重效率，傾向於簡單、堅決。這一切都使後人經常把它斥之爲「刻薄寡恩」。但這其實是不公正的。在法家的冷峻外貌下，實際也含有如火熱情、一腔「孤憤」。

在那個王權失控、兵戈擾攘、災禍頻仍、民不聊生的時代，各國貴族把持權柄，將家族利益置於國家利益之上，以家庭道德爲藉口，爭權奪利，腐敗糜爛。眞正陷入水深火熱境地的是普通百姓。在諸子百家中，法家學說是拯民於水火、撥正歷史航向的最有效方法。鬼神、道德、溫情、回歸自然的勸告說教等，都顯得蒼白乏味、無能爲力。唯有法家的法術才是治亂世之特效良藥，以社會角色義務取代道德、家庭、私人利益的設計，以奸詐權術對官吏私自行爲的打擊和控制，能夠保障法律的建立並被切實施行。法家自己也偶爾表達他們眞正的關懷和意願，法家最早的先驅者之一子產鑄刑書時說：「吾以救世也」（《左・昭六》）；韓非說：「故其與之刑，非所以惡民，愛之本也」（〈心度〉）。可知建立刑法，對貴族也許是冷酷的，但實際建立的是救民愛民之根本。許多法家思想家爲他們的理想慘遭殺戮，這些犧牲是能夠說明問題的。

事實上法家學說作爲一種影響廣泛的哲學和政治思潮，最終被各國諸侯接受，並將其制度化。而且它成爲此後兩千多年王朝制度的核心部分之一。

法家的體系與宗教有本質差別、甚至可以說是極端對立的。但是，不能否認它也含有對人類命運的關懷，以及減輕社會苦難、實現人類最美好前景的渴望和良好意願。中國的制度和文化於此顯示出與西方歷史發展根本不同的特點。

第三部份

戰國至兩漢的儒學與宗教

第六章　秦漢之際的神秘主義思潮與儒學

從戰國到秦統一中國這一段時期內，制度文化又經歷了一次劇變，比商、周之際有過之而無不及。這段時期，在政治上建立起法家所規劃的社會體制，它是與以前各個歷史階段全然不同的世俗政權，給人類生存方式提供了前所未有的新形式。

然而法家學說只賦予這種政權的世俗形式，卻缺少精神支援。

這時期思想上的任務之一，便是尋找世俗政權的精神內蘊。社會思想在經歷了全面的理性啓蒙和觀念上的滄海桑田之變以後，最明顯的特點是對一切看起來是合理有效的傳統事物進行重新審查，在某些方面不惜斷然地割絕關係；在反思的基礎上建立起各種各樣生機勃勃的新體系，此後又轉向宏觀的宇宙背景的探索，表現出一種反映主體意識本質變化的超常突進意義。

一、戰國時期政治變法的世俗定位和道德缺失

制度上的變革在戰國初期即已開始，各國諸侯利用政權的力量，先後實行不同程度的改革和變法。其中比較著名的有魏文侯時李悝的變法，趙烈侯時公仲連的改革，楚悼

王時吳起的變法，韓昭侯時申不害的改革，齊威王時鄒忌的改革，秦孝公時商鞅的變法等。其中以商鞅變法最爲深刻和全面。變法內容的範圍主要有廢除世卿、世祿等世襲制和等級制，建立一套以糧食爲官祿、不再分封土地的官僚制度；廢除采邑制和舊的土地所有制、建立郡縣制以及相輔的封君制（秦始皇未採用封君制）；建立強大的軍隊、獎勵農戰、壓抑工商；建立根據軍功封賞的爵秩制度；制定、頒佈和執行法律；制定戶口和傜役制度，等等。

這些變革的核心內容之一，便是把歷史上在制度層面或多或少與宗教傳統有牽連的形式改變爲君主政治的世俗形式。

在長達一百多年的變法運動中，各國有不同側重，亦有輕重緩急之分，但它們的指向是一致的，最後達到的總體效果是「強本弱末」，加強君主的權威，加強和鞏固世俗性的中央集權政治體制，由此而達富國強兵之目的。

然而從戰國初至秦王朝建立，各國君主越來越多地關心政權、制度的建設，以及國家存亡和兼併戰爭問題。由此逐漸接受法家思想，採納法家提出的各種措施。法家學說在加強君權和國力方面很有成效，但是反傳統的立場也表現得特別突出。他們爲了把國家建設成新型的富有效率的統治機器和戰爭機器，不惜一切代價摧毀舊制度和舊文化以及代表它們的貴族勢力。他們主張消滅一切「書簡之文」和「先王之語」，不作任何保留。

法家思想逐漸成爲戰國以來先秦社會的統治思想。譬如在傳統文化積澱最多的中原，趙武靈王實行「胡服騎射」的軍事改革，命令軍隊採用胡人的短裝服飾以發展騎兵。雖然它表面只涉及軍事改革，但實際是政治改革深入以及相關的對傳統的突破的表現。《史記．趙世家》和《戰國策．趙策》記載他和謀士肥義爲此措施所作的辯護說：「論至德者不和于俗，成大功者不謀於衆」；有「高世之功」的人必定要「負遺俗之累」。孔子曾說：「微管仲，吾其被髮左衽矣」（《論語．憲問》），而至趙武靈王卻強制性地主動要求「被髮左衽」，兩相對照，更可以看出其深刻意義。《史記．商君列傳》和《商君書．更法》等史籍載秦孝公時，商鞅至秦進行變法，與貴族最初的交鋒就針對是否還要「法古」和「循禮」展開爭論，商鞅的主張是「當時而立法，因事而制禮」。其後他所進行的改革主要是在制度層面上的破舊立新，但是，這種新制度在本質上對文化傳統具有天然的淘汰作用，甚至對其他諸子學派提出新的道德規範也大多具有排斥性。法術與人們自然情感的對立，經法家偏激的引導，伏下致命隱患。

不過，沒有重視改革，保存較多傳統禮樂文化的國家卻被另外一種更緊迫的危機所纏繞。如東方以禮樂聞世的魯國，從春秋末至戰國就一直處於內憂外患之中。內有三桓長期專權，外受強國攻伐，西元前四一三年被齊奪去莒和安陽，後又不斷在對外戰爭中失城喪土。與其他變法改革的國家相比，君權削弱是一個明顯反差。悼公時，「卑於三桓之家」，乃至魯君「如小侯」。最後於前二五五年，魯國被楚考烈王伐滅。太史公感慨說：「至其揖讓之禮則從矣，而行事何其戾也？」（《史記．魯周公世家》）這裏，司馬遷似乎認爲其盡善盡美的「揖讓之禮」，與政治軍事上軟弱無能的「行事」是矛盾現象。其實，這兩者恰是一致的。保存不合時宜的禮樂文化，不管它表面上看起來多麼雍容華貴，都只能促使其政權結構變得更加孱弱而望秋先零。

經過變法改革的各國中，看起來不僅加強了行政和生產的效率，甚至在道德風貌上也開闢出一番新氣象。《荀子．彊國篇》記載荀況曾西遊秦國，應侯范雎問他對秦國的印象，他說：

> 其固塞險，形執便，山川林谷美，天材之利多，是形勝也。入境，觀其風俗，其百姓樸，其聲樂不流汙（「不流汙」言「清雅」），服不挑（不挑，謂不為奇異之服），甚畏有司而順，古之民也。其百吏肅然，莫不恭儉敦敬，忠信而不楛（「楛」音「若」，濫惡也），古之吏也。入其國，觀其士大夫，出於其門，入於公門；出於公門，歸於其家，無有私事也。不比周，不朋黨，倜然（倜然，高遠貌）莫不明通而公也；古之士大夫也。觀其朝廷，其聞聽決百事不留，恬然如無治者，古之朝也。故四世有勝，非幸也，數也，是所見也。故曰：「（雖）佚而治，（雖）約而詳，不煩而功，治之至也。」秦類之矣。雖然，則有諰矣（諰，懼）。兼是數具者而盡有之，然而縣（楊倞注：「縣」音「懸」，謂「聯繫」王先謙謂當作衡量之衡解）之以王者之功名，則倜倜然其不及遠矣。是何也？其殆無儒邪？故曰：「粹（全用儒道）而王，駁而霸，無一焉而亡。」此亦秦之所短也。

荀子對秦的制度、風俗、吏治作出很高的評價，認爲其表面呈現出來的質樸清明、不煩而治，很像古之民、古之吏、古之朝。所謂「古」，是儒家之理想社會的表達符號。也就是說，秦國的風貌，已經很像是儒家的理想社會了。這是很高的評價。

荀子提倡禮治，其中包含著接近法家的思想因素，韓非受到他的很多影響。荀子也是贊成專制的君主政治的，他認爲「無君以制臣，無上以制下，天下害生縱欲。」（《荀子・富國篇》）爲了消滅人類爭奪自然資源所造成的不幸和災難，必須通過嚴密組織的社會分工的國家形式，使每個人都遵守嚴格等級制度和強制的社會角色區分（名分），用專制力量使之不敢越軌。《荀子・王制篇》說：「君者，善群也」。人君應該成爲「善群」的社會組織的專家和專制社會結構的「樞要」。這些與法家接近的政治思想，是荀子對秦國政治作出肯定評價的前提。從權力的根據上，荀子分別爲三種情況。《荀子・王霸篇》說：「義立而王，信立而霸，權謀立而亡。」義、信、權謀分別爲三種不同的權力基礎。第一種是理想的形式，接近於根本沒有制度控制的道德王國；最後一種則是沒有合法規則的權力。至於第二種形式，所謂「信」顯然具有某些契約性質。荀子認爲秦國屬於第二種，即「駁而霸」，持比較讚許的態度。荀子在《王霸篇》把齊桓、晉文、楚莊、吳、越等先後出現的春秋五霸作爲「信立而霸」的代表，而以湯、武作爲「義立而王」的代表。所謂「秦類之矣」，表明荀子認爲秦國只是類似儒家的理想政治，從現象上作出肯定，但在本質上作了保留。

荀子還指出「秦之所短」，也就是不足的地方。這就是幾乎沒有應用儒術（其殆無儒邪）。但荀子於此不僅是站在學派分歧的立場，對於秦國沒有實行儒家的價值觀念或具體道德準則表示不滿，實際上涉及一個更深刻的本質問題。這就是：人類和國家的秩序應該建立在道德自律的基礎上。道德行爲不能僅僅是他律的，只有在行爲者的判斷力本身也是道德的時候，社會秩序才眞正獲得道德基礎。雖然荀子也有愚民的思想，其〈正名篇〉說：「夫民易一以道，而不可與共故」，是孔子所謂民可使由之不可使知之的意思。然而他這是從不能讓人民對等級秩序和尊卑名分產生懷疑的角度而言的，而道德規範卻是要人民經教化而接受，並作爲判斷是非的不言自明之前提的。所以在〈正名篇〉中還說，「明君」是要「道（導）之以道」，「章之以論」的。《荀子・君道篇》還說：「法者，治之端也；君子者，法之原也。」君子的道德人格，才是「法」之本原。〈子道篇〉又提出「從道不從君，從義不從父」的要求，這實際是要求深刻理解社會角色期待與道德行爲的相對性，行爲者應該根據「義」的原則來爲他自己自行定位，達到信奉「道」與「義」的純粹性。拿這樣的標準來衡量，秦的政治風俗顯然「不及遠矣」。

荀子對秦的評價中還涉及一個很重要的問題，即「王」與「霸」之不同。在荀子的觀念中，「義立而王」是像商、周的開國之君湯、武那樣王天下，統治一世的意思；而「信立而霸」是像春秋五霸那樣霸一方，稱霸一時的意思。基於這樣的理念，荀子一方面說秦「四世有勝，非幸也，數也」，肯定秦國的政績不是偶然的，而有其規律和根據；另一方面又說：「則有諰矣」，對秦的政治前途並不樂觀，認爲它缺乏統治天下的合理性基礎，含有內在的憂患和危機。所以〈彊國篇〉還說：「力術止，義術行，曷謂也？曰：秦之謂也。」荀子已經預見到秦僅靠專制力量則必「止」之政治前途。

荀子對秦之政治前途作出悲觀判斷的根據之一，還在於秦國表面上呈現出合道德的風貌實際是一種虛假現象。這種現象的背後不是儒家提倡的精神的自我修養、道德的自我判斷，而是極度的政治壓迫力量。人們遵守秩序不是出於自覺，而是因爲「甚畏有司而順」。政治制度運轉從容，臣民遏制欲望，「恬然如無治者」，只是「如」而已，並非眞正達到政權統治之爐火純青狀態的「無爲」境界。它的背後是「力術」使然，所以這種合道德面貌本質上是一種危機四伏的虛僞一致，一種被壓制力量所支配的誤解現象。

荀子還與法家存在的根本分歧是，法家最關心的是專制統治的穩定和與此相關的國家利益，所以儘管他們也有救民濟世的主觀願望，但常常因爲過分強調法術而忽略了對庶民的關懷。而荀子卻不以政治自身爲結束。《荀子．大略篇》說：「天之生民，非爲君也；天之立君，以爲民也。」他認爲君主專制的國家出現，最終目標是「以爲民也」，而不是顚倒過來。這也反映了儒家重視道德價值而表現出與法家的差別。

在統一和兼併戰爭成爲歷史主題的戰國時期，雖然經歷過不少實驗，急於求成的各國諸侯大多放棄了儒、墨、道等含有較多訴諸於感情成分的學說，轉而採用短期可見成效、實用性較強的法家學說作爲指導思想。另外還起用借助外力、專行機變權謀的縱橫家和只對軍事感興趣、能攻善戰的兵家人物。

這些在文化和風俗方面產生重要影響，上層社會放棄了德治傳統所遺留的價值觀念，底層社會按照法家制度，機械地、他律地履行社會角色義務，發展成爲道德上的冷漠或者甚至是不辨是非。士民階層中也有許多人為追求功名利祿而不擇手段，如吳起、蘇秦、張儀、范雎之流，都憑藉那個時代潮流而風雲際會，自致榮達的。蘇秦說：「夫士業已屈首受書，而不能以取尊榮，雖多亦奚以為？」（《史記・蘇秦列傳》）張儀因遊說受笞掠之辱，但他認為只要「舌在」、即舌頭沒有受損害，就還有足夠的機會（足矣）；吳起乃至殺妻求將。他們把人生的一切努力都定位於直接功利，不要說道德自律，甚至根本就不考慮道德問題。

從宏觀而言，傳統宗教和傳統價值觀念受到摧枯拉朽般的掃蕩，而除了法家之外，代表新的價值體系的其他諸子學說都沒有被統治者所接受。儒墨道浸、法術獨行，造成各國制度文化架構的偏畸狀況。於是新興的陰陽五行思想就逐漸發展起來，形成對主導政治的刑名法術體系具有補充和襯托性質的文化背景。

二、陰陽五行思想與儒家

但是，戰國末至漢初流行的聲勢最大、最為顯赫的陰陽五行思想並不是一個可以獨立滿足社會精神需求的思想體系，它缺少明確和具體的政治理想，沒有提出確定的價值觀念和道德準則。但是它試圖探索新的未知領域，證明歷史和宇宙之間有內在的聯繫，其變化是有規律、有條理可尋的，由此提供了一種富有擴張性的自然觀和宇宙論方面的大體輪廓、架構和背景。並以濃郁的藝術氣質建立起一種非理性的人文情懷，渲染出極度張揚、充滿活力的具有民族特色的思辨語境。但是，使它能夠充實起來的理論內容卻是虛位以待的。陰陽五行學說使中國文化向系統化、整體化的方向邁出一大步，但本質上仍屬於暫時性的和過渡性質的。

「五行」這個概念有兩種意義。舊說一爲仁義禮智信，另一爲金木水火土。《荀子・非十二子》篇曾攻擊子思、孟軻，說他們「案往舊造說，謂之五行。」舊注舊說以此「五行」爲「五常」，指仁義禮智信。而後來有人表示懷疑，以爲就是金木水火土之五行。這個爭論在當代終得以解決。馬王堆出土帛書有一篇被名爲〈五行〉者，後郭店楚墓出土的竹簡中有一篇自名爲〈五行〉者，其所謂「五行」皆指「仁、義、禮、智、聖」五者。從此這個爭議有了結論：思孟之五行與五行家之五行不同，它們指「仁義禮智聖」而非「金木水火土」。

然而「金木水火土」之「五行」究起於何時，也有很多爭議。按《史記・曆書》說：「蓋黃帝考定星曆，建立五行，起消息。」漢代以來的學者對這一說法多無異議。《尚書》中〈甘誓〉和〈洪範〉兩篇中又都有「五行」字樣，可爲佐證。近代古史辨派始表示懷疑，以大量有力證據駁倒「五行」思想出現在傳說的黃帝時代或夏、商兩代的說法，對有關材料之訛誤僞託作了充分辨析。顧頡剛得出的結論是：五行說起於戰國的後期，騶衍是始創五行說的人。然而他又說：「但騶衍的書既無傳，五行說的材料又太少，我不敢確實斷說五行說必是戰國後期起的。我以爲零碎的五行思想是久已有的，但或少於五數，或多於五數，並不曾有嚴整的五行系統。」（《古史辨》第五冊，顧頡剛

〈五德終始說下的政治和歷史〉，上海古籍出版社一九八二年九月版第四一〇頁）這個論斷大體是不錯的。

陰陽五行思想可能在西周末年即已出現。《國語・周語上》載周幽王二年涇、渭、洛水流域發生地震，伯陽父解釋爲陰陽失序所致，「是陽失其所而鎮陰也。」而陰陽又是「天地之氣」。又〈鄭語上〉載史伯（即伯陽父簡稱）與鄭桓公談論西周滅亡的原因時曾說「和實生物，同則不繼」，「土與金、木、水、火雜，以成百物」。可知這種學說的主旨是把宇宙萬物歸結爲金木水火土五種基本構成元素，而以陰陽二氣的矛盾和變化來解釋所有事物的變化規律。其他如《左・昭二十五年》載子大叔語云：「則天之明，因地之性，生其六氣，用其五行；氣爲五味，發爲五色，章爲五聲。」又〈昭三十二年〉載史墨語云：「天有三辰，地有五行。」等等。可知五行觀念作爲一種對自然法則和科學規律的樸素認識，在春秋時期也不絕如縷。

到戰國時代，陰陽五行學說非常流行，出現了專門的陰陽五行家。現在的傳世文獻中，《禮記・月令》是他們的代表作。

有關文獻都把騶衍推爲陰陽家的思想代表。騶衍爲戰國末被齊國兼併的鄒國人，生卒年不詳，曾活動於齊、燕、趙、魏等諸侯國。他有豐富的天文、地理、歷史等方面的知識，善談「天事」，時人稱之爲「談天衍」。《史記》載他曾著〈終始〉、〈大聖〉等十餘萬言。《漢書・藝文志》著錄陰陽家著作有〈鄒子〉四十九篇，〈鄒子終始〉五十六篇，皆已亡佚。騶衍的著作蕩然無存，只能從有關記載中得知大略。但他的思想不僅是陰陽家的代表，也是戰國後期諸子百家學說與替代傳統宗教的民間神秘主義思潮進行接觸的一個交匯點，又給其後的漢代儒學提供了一套可資借鑒的、具有無限擴張潛力的情感背景和思維方式。其重要性可謂無以復加。

騶衍在《史記》中無專傳，司馬遷把他的事蹟和思想主要寫進《孟子荀卿列傳》，雖然研究者仍嫌其少而略，但所占篇幅卻超過孟、荀二人。太史公於此或有寓意焉。《孟子荀卿列傳》載：

> 騶衍睹有國者益淫侈，不能尚德，若《大雅》整之於身，施及黎庶矣。乃深觀陰陽消息而作怪迂之變，〈終始〉、〈大聖〉之篇十餘萬言。其語宏大不經，必先驗小物，推而大之，至於無垠。先序今以上至黃帝，學者所共術，大並世盛衰，因載其機祥度制，推而遠之，至天地未生，窈冥不可考而原也。先列中國名山大川，通穀禽獸，水土所殖，物類所珍，因而推之，及海外人之所不能睹。稱引天地剖判以來，五德轉移，治各有宜，而符應若茲。以為儒者所謂中國者，於天下乃八十一分居其一分耳。……然其要歸，必止乎仁義節儉，君臣上下六親之施始也濫耳（行事之所施所始，皆可為後代之宗本，故云濫耳）。王公大人初見其術，懼然顧化，其後不能行之。

從這個大略介紹中，顯示出騶衍的思想具有很強的思辨性。「先驗小物，推而大之」，是一種演繹推理；而「先列中國名山大川……因而推之，及海外人之所不能睹」，是歸納與演繹並用。其大含細入的思辨活動又與具有豐富的知識和想像力結合起來，從時間上可以上追到「窈冥不可考」之源頭，從空間上發明了大九州之說，直追「天地之際」。騶衍學說具有明顯的浪漫主義氣質，知識、思辨、科學與幻想、熱情和理想結合起來，迎合了那個時代的人們不僅在思想上求新，也對自然充滿好奇的探索精神。他「推而大之，至於無垠」，又「推而遠之，至天地未生」，再雜以「機祥度制」，由此渲染出一種既有邏輯分析的、又有豐富想像的恢宏而神秘的整體論背景。

在這種背景中奏出的主題曲「五德終始」或「五德轉移」說也具有同樣的特色。五德終始說的基本原理是金木水火土五種元素相生或相勝，「五德各以所勝爲行」（《史記・封禪書》集解）。其中確實反映出某些可由科學驗證的物質屬性，以及有關它們的物理學或化學方面的相互作用和現象。關鍵問題是，騶衍最終把五行推導爲歷史改朝換代的規律，認爲歷史變化也是受水火金木土之作用的支配的。《文選・齊故安陸昭王碑》李善注引〈鄒子〉說：「五德從所不勝，虞土、夏木、殷金、周火。」是說歷史上每一王朝都體現出一種物質元素的性質或勢力。他的這種解釋很快被人們接受，如《呂氏春秋・應同篇》即以黃帝爲土德，禹爲木德，湯爲金德，周文王爲火德。而且它成爲以後兩千多年中國古代歷史觀的一個不解情結。

從五行相生相勝到王朝之相生相繼，中間還連接著許多似有似無的環節。應屬於儒家經典，但是卻反映陰陽五行家思想的《禮記・月令》用經驗性的淺近聯繫把自然和人事都納入到這個結構中來。

〈月令〉以四季氣候和生物的變化爲基本順序，來說明自然和人事皆統一於五行相生的道理。以立春爲「盛德在木」，是植物生長的時候，則以春天、東方和青色等象徵「木德」；以立夏爲「盛德在火」，氣候炎熱，則以夏天、南方和赤色等象徵「火德」。以立秋爲「盛德在金」，是萬物開始凋零的時候，其肅殺之氣如同金屬能製造兵器和刑具傷人，則以秋天、西方和白色等象徵「金德」；以立冬爲「盛德在水」，氣候寒冷，如水藏於地下和水性寒冰，則以冬天、北方和黑色等象徵「水德」。季夏之末、金火之間，則爲「中央土」。「土」有生長萬物的功能，中國古代的自然觀以「生」爲根本，所以認爲五行中的「土」居於主導地位。四時各占九十日，多出來的這個「土德」平均分配在四季中，在每一季之末「寄王十八日」。但它的本位，應在火、金之間，故〈月令〉於夏末闡明土德，以季夏、中央、黃色等象徵「土德」。

從〈月令〉可以看出，陰陽五行學說想把各類事物都納入五行結構中。如按五行還分配五數、五味、五音、十二律、五蟲（指鱗、羽、倮、毛、介等各類動物和昆蟲）、五祀、十日五帝、五神等。甚至連祭品也作了規定，按木火土金水的次序，依次以動物的脾、肺、心、肝、腎爲祭祀祖先的祭品種類。還爲天子每個月在政治上應該做的大事作了詳細規定。

〈月令〉大概是騶衍以後秦漢間人所作，它代表陰陽家的思想，更加全面和系統化。這個系統大概由騶衍創始，以天文曆法知識爲基礎，擴張成爲一個大系統。《史記・曆書》談到騶衍所起的作用，說：「其後戰國並爭……是時獨有鄒衍，明於五德之傳（轉），而散消息之分，以顯諸侯。」是亦證明鄒衍之前雖然也有零散的相同說法，但是由他而得爲系統化並產生廣泛社會影響的。

這個系統如此龐大，幾乎把漢以前的古代中國農耕文明獲得的一切科學知識和文化傳統網羅殆盡。它展開推論的基礎在經驗世界，從經驗知識和科學性的範疇作爲邏輯起點，以小推大、以今推古。並用極爲豐富的想像力作爲黏合劑，用一些神秘主義因素作爲點綴品；既吸收了新興的儒、墨等諸子學說的「仁義節儉，君臣上下六親之施始」等價值觀念，又容納了傳統宗教之「機祥度制」等巫史之術，創造出一個精神與物質、知識與神話、分析與幻想交織流動的整體論系統。這個系統海納百川，雖然未必經得起推敲，卻具有適合民族特性的浪漫精神，並展現出震撼人心的思想魅力。致使王公大人「懼然顧化」，諸子百家向風附會。

應屬於儒家範圍的〈月令〉保存了許多陰陽五行家的思想資料，作爲儒家經書之首的《周易》也多採用陰陽五行說的某些觀點和範疇，這個事實並不完全是巧合。陰陽五行學說固然以經驗知識爲基礎，常常以理性的目光尋找世界的自然法則和規律。然而它又具有明顯的藝術氣質，在以演繹推理爲特徵的理性認知方式中，又不受時間、空間、因果關係的制約，「推而大之，至於無垠」。經常把視角轉向活生生的、具有無限可能性的人生，把大千世界當作縱橫馳騁的舞臺，超越了理性的疆界。「名山大川，通穀禽獸，水土所殖，物類所珍」等各種經驗素材在陰陽家的審美性質的目光下，變得有血有肉，光彩奪目，使得熟悉的東西不再熟悉，可理解的東西以不可理解的面貌出現。通過某些神秘把握世界的方式，自我在直觀中浸沈，在客體中自失，顯示出最高意義上的非理性特徵。

儒家也常常以藝術方式把握世界，在這一點上與陰陽家不謀而合。儒學作爲一種世俗倫理體系，重視人生和生命，這就不可能永遠囿於合乎邏輯的知覺狀態。生命的理性意識常常闖入無意識存在之中，因爲那裏面生長著它的根。活躍的生命可以不依賴意識而存在，而意識則必須依賴於無意識生活。因此，儒家在追求人生之最高意義的道路上，常常把非理性作爲對理性的必要補充。但是，它與宗教相區別的本質在於，不把非理性的特徵絕對化。這也是陰陽五行學說所表現出的特色之一。

傳統宗教經過諸子的批判運動而失去獨立存在的理論基礎，它所固有的傳統精神和道德規範又紛紛被新興的諸子學說所取代，「天」的信仰最終分崩離析，已經不成系統。出於古代人們自然感情的需要，正統的宗教信仰雖然坍塌崩潰了，但它散落的碎片化成各種各樣的通俗信仰，以及方術之士的活動，與陰陽五行思想相融合。

三、五帝傳說與前代天命信仰之裂隙

傳統「天」的信仰之衰落式微的直接信號，還表現在「天」作唯一的至上神地位，被陰陽五行家所倡導的五帝說所取代。天的權力被分化，其權威地位也成爲可疑的和無所適從的。

在戰國晚期開始流行五帝的傳說。五帝傳說分兩條線索，其一是古史傳說的先王系統，他們被說成是中國最早的祖先和先後出現的英明統治者。組成人王的五帝系統的名稱和次序也不盡一致，但他們都被看作是實有其人的祖先或歷史人物。這個古史系統的五帝與社會政治是密切相關的，它反映了人們希望結束戰亂而實現統一的願望，與當時的政治現實是一致的。中國是多民族融合而成的，在歷史上不可能留下那麼清楚的傳承次序的記載。從夏商周三代來說，都是一個民族征服另一個民族，祖先系統在改朝換代時很難一以貫之。而這個先王系統的出現，實際是爲了用時間上的統治連續性否定空間上的地域分裂狀況，爲統一提供歷史根據。

其二是神話傳說的天帝系統，這個五帝系統或以五行爲規律，或以五方五行爲特徵。它與方術活動及鬼神信仰的性質一樣的地方在於：同樣都是傳統的「天」的權威之傾覆和傳統宗教之崩壞的結果，是一種滿足人們精神要求的替代品。而其特殊的地方在於：天帝們作爲地域性政權的權威根據和禮儀對象，喪失了原有的道德責任，主要以自然規律（五行）、方所（五方）或經驗（五色及前兩者）作爲它們的基礎。它們還含有功利性的強權象徵的成分。

古史和天神的五帝系統都推尊黃帝，但這是後來才定型的，早期的史籍並不一致。兩種五帝傳說雖然在戰國晚期、鄒衍以後才逐漸定型，但其中有些名號出現較早，散見於此前的一些史籍中。黃帝的傳說，初見於《國語》、《左傳》、《莊子》、《山海經》、《世本》、《韓非子》等書。其中大多以黃帝爲人王，《莊子》及《山海經》較多對黃帝進行神化。如《莊子・大宗師》說：「夫道，有情有信，無爲無形……黃帝得之，以登雲天；顓頊得之，以處玄宮。」這裏雖然說黃帝登雲天，卻是由人而神，說明其本來是人王。《莊子》書中也不是皆將黃帝視爲神，如〈徐無鬼〉篇中的寓言，說黃帝曾向牧馬童子問道，更突出其人的性質。還應注意的地方是，莊子並沒有排出一個五帝系統，他在〈應帝王〉篇說有南海之帝、北海之帝和中央之帝。從天帝而言，數爲三而非五。

有些學者認爲，《莊子》書中多次以黃帝作寓言，戰國時道家又最多宣揚黃帝，實際含有學派競爭的意圖。《漢書・藝文志》載道家典籍有《黃帝四經》、《黃帝銘》、《雜黃帝》、《黃帝君臣》等。於《黃帝君臣》下，班固注：「起六國時，與《老子》相似也。」從戰國道家編造黃帝之書，可知確實是有意爲之。他們推尊和神化黃帝，是爲了用時間上的優先壓倒儒家所尊的堯、舜、禹、湯等和墨家所尊的禹，抬高其學說的權威性。

黃帝傳說可能從春秋時代就已經產生，基本上屬於歷史人物性質。如《國語》載：「黃帝能成名百物，以明民共財。顓頊能修之；帝嚳能序三辰以固民；堯能單均刑法以儀民；舜勤民事而野死。」這裏只大略介紹了五位人王的事蹟，並沒有稱「五帝」。但這應該是古史系統五帝傳說的最早形態。從古史系統來說，各民族原來的傳說人物應該是不一致的。如《史記・五帝本紀》說：「軒轅之時，神農氏世衰。諸侯相侵伐，而神農氏莫能征。……炎帝欲侵陵諸侯，諸侯咸歸軒轅。」在這裏，《集解》採用皇甫謐的說法，謂神農氏即炎帝；《正義》又採《帝王世紀》說，謂神農氏號炎帝，「又曰魁隗氏，又曰連山氏，又曰烈山氏。」這裏的解釋露出破綻。如果炎帝就是神農氏的話，那麼炎帝既不能征諸侯，又如何能侵陵諸侯？司馬遷也未說炎帝爲神農，何況再把他說成是魁隗氏、連山氏、烈山氏等，就更加缺乏根據了。不過，從這種附會卻能推知古史系統的五帝是前人對不同傳說，按照自己的意願強行改造和捏合而成的。原始的傳說本來人物不相同，人數不必五。後世流傳的幾種人名不同、排序也不同的五帝系統，甚至五帝外又加三皇的混亂情況亦可證實這一推測。

《荀子．非相篇》說：

> 五帝之外無傳人，非無賢人也，久故也。五帝之中無傳政，非無善政也，久故也。禹、湯有傳政，不若周之察也；非無善政也，久故也。……是以文久而滅，節族久而絕。

荀子這一段話表明了五帝傳說在他那個時代的眞實情況。按他的介紹，當時已出現五帝傳說，但五帝皆是歷史人物而非天神。所謂「五帝之外無傳人」，是說五帝以前的先王的名字和事蹟沒有流傳下來，此前也應出現過聖明君主，但因時代久遠而湮沒無聞了。「五帝之中無傳政」句，是說當時僅有五帝人名，但無具體的事蹟可考，他們之中可能有人取得十分出色的政績，也因歷時久遠而失傳了。這說明，後世有關五帝的傳說，許多具體事蹟和情節都是後人附會的，如果荀子尚未聞五帝「善政」，則後人更無從得知。按王先謙解釋，此五帝應指少昊、顓頊、高辛、唐、虞。這個排序，大體符合《大戴禮記・五帝德》及《史記・五帝本紀》這一系的配合。它又作黃帝、顓頊、帝嚳、堯、舜。另一系則以《呂氏春秋・十二紀》、〈月令〉、《淮南子・天文訓》爲主，乙太皞、炎帝、黃帝、少皞、顓頊爲排序。這僅是兩大系的分別，其他還有種種不同說法。荀子所聞五帝是否即王先謙所言，我們不得而知。但這並不重要，重要的是荀子之時的五帝，只是有名字而無事蹟的古王。又按荀子所說，甚至夏禹商湯在他那時也只是知其梗概，沒有留下多少細節可供後人參考。他認爲自己唯一瞭解比較清楚的是周代。這與《論語・八佾》篇記孔子說夏禮、殷禮皆不足徵，因爲「文獻不足」，以及〈子路〉中說：「君子於其所不知，蓋闕如也」的客觀求實精神是一脈相傳的。

至荀子時，已經出現古史系統的五帝人名和排序。後來，人們給它添加許多事蹟，編造不同的人名和排序。對它的人物、序列、事蹟進行考察是無意義的。它的出現和發展，是與歷史的統一趨勢相配合，爲了達到這個目的而服務的。不同的傳說組織大概出自不同的民族、地域和國家，但它們的總體目標都是明確而一致的。陸賈說：「故說事者上陳五帝之功，而思之於身」（《新語・術事》），五帝之功是作爲當下社會之理想參照的。

與此同時，又出現一種天帝系統的五帝，其中也有某些周代統治摧毀以後，政治分裂而產生的離心力作用的成分，但這是次要的。取代傳統宗教的至上神的「天」，爲王權尋找新的合法性根據才是主要的。

新的天帝系統與當時人們對宇宙的探索、對自然規律的總結，以及用自然範疇爲依據進行分析、推理和充分發揮想像力的思維方式密切相關，在很多方面是以感性素材爲基礎的。其非理性的外表下面掩蓋著一些合理性的內容。天帝系統的特點在於它們配合五行、四時、五色、五方進行組織。

陰陽五行學說是五方天帝的主要根據。

戰國時代的五方天帝之說就是以陰陽五行學說爲依託發展而成的。在鄒衍之前，已有陰陽五行家活動，方神天帝之祀即已出現，但數目不一定爲五，解釋也不一定很系統。《史記．封禪書》載：「秦襄公攻戎救周，始列爲諸侯。秦襄公即侯，居西陲，自以爲主少皞之神，作西疇，祠白帝。……（秦文公）於是作鄜時，用三牲郊祭白帝焉。」這裏司馬遷根據陰陽五行說來解釋春秋初年秦國即祠白帝。但是，據現有文獻，陰陽五行說在春秋時代並不流行，或許所謂「白帝」乃是秦民族原來便尊奉的地方神或祖先神。當秦君被封爲諸侯後，把它上升爲帝。太史公按照後出的五行系統解釋它，也許並不確切。或者從商代便已出現的方神方帝信仰在一些地方流傳不絕，到春秋時發展成爲四方四色帝之說，而後起的陰陽五行說把它們融入自己的系統，這種可能性也很大。不過，這種新起的方帝崇拜，與民間流行的鬼神之說是纏繞在一起的。《封禪書》載秦文公郊祭白帝的同時，又祀地方神怪。其中說：「作鄜時後九年，（秦）文公獲若石（《集解》：質如石也）云，于陳倉北阪城祠之。其神或歲不至，或歲數來，來也常以夜，光輝若流星，從東南來集於祠城，則若雄雞，其聲殷雲，野雞夜雊。以一牢祠，命曰陳寶。」這是說把一塊石頭當作神靈供奉，實際是通俗的、隨時而設的民間信仰，但秦君卻把它提到很高的規格，僅次於對天帝的祭祀。據《封禪書》等史料記載，陳寶迷信一直延續到秦統一中國以後。

四方天帝或五色天帝的出現和發展，與西周天的信仰產生裂隙、暗中風化崩塌的過程相伴相隨。統一的至上神的「天」變成多個天帝，固然包含由統一王朝變爲諸侯力征之局面的政治喻意，但這不是主要的。它在更深刻的層次上反映了社會精神生活的變化，人們開始用全新的觀點看待各種問題。由於原有的傳統宗教和價值觀念發生全面動搖，社會心理的穩定性和常規性也失去平衡，人們要求保持生存「常態」的情感需求，也依附在新的天帝系統和民間各種各樣的通俗信仰上。

秦統一中國後直到漢初，五行家的五方天帝更加盛行。附會朝代改換，以五方、五行、五色爲特徵的天帝系統被統治者所接受。如《史記・封禪書》載：

秦始皇既并天下而帝，或曰：「黃帝得土德，黃龍地螾見。夏得木德，青龍止於郊，草木暢茂。殷得金德，銀自山溢。周得火德，有赤烏之符。今秦變周，水德之時。昔秦文公出獵，獲黑龍，此水德之瑞。」於是秦更命河曰「德水」，以冬十月為年首，色上黑，度以六為名，音尚大呂，事統上法。

這裏所謂「或曰」，當指五行家所言。其內容也完全屬於五行家的。秦始皇採納了這種說法以後，不僅在祭祀禮儀方面進行了改革，也在構成與政治層面上刑名制度並行發展的文化制度上進行了全方位的改變。它涉及到曆法、朝儀服色、度量、音樂等，其具體改革措施與〈月令〉規定的內容完全相符。漢高祖劉邦也同樣採用陰陽五行家的天帝系統。如《史記．封禪書》又載：

二年，（劉邦）東擊項籍而還入關，問：「故秦時上帝祠何帝也？」對曰：「四帝，有白、青、黃、赤帝之祠。」高祖曰：「吾聞天有五帝，而有四，何也？」莫知其說。於是高祖曰：「吾知之矣，乃待我而具五也。」乃立黑帝祠，命曰北時。

劉邦所聞「天有五帝」，其實也是聞於五行家的說法。他爲了湊成五帝之數，把自己也算成一個，恰恰說明他並不把天帝看作是宗教信仰上的崇拜對象。相反，在他心裏，五方天帝的用處不在於宗教上的神性，而在於與其政治野心相符的命運定數意義。《史記．高祖本紀》載他生病不肯就醫時說：「吾以布衣提三尺劍取天下，此非天命乎？命乃在天，雖扁鵲何益！」此之「天命」也是命運的意義。「五德終始」說也包含命定論的成分，這種命定論與孔子天命說不同之處在於，它不是由無規律的盲目力量決定的，而是嚴格遵循由自然科學所概括出、符合當時哲學認識水準的自然規律的。

戰國末爲生的「五德終始」說之五方天帝，至漢初才完全確定下來。《史記．封禪書》載漢文帝作渭陽五帝廟和長門五帝壇。《集解》云：「一宇之內而設五帝，各依其方帝別爲一殿，而門各如帝色也」。另《史記．天官書》載有蒼、赤、黃、白、黑五帝，《正義》釋云：「黃帝，中央（名）含樞紐之帝」。應指此五行五方之五帝而言。

此五方天帝後來在漢代讖緯中大行其道。古史系統的五帝和天帝系統本是兩條線索，但後來卻發生混合牽纏，主要是兩漢讖緯中的非理性化因素所致。另外，兩漢經學家大多求全責備，學風繁瑣，總喜歡把前代本來不一致的材料強行捏合起來。如鄭玄注《周禮．春官．小宗伯》「兆五帝於四郊」句云：「蒼曰靈威仰，太昊食焉；赤曰赤熛怒，炎帝食焉；白曰白招拒，少昊食焉；黃曰含樞紐，黃帝食焉；黑曰汁光紀，顓頊（音「專旭」）食焉。」此注頗爲後人所詬病。其實這是附會之談。如作爲五方天帝中的「黃帝」，與古史系統五帝中的「黃帝」本不相同。附會的結果，就是各有各的說法，每人自圓其說，相互之間卻矛盾歧出。明人孫瑴《古微書》卷八〈春秋合誠圖〉引宋均《感精符注》云：「赤帝爲堯，黃帝爲舜，白帝爲禹，黑帝爲湯，蒼帝爲文王」；則知宋均所謂「黃帝」指舜而言，與鄭玄的說法又不相同。又按皇甫謐《帝王世紀》說，黃帝母感北斗樞星而生黃帝；而〈初學記〉引《尚書帝命驗注》云「舜母感樞星之精而生舜重華」。則一說「黃帝」爲黃帝，一說「黃帝」乃爲舜。

五方天帝之說的盛行，並不說明一種新的宗教取代了傳統宗教，也不是爲傳統宗教增添了新的內容。恰恰相反，五方天帝本身沒有教義，沒有意志，沒有教規戒律，不顯示救贖作用；比西周作爲至上神的「天」更加概念化和抽象化，更缺少神的位格。它在本質上只代表金木水火土五種元素及其相生相勝的規律，充其量不過是略作一些淺層次的神秘主義的加工，使之成爲一種沒有宗教理論內核、卻具有神秘色彩的自然法則的符號。

但是，以五德終始爲基礎的五帝說對傳統「天」的信仰所造成的破壞卻是根本性的。

四、戰國末流行的「三仙山」及其他民間通俗信仰

五方天帝說與民間流傳的各種非制度化的鬼神信仰同步發展。陰陽五行家可能是方術家衍生出的一派，其學說本身又蘊含著神秘主義因素，從一開始便與神仙鬼怪之談糾纏在一起，難分彼我。《史記・封禪書》載：

> 自齊威（王）、宣（王）之時，騶子之徒，論著終始五德之運，及秦帝而齊人奏之，故始皇采用之。而宋毋忌、正伯僑、充尚、羨門高最後皆燕人，為方僊道，形解銷化，依於鬼神之事。騶衍以陰陽主運，顯於諸侯，而燕、齊海上之方士傳其術不能通，然則怪迂阿諛茍合之徒自此興，不可勝數也。

按齊威王於周顯王十三年（前三五六）即位，屬於戰國中期。以宣揚神仙和長生爲主的方術家大約起源於戰國初，至戰國末則非常興盛了。按此段文獻記載，陰陽家原本亦爲方術之士，後來他們另闢蹊徑，創造出一種對自然和世界充滿探索精神的理論體

系。術士們羨慕並紛紛仿效，但可能他們大多欠缺文化修養，故傳習且傳揚之而終「不可通」。騶衍是齊地人，他的主要活動在燕、齊兩國。在燕國受到的禮遇尤其隆重，《孟子荀卿列傳》記載他到燕國，「（燕）昭王擁彗先驅，請列弟子之座而受業。」所謂「擁彗先驅」，就是說昭王爲了表示尊敬長者，避免塵土染到他身上，親自爲他掃地，面向他邊掃地邊倒退而行。矯情到如此地步，可知其當日聲勢如何。「擁彗先驅」後來成爲一個著名的典故。神仙方士與陰陽家同時榮顯於燕、齊兩地，不僅有地理風俗方面的原因，也有兩者內容之「怪迂」相通的緣故。

方士在所有的怪迂之談中，還創造了一個經典的神話，說渤海上有三神山，誰要是能到達那裏，就能得到長生不死之藥。它產生很大影響，在當時就聳動人主，從戰國時的齊宣王、燕昭王開始，直到統一中國的秦始皇都對此深信不疑，苦苦追尋。《史記·封禪書》記載：

> 自威、宣、燕昭使人入海求蓬萊、方丈、瀛洲。此三神山者，其傳在勃海中，去人不遠；患且至，則船風引而去。蓋嘗有至者，諸僊人及不死之藥皆在焉。……終莫能至云。世主莫不甘心（甘心，心甘羨）焉。……始皇南至湘山，遂登會稽，並海上，冀遇海中三神山之奇藥。不得，還至沙丘崩。

這個傳說是方士們最富有想像力的創造，具有鮮明的民族特色。首先，它反映出幾百年漫長的戰亂，使社會心理的承受產生超負荷的壓力，對現實感到絕望導致虛幻的追求，像孔子說的「危邦不入、亂邦不居」，意欲「浮於海」，和其他一些思想家也要隱於海的類似表示，表明人們對現實的否定和尋求新的生活方式的渴望。

其次，這種理想追求充滿浪漫和神秘色彩，一方面它以一種直觀和類比的想像超越了時空限制，顯示出與經驗事實相反的非理性認知方式。另一方面它又深深札根於此岸世界中，具有強烈的世俗性。海外三仙山既是神秘莫測的新奇疆界，又把它定位於現實世界的範圍之內。人們對永恒的渴望以「不死之藥」的象徵符號把它限定於肉體生命和感性生活的領域。這與後世陶淵明的「桃花源」之烏托邦式的理想有異曲同工之處。

唐代白居易的著名詩篇《長恨歌》中有云：「爲感君王輾轉思，遂教方士殷勤覓……上窮碧落下黃泉，兩處茫茫皆不見。忽聞海上有仙山，山在虛無縹緲間。樓閣玲瓏五雲起，其中綽約多仙子。」白居易的朋友陳鴻作《長恨歌傳》，其中也有「東極大海，跨蓬壺，見最高仙山，上多樓閣」等語。這首以通俗易懂和豐富形象特徵見長的敍事詩，由於海上仙山典故的引用，更增加了濃郁的抒情氣氛。從戰國時期的方士將它創造出來，至白居易時已歷千年左右，仍然是一個顯示強烈民族氣質、富有藝術情致的經典神話。在《長恨歌》以後，海上三仙山更加膾炙人口、雅俗共賞。它是一個能夠反映中華民族某些潛意識層次非常深刻的集體心理特徵的重要符號之一。

陰陽家的理論雖然並非沒有道德內容，但主要特徵是結構宏偉，而其中所涵容的價値意義和行爲規範卻相對較少，如太史公在《孟子荀卿列傳》中稱它有「牛鼎之意」，雖然感到其內容較少，卻欣賞它的恢巨集結構。陰陽五行學說具有神秘色彩和非理性因素，但又以天文地理等一些科學性的範疇和經驗認識展開它的形式，非但不屬於宗教體系，反而對宗教有一種內在的自然斥力。人們訴諸於情感方面的自然需要則不得不通過通俗性的神秘主義思潮來求得滿足。因此可以說，它的巨大社會影響和對宗教排斥的綜合效果，在客觀上起到迫使通俗鬼神崇拜和方士活動蔓延的作用。

神仙方術形成了一種影響廣泛的社會潮流，在當時不僅出現「不可勝數」的術士，也分出很多流派。如《史記・日者列傳》載：「褚先生曰：孝武時聚會占家，問之某日可取婦乎？五行家曰：可；堪輿家曰：不可；建除家曰：不吉；叢辰家曰：大凶；曆家曰：小凶；太一家曰：大吉。辯訟不決，以狀聞。制曰：『避諸死忌，以五行爲主。』人取于五行者也。」《史記索隱》認爲〈日者〉和〈龜策〉兩傳爲褚少孫爲補，「敍事煩蕪陋略」，但只是說這兩傳記事瑣碎，內容低淺粗劣，沒有說不合事實。其實這些在儒家看來是荒誕不經和微不足道的關於方士的記載，恰恰能反映一些較深層次的文化現象。上引記敍說明在漢武帝時，方術已形成很多流派，這是興盛的標誌。漢武帝爲娶婦徵求術士的意見，所召集的應是有較大影響的宗派，又主要是占家，其他流行於民間者則更不知凡幾。而且它們的發展和興盛當在西漢以前。《龜策列傳》透露了一些有關它們發展變化的消息，其中說：「至周室之下官，常寶藏蓍龜。……其設稽神求問之道者，以爲後世衰微，愚不師智，人各自安，化分爲百室，道散而無垠。」這裏所說「化分」、「道散」的「後世」，亦應指從春秋戰國至漢初。它化散爲「百室」，其實正是傳統宗教的「衰微」和崩潰的後果。

當時神仙方術和各種鬼神崇拜匯成一股神秘主義社會思潮，但它們大都只有神蹟而無理論論證，不成體系、零碎片斷，是一種制度化的道德體系或宗教體系出現缺失情況下的臨時替代品。

從戰國末年至西漢初期是一個很特殊的歷史時期。當時傳統宗教已經崩潰，沒有產生新的宗教體系。在科學還沒有充分發展到足以支援無神論思想的歷史階段，包含其他諸子學說、以法家爲首的社會主流思想又根本排斥宗教。在這種極其特殊的文化語境中，五方天帝之神秘表象所起的社會作用與當時普遍流行的鬼神信仰一樣，是用以滿足人們自然情感和宗教需求的一種望梅止渴式的代償品。直到漢末佛、道等宗教興起，它們才找到歸宿。

包括五方天帝在內的通俗鬼神信仰之主要特點是不成體系，沒有理論支援；形形色色，因人而異，隨個人興趣發生轉移。這種神秘主義思潮本身是屬於民間性質的，縱使有些爲帝王所信奉和追求，因爲帝王是以個人身份參與的，而非政策性的推行，因此雖然得到帝王的支援，仍不能改變它們的民間性質。人類精神不能永久停留在理性知覺的層面上，也具有自然情感的需要。它們在當時非常盛行，與強大的政治壓制下人們需要情感寄託的要求相一致，因此形成具有重要社會影響的普遍思想潮流。

據《史記・封禪書》載，秦始皇統一中國後，除祭祀天地山川之外，命令祠官經常性地供奉許多鬼神。如「而雍有日、月、參、辰、南北斗、熒惑、太白、歲星、塡星、二十八宿、風伯、雨師、四海、九臣、十四臣、諸布（祭星或祭星之處）、諸逑之屬，百有餘廟。西亦有數十祠。於湖有周天子祠。於下邽有天神。灃、滈有昭明、天子辟池。於杜、亳有三社主之祠、壽星祠；而雍菅廟亦有杜主，故周之右將軍，其在秦中，最小鬼之神者，各以歲時奉祠。」這些只是一部分，屬於朝廷之祝官負責祠祭者。其他還有屬於地方或民間自行祠祭的鬼神：「郡縣遠方神祠者，民各自奉祠，不領於天子之祝官。」

劉邦建立漢王朝後，像沿用秦法一樣，也沿襲秦的淫祠。《史記・封禪書》又載高祖時：「有司進祠，上不親往。悉召故秦祝官，復置太祝、太宰，如其故儀禮。」連祝官都使用秦之舊臣。劉邦比秦始皇有過之而無不及，還加祠了許多楚地原有的地方巫鬼。「後四歲，天下已定，詔御史，令豐謹治枌榆社，常以四時春以羊彘祠之。令祝官立蚩尤之祠於長安。長安置祠祝官、女巫。其梁巫，祠天、地、天社、天水、房中、堂上之屬；晉巫，祠五帝、東君、雲中、司命、巫社、巫祠、族人、先炊（古炊母神）之屬；秦巫，祠社主、巫保、族纍（二神名）之屬；荊巫，祠堂下、巫先（古巫之先有靈者）、司命、施糜之屬；九天巫（胡巫），祠九天；皆以歲時祠宮中。其河巫祠河於臨晉，而南山巫祠南山秦中。秦中者，二世皇帝。各有時日。」其中所謂梁、晉、秦、荊之巫，按《史記集解》說都爲范氏之後裔，不合情理。實際上應是召來戰國時各國的故舊巫祝。其所祀對象，從天帝到炊母，可謂五花八門、應有盡有。但其中有許多矛盾或重覆之處，如所祠「天」、「五帝」、「九天」，似乎都指天神，《索隱》引〈淮南子〉云：「中央曰鈞天，東方曰蒼天，東北旻天，北方玄天，西北幽天，西方皓天，西南朱天，南方炎天，東南陽天。」這麼多天，哪一位是主神或至上神呢？如果沒有主神，那就連多神教也不能成立。事實上，這些鬼神是各地和各族雜湊起來的，根本構不成次序嚴謹的神靈譜系，而且帶有很強的巫術意味，不能形成一個統一的宗教體系。其中祠蚩尤、秦二世之類，按《史記集解》的解釋是恐怕「匹夫匹婦強死者，魂魄能依人爲厲」，徹頭徹尾是怪力亂神、不經之談，表現出鮮明的民間風格和通俗信仰的性質。

如此雜亂而不可勝數的鬼神祭祀，分散、片段、矛盾，不進行選擇，正是宗教沒有獲得權威形式，信仰亦沒有固定教義的反映。聯繫《高祖本紀》中劉邦所說的「命乃在天，雖扁鵲何益」以及史遷《報任安書》中說的文史星曆卜祝之類，皆是「主上所戲弄，倡優所畜」，證明劉邦以及當時的人們對於宗教和鬼神其實並沒有堅定的和認眞的信念。

關於生與死的思考，以及對死亡的恐懼，是通俗信仰和宗教產生的最原始的驅動力之一。戰國末神仙方術家宣揚長生不死之說，不是以靈魂不滅爲依據、而是以肉體永存的形式來迎合人類追求生命之永恒和無限的本能意願。它在歷史上卻恰逢其會，出現在適當的時機，不但使它自己得到發展，而且也使其他同樣通俗性質的神秘主義思潮得到借水行舟之利。

秦始皇統一中國以後，結束了春秋戰國五百多年的分裂和戰亂局面，新的專制體制表現出空前的鞏固性和穩定性，統治者個人和普通百姓對這種大一統之局都抱有萬世長存的信心和願望。《秦始皇本紀》載秦朝群臣在議帝號時說，當時的政治「自上古以來未嘗有，五帝所不及」。而秦始皇自己說：「自今以來，除諡法。朕爲始皇帝，後世以計數，二世三世至於萬世，傳之無窮。」充分說明秦朝君臣對政治前途充滿信心的樂觀主義精神。其後漢代開國君主經歷戰亂，鑒於秦王朝轉瞬即亡的教訓，在某種程度上失去了這種樂觀態度。

史載秦始皇特別熱衷於神仙方術之說，「慕眞人」、「惡言死」、相信鬼神有靈，不斷派人去海外求仙人長生不死之藥。甚至自號「眞人」而不稱「朕」。個體生命永遠不朽的美好幻想，和權力結構無限延續的天眞願望，在寄託於經驗世界的樂觀主義精神中找到交匯點。各種通俗的鬼神信仰由於能夠賦予天地萬物以永恒存在的精神內容，並由於可以滿足多樣性的精神之功利需求而取得存在之合理性。

這些神秘巫術性質的通俗信仰長期氾濫，從戰國末齊威王、燕昭王，秦朝的始皇帝，直到西漢初期的文帝、武帝等，統治者大多給予支援並親自提倡。陳勝、吳廣即借魚書、狐鳴等鬼怪之事驚服士卒，而揭竿起事。漢初在漢文帝時確定所謂「上帝」即爲五方天帝，郊祭上帝即郊五帝。《史記・孝文本紀》及〈封禪書〉載漢文帝對「異物之神」、「望氣」、「玉英」祥瑞之類非常感興趣，作渭陽五帝廟和長門五帝壇。《史記・賈誼列傳》載文帝於宣室召見賈生，追問「鬼神之本」，聽至夜半。《史記・孝武本紀》等載漢武帝更加熱衷於方術，巫占，鬼神之事，尊奉太一神，又像秦始皇一樣對海外三神山之說深信不疑，不斷派方士去海上尋求，並多次「東至海上」、「臨渤海」，甚至多次「東巡海上，考神仙之屬」。直至晚年，雖然所有的努力均遭失敗，但仍然癡心不改，「羈縻弗絕，冀遇其眞」。但是這些怪力亂神和方士編造的神話，都是只講神蹟，而缺乏理論內涵和完整形式，屬於民間信仰的性質，尚不足以構成一種形式完整的宗教體系。

第七章 董仲舒理論體系的特色及其神學外殼

儒家從地位平等的諸子百家學派之一，變成被統治者尊奉而一家獨尊的統治思想，是從秦朝建立到漢武帝時期，經歷了七十年左右的曲折和艱難歷程才得以成功的。

儒家上升到官方的獨尊地位有符合歷史要求的主客觀兩方面的原因。從客觀方面而言，從戰國時期按照法家思想逐漸改革和完善的政治制度已經固定化，中國社會的存在形式失去再次重新塑造的可能性。但它作爲一種本質上是世俗性的權力構造也需要同樣性質的價值系統予以補充，以便形成一種相互支撐的態勢，使「強本弱末」的世俗政治制度獲得進一步的確定性和穩定性。秦朝二世而亡的教訓就說明法家的體系雖然是行之有效的，但卻不是牢固可靠的。而儒家恰恰具有一套適應具有尊卑貴賤之分的不平等社會秩序的倫理體系，可以在某種程度上使世俗政治得到道德倫理的潤滑，適當緩解由於統治者越來越濫用刑罰而造成的社會對立。這是以天志爲根據宣揚絕對平等的墨家和以自然爲理由主張取消社會秩序的道家都無法替代的。

另外同樣重要的是，傳統文化已經不能滿足隨著歷史發展而變化的社會精神需求。至少從古代各民族發展的不平衡和不同趨向的現象而論，文化是除經濟之外另一個推動歷史進步的原始因，甚至比經濟更根本地決定著民族的氣質和性格、社會發展的形態和方向。從百家爭鳴到陰陽五行學派的盛行，思想的暗流一直在湧動激盪，早晚會決溢出來，根據傳統、地理、民族、自然環境等各種條件向特定方向奔流而去。儒家學說具有適合中國社會發展方向的特質和潛力。

從主觀方面而言，秦漢時期的儒家並沒有墨守成規，他們巧妙地借用了當時非常流行的陰陽五行家的思想，與儒家的基本內容結合起來，構成一個囊括天人、氣勢恢宏、理論圓成的哲學體系。在董仲舒的學說中，既迎合了當時人們的意願和情感，又擴充了儒學的核心精神。五行家的學說本來就具有鬼斧神工、美侖美奐的形式，但董仲舒能把它們結合得水乳交融，再加以創造性的改造和豐富，就產生更加引人入勝、莫可名狀的吸引力。尤其是對於當時瀰漫社會的通俗鬼神信仰，董仲舒異常高明地把它們籠罩在自己理論體系能夠控制範圍之內，利用人們自然情感對非理性因素的適度要求，使它們起到補充儒道的社會作用，並成爲喪失了異己力量而能豐富自己理論的表象和色彩。

表面上不與宗教傳統對立、而與神秘主義思潮和光同塵，不僅是儒家爲自身發展而採取的策略，也是儒家兼顧理智和情感、兼有理性思維和藝術思維的理論特色使然。它所造成的客觀後果，是兩漢時代中國思想史上宗教體系的長期空缺，和後起的佛道等宗教在中國歷史上只能居於次要地位。

一、漢初儒生與政治

戰國時期，法家建立起世俗政治的初步形式，而政權的精神支援卻是此後儒家方能解決的問題。

儘管儒學適合戰國以來的中國古代社會發展，但由於法家體系敵視傳統的性質，首先建立起來的以法家思想爲基礎的體制，也在一段特定時期內對帶有傳統因素的儒學採取了排斥和打擊的態度。

秦始皇的焚書坑儒之舉，在本質上是貫徹法家關於「明主之國無書簡之文，以法爲教；無先王之語，以吏爲師」的主張，與統一天下以後在其他方面貫徹法家宗旨的措施屬於同一性質。秦朝被推翻後，法家獨木難支的弊病已經暴露，但漢王朝的創建者劉邦於軍中草創之際，無暇對此深思熟慮，在思想和行動上仍然沿襲法家所確定的東西。西元前二〇六年，史載劉邦在項羽之前攻破秦都長安，召集當地顯要人物，與他們約法三章，即：「殺人者死，傷人及盜抵罪」（《漢書．高帝紀上》），以代替秦朝的嚴刑峻法。但是這種「約」，用簡單的法律替代繁瑣的法律，性質是一樣的。這種模式並不是以契約論爲基礎的政治學思想，只是一種以量的減少、而不是質的改變的應急辦法，暫時緩解法家學說中固有的制度與情感對立的緊張關係。

劉邦不但堅持法家思想，而且繼承了法家對傳統敵視的態度，並用這種態度對待儒家。按《史記．酈生陸賈列傳》載：「沛公（劉邦）不好儒，諸客冠儒冠來者，沛公輒解其冠，溲溺其中。與人言，常大罵。」可知他雖然沒有焚書坑儒，但對儒家除了敵視外，還非常藐視，其惡劣態度與秦始皇沒有本質區別。使他的態度發生轉變的，最初是一個名叫叔孫通的儒生。

叔孫通此人雖是儒生，然而頗具戰國時縱橫家的手段，通權詐機變之術。《史記・叔孫通列傳》記載他在秦末世亂之時，先後事三主。先是在秦二世那裏做待詔博士（由此可知秦始皇焚書坑儒的政策並沒有維持多久，至少在秦二世時即已鬆弛了），後逃走，投奔項梁、項羽，最後投降漢王劉邦。劉邦本不喜儒生，看見叔孫通穿儒生特製的長衣，很不高興。叔孫通就改換了符合楚人習俗的短衣，使劉邦高興。平時獻策薦人，也多舉薦大盜猛士、能奪旗斬將之人，絕不推薦儒生。這都很合劉邦心意，就封他爲博士，賜號「稷嗣君」，意謂他能繼承戰國時儒家稷下學派之風。

叔孫通既通權變，又具有高瞻遠矚的政治目光，知道儒家學說的社會功用所在，以及如何發揮它的作用而贏得統治者的重視。他對劉邦說：「夫儒者難與進取，可與守成，臣願徵魯諸生（徵召散在魯國舊地的儒生），與臣弟子共起朝儀。」（《史記・叔孫通列傳》）經劉邦同意，他從魯地徵來三十多名儒生。也有儒生不肯去，認爲必須積德百年才可以興禮樂，而現在天下初定，死傷枕籍，無由談起興禮樂，叔孫通嘲笑他們是「鄙儒」，「不知時變」。叔孫通雜取夏、殷、周三代和秦代禮儀，七拼八湊，爬羅剔抉，重點收集那些與法家思想有相通之處的尊君抑臣的東西，編造了一套典禮儀式。劉邦命令由儒生帶領，群臣跟隨演習。

在西元前二〇〇年（漢七年十月），即劉邦稱帝的第三年，長安的長樂宮建成，在那裏試用了叔孫通編造的朝儀。平明聽朝的時候，由宮廷近侍執行禮儀程式，引諸侯王以下到吏六百石，依次進入殿門，裏面軍士護衛，刀槍林立，旗幟整齊，凜然肅殺。執禮者喊「趨」，爲臣則碎步疾走登上殿階，以示誠恐誠惶之敬（《索隱》：「趨，疾行致敬也」）。進殿后按文武分東西兩排站立，皆按公、侯、伯、子、男等爵位排序。然後傳警皇帝出，劉邦在一隊隊彩旗簇擁下登上寶座。官員們按爵位、官職依次朝拜，山呼萬歲。禮畢，皇帝更衣後再出來擺設酒席，這時候喝酒就只是一種儀式了，有嚴格的數量規定，中間還要按尊卑身份起來給皇帝叩拜萬歲。同時有御史在大殿上執法，遇到錯了禮數的，則命人拖下殿去。據說「觴九行」，即喝到規定數量以後，執禮的近侍高呼「罷酒」，於是撤席散朝。經歷了這排場的功臣宿將，第一次感到震恐肅敬；而劉邦則第一次感到唯我獨尊的滿足和快意。史載劉邦此後高興地說：「吾乃今日知爲皇帝之貴也。」

這次試驗的直接效果是使帝王得到精神滿足，對儒學重視起來。其更深層次的意義，在於證明儒學對世俗君主政治及其等級結構具有調整、鞏固和維護，間接地減少社會各群體之緊張對立等作用。對權威表示尊重的規定禮儀，可以加強僅依靠法家思想而存在於君主和他的臣民之間的脆弱關係，使人們自覺納入到符合嚴格等級秩序的社會角色規定的整體中去。

劉邦由這件事情初步認識到了儒家的作用，封叔孫通做太常，負責宗廟禮儀，賜金五百斤。並把他帶來的弟子全部封作郎官。叔孫通的功績在於初步改變了統治者對傳統的習慣性敵視態度，爲儒家贏得政治上的立足之地。司馬遷把他評爲「漢家儒宗」，並非溢美之詞。

儘管漢高帝劉邦開始認識到儒生和禮的作用，然而儒學豐富的倫理體系及其深刻作用，不可能通過一些個別事件而全部顯現出來。社會政治發展與學術思想發展既有關聯又未必是共時的，統治階層認識並理解它，仍然需要一個漫長過程。在此過程中，有許多儒生作出努力，儒學自身也在形式上作出進一步調整和適應。

又《史記·酈生陸賈列傳》載陸賈常在劉邦面前稱說《詩》、《書》。高帝罵之曰：「迺公（俗語『老子』之意）居馬上而得之（指得天下），安事《詩》、《書》！」陸賈爭辯說：「居馬上得之，寧可以馬上治之乎？且湯武逆取而以順守之，文武並用，長久之術也。昔者吳王夫差、智伯極武而亡；秦任刑法不變，卒滅趙氏。嚮使秦已并天下，行仁義，法先聖，陛下安得而有之？」劉邦聽後有所領悟，讓陸賈著書，寫出「吾所以得之者何，及古成敗之國。」劉邦所以能夠從善如流，不在於「古今」成敗的教訓，最有說服力的是近在眼前的秦朝成敗的教訓。秦能夠摧枯拉朽般地攻滅六國，主要是變法改革的作用；而轉瞬間自身又排山倒海般地垮台，說明僅靠法術不足以守成。這樣鮮明的反差，無疑會使統治者略加思索就感到震撼，不得不考慮「長久之術」。後來，據說「陸生乃粗述存亡之徵」，而「高帝未嘗不稱善。」所謂「粗述」，蓋主旨在行仁義，法先聖等儒家之說，但只是梗概言之，未形成切合時宜的系統理論。

《史記》載陸賈所著書爲《新語》。《四庫提要》對此書表示懷疑，提出「殆後人依託，非賈原本」。但胡適的《陸賈新語考》卻認爲此書不僞，說：「《新語》一書，很有見地，其思想近于荀卿、韓非……頗信此書是楚、漢之間之書，非後人所能依託。」（見《古史辨》第四冊第一九八頁）羅根澤《陸賈新語考證》亦云：「治辨爲學者，每偏重制度名物，忽略思想文藝，其時一人有一人之思想，一人有一人之作風，無論加何類比仿效，不能全同；故就文藝方面、思想方面，以考證其眞僞，尤爲確鑿可據。今本《新語》所表現之思想，既在在與陸賈全同，故知其決爲陸賈之書也」（同上，第二〇二頁。上海古籍出版社一九八二年八月版）。

從現存《新語》所透露的一些思想內容看，儒學在當時不僅遭到作爲主流思想的刑名法術之排斥，而且還受到陰陽五行學說和以它們爲依託的各種通俗信仰的衝擊。秦漢之際陰陽五行說仍然很盛行，陸賈在闡述儒學時，也雜取易傳和五行家的學說，力求將自然與人事納入一個整體的宇宙圖式中予以說明。如說「天生萬物，以地養之，聖人成之，……序四時，調陰陽，布氣治性，次置五行，春生夏長，秋收冬藏」（《新語・道基》）之類。其表達風格與早期儒家不同，屬於社會歷史由分而合的統一趨勢在學術上的反映。但其中有一些內容，流露出他對五行學說和鬼神信仰可能損害儒學核心精神的深深憂慮。他說：

夫世人不學詩書、行仁義，□（缺一字）聖人之道，極經藝之深。乃論不驗之語，學不然之事，圖天地之形，說災變之異。□□（缺兩字）王之法，異聖人之意，惑學者之心，移眾人之志。指天畫地，是非世事。動人以邪變，驚人以奇怪。

聽之者若神，然猶不可以濟於惡而度於身。故事不生於法度，道不本於天地，可言而不可行也，可聽而不可傳也，可口（缺一字）玩而不可大用也。故物之所可，非道之所宜。道之所宜，非物之所可。（《新語・懷慮第九》）

這一段話，非常形象地說明了當時思想界的眞實狀況。所謂「指天畫地，是非世事。動人以邪變，驚人以奇怪」等內容，指的就是陰陽五行家之具有浪漫主義特色的學說。他們的學說雖然很能打動人，但卻不能給現實社會提供所極需的道德規範，所以說「聽之者若神，然猶不可以濟於惡而度於身」。而所謂「不驗之語、不然之事」，「災變之異」，「邪變」，「奇怪」等，則包括當時洪流漫溢的怪力亂神之說。使陸賈特別擔憂的是它們已經給儒學造成劇烈衝擊，「惑學者之心」，令很多儒生放棄詩書之學和仁義之道。站在醇儒的立場，他勸告儒者，對這些異端之說應採取「可言而不可行，可聽而不可傳，可口玩而不可大用」的態度。其中也透露出一絲無奈，五行家之說和鬼怪信仰已成爲社會潮流，而且陰陽五行說經鄒子之藝術性再創造，又產生「聽之者若神」那樣不可抗拒的魅力。實際上適度的非理性因素乃爲自然情感的合理狀態。法家過度強調理性的專制手段引起極大的反彈，產生非理性因素的無限膨脹，使陰陽家取得一種詩意的話語霸權。在特定歷史語境中，爲了使人們接受，實現表達的有效性，就不得不採用它們的話語系統。不但「可言」而且必言，不但「可聽」而且必聽。但是，作爲置身於歷史潮流整體中的部分的儒學，要考慮如何在適應表達範式的同時又不喪失自我？這就是陸賈主張可言可聽但是不可實行或傳播它們，可以欣賞體味但不可應用它們之原因。這是一種消極的、劃清界限式的思考。而關於如何把握並利用將儒學包捲於其中非理性思潮整體，積極地發展儒家學說問題，陸賈沒有作出回答。也許是因爲來不及認眞思索，也許是因爲才力所限，將這個問題付諸闕如，而留給能夠騰蛟起鳳、力回天地的董子去解決了。

儒學的艱難處境還表現在已經不能夠僅是敬而遠之地迴避，而必須對氾濫的鬼神之說直面抵排。王充《論衡・書虛篇》引陸賈曰：「離婁之明，不能察帷簿之內，師曠之聰，不能聞百里之外」。這裏強調沒有超人存在，聯繫陰陽家的大九州、大瀛海等當流行的神話，顯然是有針對性的。又《論衡・薄葬篇》說：「聖賢之業，皆以薄葬省用爲務……墨家之議右鬼，以爲人死輒爲鬼神而有知，能形而害人，故引杜伯之類以爲效驗。儒者不從，以爲死人無知，不能爲鬼，然而賻祭備物者，示不負死以觀生也。陸賈依儒而說，故其立語，不肯明處。」今《新語》中未見有關死人不能爲鬼和主張薄葬等內容，想必出自陸賈的其他著作。余嘉錫認爲：「今《新語》初無鬼神之語，此亦引賈他著述也」。（見《古史辨》第四冊第二〇四頁，《四庫提要辨證——新語》）所謂「不肯明處」之「處」，意爲判定，是說陸賈也參加過人死後是否能爲鬼的討論，但他堅持儒家的立場，不肯隨從流俗，作出有鬼的判定。

秦漢之際，鬼神崇拜甚至已侵入儒家的肌理，其中一個突出的證據便是漢代出現的《孝經》。關於《孝經》的出處，古、今文的說法不盡相同。按今文家的說法是：秦焚書時，河間顏芝藏其書，其後由芝子顏貞通過河間獻王上交朝廷。西漢宣、元、成帝時的江翁、後蒼、翼奉等治其學。後來鄭衆、馬融、鄭玄等從今文作注。而古文家的說法是，漢武帝時，魯恭王拆毀孔子家的牆壁，得到古文《孝經》及《尚書》等，漢昭帝時魯國三老獻給朝廷。孔安國爲之作傳。《孝經》於東漢時列入學官。據說《孝經》是孔子或曾子所作，但後世許多學者都力證其僞。基本確定是戰國末或秦漢之際的儒生的僞託之作。朱熹說：「《孝經》疑非聖人之言」；又說：「《孝經》獨篇首六七章爲本經，其後乃傳文，然皆齊、魯間陋儒篡取《左氏》諸書之語爲之。至有全然不成文理處。」（《朱子語類》卷八十二）按朱熹所言考察，前六七章，並無鬼神之談，而其後則多有怪異。如《孝經·感應章第十六》說：「子曰：『宗廟致敬，鬼神著矣，天地明察，神明彰矣。孝弟之至，通於神明，光于四海，無所不通。』」這裏不但承認鬼神的眞實存在，大加宣揚，而且還把這些話強加給孔子。其實，孔子一貫以消極的態度否認鬼神的存在，而所謂「通於神明，光于四海」等語，明顯帶有那個時代的陰陽五行家及通俗信仰相交織的特色，與儒家精神是不同的。

秦漢間的陋儒至於僞造經書，可知陸賈所說的「論不驗之語，學不然之事」等語，並非無的放矢。

漢文、景之世，大約四十年，輕徭薄賦，整頓吏治，除秘祝、除肉刑。文帝世雖也定夷九族之法，但尚不至於暴虐；景帝世曾發生吳楚七國之亂，但很快削平。兩世休養生息，移風易俗，黎民醇厚，史稱「文景之治」。是中國歷史上少見的太平盛世。這期間儒學也在積蓄力量。在朝廷，儒生雖未被進用，但也擁有博士頭銜，「具官待問」。（《史記·儒林列傳》）民間治儒經、習禮樂者甚多。很多儒生竭力向統治者推薦儒家的政治觀點，如賈誼就極力勸說漢文帝完全變更秦之法，恢復「古之制」。他所作的《過秦論》，文采富麗、雄辯滔滔。文章說陳勝以一平庸匹夫之力，一舉推翻呑併六國、統一天下的強秦，歸咎於秦朝「仁義不施，而攻守之勢異也。」宣揚儒家的「仁義」思想。

這一段時期，法家的刑名之術仍是制度的主要支柱，文化上仍延續陰陽五行說和通俗信仰。竇太后及一些統治階層的人推崇黃老，也與五行家及民間流行之通俗信仰有關。《史記·儒林列傳》載：「竇太后好《老子》書，如轅固生問《老子》書。固曰：『此是家人言耳。』太后怒曰：『安得司空城旦書乎？』乃使固入圈刺豕。」所謂「司空」，乃是刑官，當時道家以儒法爲急，比之於律令。而轅固生譏《老子》書爲「家人言」，所謂「家人」，實際爲「庶人」或「凡庶匹夫」之意。如《史記·季布欒布列傳》：「始梁王彭越爲家人時」，〈索隱〉：「謂家居之人，無官職也。」《漢書·外戚傳上》：「雖欲爲家人亦不可得」，師古注：「言凡庶匹夫」。所以轅固生說《老子》是「家人言」，意謂民間凡庶匹夫所讀的書，不能登大雅之堂，指的正是其「通俗性」這個特徵。由此激怒太后。不過，這種通俗性是聯繫五行家和神秘主義思潮的特定語境而顯示出來的。

此期間仍屬於宗教的空白時期，沒有出現成爲居社會思想主導地位的、具有嚴密理論體系的宗教信仰。

但在統治階層和民間，流行著大量的通俗鬼神之說。《屈原、賈生列傳》載：

後歲餘，賈生徵見。孝文帝方受釐（祭祀福胙），坐宣室。上因感鬼神事，而問鬼神之本。賈生因具道所以然之狀。至夜半，文帝前席。既罷，曰：「吾久不見賈生，自以為過之，今不及也。」居頃之，拜賈生為梁懷王太傅。

漢文帝對於「鬼神事」特別感興趣，聽賈生論道鬼神，乃至於夜半。而且他說「自以爲過之」，是知也曾認眞研究過鬼神之事。但他們所談的內容，卻沒有留下任何線索，其原因之一可能就在於這種對鬼神的興趣和認識，均屬於通俗的和個人性質的，因其內容缺乏普遍性而被史家忽略。後世李商隱特舉此事作《賈生》詩，成爲千古名篇。詩云：「宣室求賢訪逐臣，賈生才調更無倫。可憐夜半虛前席，不問蒼生問鬼神。」其中隱含著對文帝的諷刺和對賈生懷才不遇的無限感慨。然而把它作爲一種客觀的歷史現象來考察，賈生未能得到政治上的重用也有其自身原因。經戰國末至漢代一百多年的醞釀，已經形成對理論語境的特殊要求。人們追求的是把宇宙各個部分，包括自然與社會、思維與存在、神秘經驗與理智經驗都聯繫起來作整體性的闡釋；一種聯繫傳統與未來、在理智和情感層面都能夠得到滿足的對世界本質的好奇心的綜合性解答。觀賈誼的《論積貯》、《治安策》、《過秦論》等政治性文論，雖然在具體問題上不乏精彩和獨到之處，但是缺少符合歷史要求的宏觀性和系統性。

董仲舒接受了這些成敗教訓，精心建構起一個究天人之際的宏偉理論體系，奠定了中國歷史上儒家思想的正統地位。

二、董仲舒「神學」中的理性與非理性

西元前一四〇年，漢武帝劉徹登基。中國歷史上第一次使用帝王年號紀年，是爲「建元」元年。中國思想史在這一年也邁進了一個新紀元。漢武帝接受了董仲舒對策中提出的建議，基本確定了「罷黜百家，獨尊儒術」的政策。其後，雖然有不悅儒術，好黃老之言的竇太后的短暫阻撓，但那只是針對某些個人，無法阻擋大勢所趨。漢武帝在宮廷中設置固定的五經博士職位，並設立了以儒家思想爲依據和內容的「孝廉」、「賢良」、「文學」等選官科目，明教化，興太學，令郡國每年舉薦固定人數到中央考核、做官。董仲舒甚至想排斥法家人物，提出「諸不在六藝（六經）之科，孔子之術者，皆絕其道，勿使並進。」丞相衛綰於建元元年說得更明確，主張黜免所舉賢良中爲申（不害）、韓（非）、蘇（秦）、張（儀）之言者。漢武帝採納了。然而像蘇、張之類的縱橫家思想，在統一之後已沒有用處，自然會被淘汰的。而申、韓之類的法家思想，主要就是制度設計，既已經徹底制度化，則毋庸再議了。

董仲舒說服漢武帝獨尊儒術，使儒教成爲中國兩千年歷史的思想正統，起到爲中國文化發展進行定位或定向的作用，其歷史意義是無與倫比的。

爲了迎合帝王的心理，避免與社會思潮處於明顯對立的位置，董仲舒巧妙地運用了一些神秘經驗內容，構成其學說非理性的表層結構。這包括一些巫術或宗教性質的東西，從其天人感應論中亦可看到周代天的信仰的遺痕。然而董仲舒的目的並不是爲專制政治提供神學根據，也不是要建立新的宗教。他實際使用藝術思維的方法，把表層結構的神秘成分與人的情感世界聯繫起來，並將它們與儒家的人生哲學與生命意識混成一片。在更深刻的層面上，他全面發揮儒家的世俗道德，吸收孔子之歷史理性和陰陽五行等其他學說中的科學、理智成分，構成反映社會結構本身的深層內涵。他最終建立起一個情感與理智相互滲透的完整體系，使其借用的神秘因素轉化爲反映現實所需要的世俗道德的浪漫主義表現方式。中國古代社會屬於世俗政權性質，包含董子學說在內的儒家思想同樣也屬於世俗價值系統。

董仲舒的理論體系非常複雜，他幾乎吸收、借鑒了傳統的和戰國以來新興的全部思想成果。以儒家倫理體系爲核心，雜糅易傳、陰陽、黃老、名、法等各家之說，借用古老的天的信仰生發出各種各樣的新義，而且保留某些訴諸於自然情感的非理性因素。在邏輯上以同類相召爲核心原理，使之貫穿始終，成爲一個整體。又充分利用類比、隱喩、寄託等各種修辭技巧，使他自己的儒家世俗倫理主題蘊含在目迷五色、神妙莫測的外殼之中。董子「三年不窺園」的苦學（《漢書・董仲舒傳》），「乘馬不覺牝牡，志在經傳」（《太平御覽》）的專心，並不是沒有效果的。

董仲舒（約西元前一七九～前一〇四年），景帝時治《公羊》學，曾作博士官。武帝即位後，即以三次對賢良策被賞拔。史稱「天人三策」。從漢武帝提出的問題來看，就是規模宏大、囊括古今、包羅萬象的。

《漢書．董仲舒傳》載，漢武帝的冊問從時間上推至「五帝三王之道」，下至當世；涉及政治、歷史、文化、宗教等各種社會問題，今略舉一些。在第一問中，他問道：「夫五百年間，守文之君，當塗之士，欲則先王之法以戴翼其世者甚衆，然猶不能反，日以仆滅？」「固天降命不可復反，必推之於大衰而後息與？嗚乎！凡所爲屑屑，夙興夜寐，務法上古者，又將無補與？」表明他內心的恐懼。他又問：「三代受命，其符安在？災異之變，何緣而起？性命之情，或夭或壽，或仁或鄙，習聞其號，未燭其理。」又明確說他想「受天之祐，享鬼神之靈」。在第二問中，又提到「蓋聞虞舜之時，遊於岩郎之上，垂拱無爲，而天下太平。周文王至於日昃不暇食，而宇內亦治。夫帝王之道，豈不同條共貫與？何逸勞之殊也？」「殷人執五行以督奸，傷肌膚以懲惡。成康不式，四十餘年天下不犯，囹圄空虛。秦國用之，死者甚重，刑者相望，耗矣哀哉！」

像這些問題，簡單地進行道德說教，或單純地搬出一家之言，都不可能令武帝滿足的。比如說要一味推行儒家的法古行仁之道的話，那麼武帝已經提出了前代帝王或執政者中，小心翼翼地「則先王」、「法上古」的人並不少，爲什麼不能使天下反還大道，反而「日以仆滅」？他自己就提出一種假設，即「固天降命不可復反，必推之於大衰而後息與？」也就是問，是否自然界存在一套不依善惡而改變的運行規律，以一種冥冥中的盲目力量或神秘力量支配著人間的治亂循環？這與五行家的思想有明顯聯繫。他又提出，「守文之君」以道德治天下，也出現過無濟於事（無補）的情況，而行法治、用肉刑者，效果也不一致，究竟該行德政還是行法治，又如何掌握其尺度呢？相同的措施可能產生不同的效果，而不同的行爲又可能產生相同的效果，虞舜之無爲和文王之有爲不同，然取得天下大治的相同效果，從「逸勞之殊」的現象，他追問帝王之道不存在行之有效的一致規律嗎？在這些問題的基礎上，他提出「三代受命，其符安在？」表明他既想望「受天之祜」，得到神靈的護佑；實際又對統治權力是否眞的爲神所賦予、並以超自然的力量作爲依據表示懷疑。

這些問題不僅是漢武帝一人、也代表了那個時代的某些具有普遍性的思考內容。由此可以看出，古人雖然在科學知識、經驗積累等方面不如今人，但他們認識、理解和分析的能力以及思辨的深度並不次於今人。何況像漢武帝這樣睿智的君主，簡單地搬用通俗的或傳統的上帝鬼神之說，並不能令他輕易相信和滿意。這就要求建構一個完整的理論體系，既含有神秘莫測的成分，又符合當時理智和經驗所達到的高度，才能給他提供爲其認可的統治權力之根據。

從董仲舒的回答可以看出他是頗費周章、相當吃力的。

首先，他說對武帝所提出的「天命與性情」問題，「皆非愚臣所能及也」，預留了退步。然後他說根據前代歷史，「觀天人相與之際，甚可畏也」，首先渲染一種神秘的畏怖氣氛。然後他進一步把這種氣氛轉變爲對傳統的敬畏，說天確實可以出災害怪異，對統治者進行譴責警告。如果無視天的意願，傷害敗亡則會隨之而至。這裏用神意的作用和效果強調「天」高於君主的權威。又說「天之所大奉使之王者，必有非人力所能致而自至者，此受命之符也。」是迎合武帝的心理，肯定最高統治權力確實由天賦予，是有根據的。但是，對這兩點傳統宗教固有的命題，董子馬上又加進與前代不盡一致的新內容。他說：「自非大亡道之世者，天盡欲扶持而全安之，事在強勉而已矣。」天對政權的支援是有前提的，這就是人類自身的努力，董子說強勉在「學問」和「行道」，而所學是儒家之學，所行是儒家之道。他引孔子說「人能弘道，非道弘人」，得出結論說：「故治亂興廢在於己，非天降命不可得反，其所操持悖謬失其統也。」這裏又轉了回來，天下治亂、王朝興廢，或者是否受天命都主要是帝王自己的行爲所致。那麼天的意志又是以人的行爲作爲根據的，人的行爲又在於是否符合儒家準則。歸根到底，儒家的道德原則是帝王權力的最終依據。

董仲舒雖然在他的理論體系中涵容了陰陽家學說，但在「天人三策」的問答中，卻堅持「道不變」的論點，暗中移換「五德終始」歷史觀的本來意義。這是他採用的策略，用以安慰和鼓勵武帝，以使武帝接受儒學。因爲按照五德終始說，朝代更替是按照自然律不斷循環的，無論是否行仁政，一個王朝只能在一定歷史時間記憶體在，然後必要被另一王朝取代，不能永遠不亡。而漢武帝就像希望他自身長生不死一樣，也希望漢王朝萬古長存。武帝問「固天降命不可復反，必推之於大衰而後息與？」表明他在這方面是非常擔心的。在第三問中，武帝仍然追問：「三王之教所祖不同，而皆有失，或謂久而不易者道也，意豈異哉？」他認爲如果說得「道」即可保證政權穩固，那麼儒家所推崇的三代英主應該是有「道」的，何以也不能保持永久？董仲舒揣摸透了武帝的心理，堅定地說「道者萬世亡（無）弊，弊者道之失也。」肯定得道失道是歷代興衰的根本原因。但是五德終始說已經深入人心，又是漢武最關心的問題之一，必須正面回答。董子說：

> 改正朔，易服色，以順天命而已；其餘盡循堯道，何更為哉！故王者有改制之名，亡變道之實。

這裏，他似乎也承認「五德終始」之說，但是他說做一些「改正朔，易服色」這樣簡單的事情就可以順天命，合運數，避免王朝的實質性更換。這樣解釋既不違五德終始說，又解除了漢武帝心中一個最大的憂慮，使之願意接受儒家學說。然而雖然從理論上說一個王朝可以永存，但僅作易服色之類的表面功夫仍不夠，關鍵在董子所謂「其餘」，要全部遵循儒家提倡的堯舜之道，道不變，政權才能不移。

董子在天人三策中提出「道之大原出於天，天不變，道亦不變」；「《春秋》大一統者，天地之常經，古今之通誼也」等著名論點。聯繫其通篇論述，就可知重點不在「天」而在「道」，言「天」之用意乃在借助傳統的力量加強說服力，而儒家之「道」才是政權的眞正依據，甚至是時間上永恒存在的根據。

這種道既是含有科學認識因素的自然規律又是效法這種自然規律的社會秩序。董子把自然法則及社會發展都看成是「不變的先後關係和相似關係」。

董仲舒針對漢武帝提出的問題，除了借用天的權威，還調動了所有能夠爲其所用的各種新學說，並緊緊聯繫典籍所載的歷史事實或傳說作出對策。其中涉及天命、自然、禮樂、歷史、人性、教化、典章制度、災異妖孽、古今成敗等各種具體題目。他在駕馭這樣寬泛而複雜的討論時，能夠不「失其統」，處處突出儒家思想，把《春秋》孔子之道作爲衡量、評判一切的標準。他說：「孔子作《春秋》，上揆之天道，下質諸人情，參之於古，考之於今。故《春秋》之所譏，災害之所加也；《春秋》之所惡，怪異之所施也。……以此見人之所爲，其美惡之極，乃與天地流通而往來相應，此亦言天之一端也。」原來天、人、古、今，自然與人事，時間與空間，一切的核心都在《春秋》。孤臣孽子之心，於此可見。孔子《春秋》之道既是理智的準則，又是精神的極致，它能動天地、感鬼神，與天地流通相應。這裏他非但不迴避神秘因素，反而對非理性潛能作一次有力開拓，在似乎以神秘方式徑直把握世界的原始本質的渲染中，《春秋》之義超越了經驗認識的規律和關係，隨著情感的激盪上升爲最高的理念。最終眞正被奉爲神聖的，不是傳統的天，而是賦予「天」以意義的儒家之道或《春秋》大義。

董仲舒在天人三策中，竭力勸說漢武帝尊奉儒宗的同時，還特別抨擊當時占主導地位的法家思想。他說：「廢德教而任刑罰，刑罰不中，則生邪氣。」但是這種攻擊排斥是有分寸的。他用陰陽來類比儒家之德教和法家之刑罰。說：「天使陽出佈施於上而主歲功，使陰入伏於下而時出佐陽。陽不得陰之助，亦不得獨成歲。終陽以以成歲爲名（年首稱春），此天意也。王者承天意以從事，故任德教而不任刑。刑者不可以治世，猶陰之不可任以成歲也。」儒家之德教猶如陽，法家之刑罰猶如陰。陰陽雖爲兩種相互對待的勢力，但在董子那裏卻有尊卑、主從之分。聖王應該任德教而不任刑，但這不是說完全不用刑罰，而是應該讓它只起輔助德教的作用，絕不能顚倒過來。

董子的這種主張，並非全出於排斥異己的偏執，其中也含有特定的歷史原因和董子「愛施兆民」的仁者之心。他說如果專任刑罰的話，「誅名而不察實，爲善者不必免，而犯惡者未必刑也。」又說：「好用殘酷之吏，賦斂亡度，竭民財力……是以刑者甚重，死者相望，而奸不息。」這裏雖指秦世而言，卻未必是漢時所沒有的事實。《漢書．刑法志》載，漢初很快就廢除了劉邦入關時的約法三章，「其後四夷未附，兵革未息，三章之法不足以禦奸，於是相國蕭何攈摭秦法，取其宜於時者，作律九章。」漢代全面沿用秦法，是很多學者研究的結論。如顧炎武《日知錄．會稽山刻石》說：「漢興以來，承用秦法，以至今日者多矣。」《漢書．刑法制》載武帝時「禁罔寖密，律令凡三百五十九章，大辟四百九條，千八百八十二事，死罪決事比萬三千四百七十二事。文書盈於幾閣，典者不能遍睹。」這比秦朝有過之無不及。

自戰國變法以來，社會結構就以嚴格的等級制度和僵硬的角色區分爲特徵，並用嚴苛的法律維護它，使每個人都不敢越軌。但是隨著不斷兼併和統一的完成，法術的性質逐漸發生變化，原來含有的富國強兵、實行統一要求的合理因素不復存在。法律條文按照君主意志變得越來越細密苛責，反而成爲失去合法性的，專供帝王恣意妄爲、殘賊暴虐的工具。《唐律疏議》說至唐時，蕭何所作九章中「其不道、不敬之目見存」。這所謂「不道」、「不敬」實質沒有客觀標準，完全是主觀任意的判定。漢武帝元狩六年（前一一七），大農令顏異以廉直從腹誹，論死。自是有腹誹之法，公卿大夫多諂諛取容者。所謂「腹誹」法就是以對他人的心理或思想的揣度爲根據而定罪，是中國古代一大發明。漢武帝天漢二年（前八九），司馬遷因爲李陵申辯，「武帝以遷誣罔……處遷宮刑。」漢武帝刻薄寡恩，「內多欲而外施仁義」（《史記．汲鄭列傳》），表面上求賢若渴，經常招延人才，但小有犯法，輒按誅之：起用張湯等酷吏，殺人無數。這樣的嚴刑峻法自武帝起一直應用，其後各帝都沒有大的改變。西漢末揚雄《解嘲》描寫不合理之法術壓制下的社會面貌是：「言奇者見疑，行殊者得辟。是以欲談者卷舌而同聲，欲步者擬足而投迹。」

董子在天人三策中對法術的指責，雖然是在武帝登基之初，卻對其後情況不幸而言中。這表明董子根據當時初露端倪的跡象，卓有遠見地預料到歷史的發展。在他極力推薦儒家之道和天的神聖時，不能忽略他含有這樣針對現實的理智思考：在社會結構已經定型、前代宗教權威已經崩潰的情況下，如何建立起禁止權力濫用的權威。

董仲舒對此使用的辦法之一就是抬出久已棄置不用的「天」，在他的學說中經常標榜「天」的神聖性和人格性。如說：「天者，百神之大君也，王者之所最尊也。」（《春秋繁露．效義》）「天者，萬物之祖，萬物非天不生。」（〈順命〉）「命者天之令也。」（《漢書．本傳》）「天子不可以不祭天也，無異人之不可以不食父。」（〈郊祭〉）「天有喜怒之氣，哀樂之心。」（〈陰陽義〉）天還會降「符瑞」以獎勵，降災異以「譴告」。

（《漢書》本傳）由此而言，「天」就是傳統宗教中那個有意志、有目的地進行活動的上帝，是一種人格化的超自然存在。

有些學者認爲董仲舒的學說是一個神學體系，主要根據就在於他對天的神化，並時時宣揚天的主宰作用。

但是，這只是表面現象。其實不僅在董仲舒那裏，而且在戰國末期以來的社會歷史中，「天」已經失去傳統宗教中上帝的權威和神靈的實義，成爲一種傳統權威的象徵符號。董仲舒確實把它作爲自己理論的組成部分，但那只是其表層部分。他把「天」當作一種闖過理智層面、到達無意識狀態的途徑，喚醒人們的內在情感和內心生活。諸如天爲萬物之祖，命爲天之令等說法，接觸到集體無意識的深層心理，以訴諸於情感的原始權威記憶加強現實道德法則的權威意象。在依靠法術和不道德的權力支配外部世界的情況下，借助於某些非理性因素來加強對現存秩序的衝擊和改變，是比全憑理智認識更加有效的方法。但是董仲舒很明顯地只把天當作工具、面罩或武器來使用，並不賦予它實體意義。從表面看「天」在董子學說中似乎有神性，但實際上既沒有神性也沒有超自然能力。如他在《春秋繁露·陰陽義》中說：「天地之常，一陰一陽。陽者天之德也，陰者天之刑也。」這與他在天人三策中的說法完全相同。所謂「天之德」，實際是社會的倫理道德，所謂「天之刑」，也是人間的律條刑法。社會的組織也像自然法則一樣，應該以道德爲主，以刑法爲輔。「天」必須遵守「天地之常」，而不能具有超「常」能力，所以歸根到底，「天」不過是包含物理世界意義在內的自然法則的權威象徵而已。

其他情況也如此，如天可降災祥，但是要根據人類自己的行爲是否符合道德而決定。天在他的理論中是規律化而缺乏生命力的。

董仲舒抬高天的地位，不是爲了重構和恢復舊日的宗教，而是爲了在神秘主義思潮盛行的時代爭取公衆意識的認同，借助其中所包含的潛在權威，用來對治現實生活的非正義和統治者的暴虐行爲。使天具有意義的原因，是儒家的倫理準則和按照這準則設計的政治結構。

「天」還代表經過董仲舒整理和闡釋的《春秋》之道。董子是專治《春秋公羊》學的，而《春秋》學側重於強調「禮」的方面，針對禮壞樂崩的歷史，提倡尊王攘夷，聲討亂臣賊子。但是時移世改，經過法家一系列「強本弱末」的措施，君主的權力完全失去制約。含有對國家和君主忠誠意義的「禮」和含有「汎愛衆」意義的「仁」出現複雜的矛盾。董仲舒審時度勢，對禮做了一些剝奪，以使在兩者發生矛盾的情況下，讓仁的原則取得優先地位。

《公羊傳．宣公十五年》載楚國派司馬子反伐宋，恰值宋國遭饑饉，至於「易子而食之，析骸而炊之」，子反出於同情而與宋國罷戰議和。關於此事，《春秋經》只有一句話：「夏五月，宋人及楚人平（平者，和也）。」《公羊傳》對此加以發揮，說：「外平不書，此何以書？大其平乎己也。」董仲舒在《春秋繁露．竹林》篇中舉此事爲例，也作發揮，說按這事本身而言，司馬子反「廢君命，與敵情，從其所請，與宋平。是內專政而外擅名也。專政則輕君，擅名則不臣」。這樣的罪過按照漢代的、甚至按照戰國以來各國的律條，也是典型的罪不容誅、大逆不道的罪行。尤其是違反君命，在武帝時是很敏感的。但董仲舒卻偏偏挑出此事爲例，爲子反作辯護。他說：「而《春秋》大之，奚由哉？曰：爲其有慘怛之恩，不忍餓一國之民，使之相食。推恩者遠之而大，爲仁者自然而美。」又說：「今使人相食，大失其仁，安著其禮？方救其質，奚恤其文？故曰：『當仁不讓』，此之謂也。」董仲舒說子反之舉沒有任何罪過，說按照《春秋》之義，這種違背禮卻成全了仁的行爲不但是有道理的，而且體現出道德上的「大美」。

而在董仲舒的理論中，《春秋》之道實質是比天更根本的東西。《春秋繁露．玉英》篇說：「《春秋》變一謂之元。元，由原也。其義以隨天地終始也。……故元者爲萬物之本。……是故《春秋》之道，以元之深正天之端，以天之端，正王之政。」由此可知，《春秋》之道既是天地萬物的標準，也是「天」的根據。

實際上，董子無論是對《春秋》之道還是對「天」，都根據現實政治問題作了靈活性的變通。雖然盡忠於君主和國家本身就是一種道德義務，但是在權力被濫用和刑罰無節制的情況下，對統治者和國家的盡忠，就常常失去其原有的道德涵義，而與其他道德準則發生衝突。如果出現什麼疑問的話，董仲舒則毫不猶豫地選擇後者。正如他在《春秋繁露．精華》篇所說：「《詩》無達詁，《易》無達占，《春秋》無達辭，從變從義，而一以奉人（盧文弨疑「人」當作「天」）。」把經書從語言形式中解脫出來，用以支援道德行爲。所謂「義」是指它們的道德涵義，「變」是靈活性地運用。在董仲舒的理論體系中，就可變出鬼神、變出「百神之大君」，變出「受命之符」，或者由王朝的興亡變成「改正朔，易服色」。但是萬變不離其義，最終皆「一」以儒家之道。

因此，從變從義而言，「天」也代表一種對於人的行為具有約束力的道德定位。

董仲舒把儒家倫理學和陰陽五行學派的宇宙論思辨比喻性地結合起來。把「陰陽」和「五行」概念納入道德哲學中去。按照他的說法，君、父、夫屬「陽」；臣、子、妻屬「陰」。儘管「陽」和「陰」離開對方則不能自存，但它們卻處於上下等級之差的關係中。「陰」只是「陽」的附屬。又把五行按時空配置，以土居中央，象徵權力的次序和集中。例如董仲舒說：

> 凡物必有合……陰者陽之合，妻者夫之合，子者父之合，臣者君之合。物莫無合，而合各相陰陽。陽兼於陰，陰兼於陽；夫兼於妻，妻兼於夫；父兼於子，子兼於父；君兼於臣，臣兼於君。君臣、父子、夫婦之義，皆取諸陰陽之道。君為陽，臣為陰；父為陽，子為陰；夫為陽，妻為陰。陰陽無所獨行。其始也不得專起，其終也不得分功，有所兼之義。……陽之出也，常縣於前而任事；陰之出也，常縣於後而守空處。此見天之親陽而疏陰，任德而不任刑也。是故仁義制度之數，盡取之天。天為君而覆露之，地為臣而持載之；……王道之三綱，可求於天。（《春秋繁露》卷十二〈基義第五十三〉）

> 天有五行，……木，五行之始也；水，五行之終也；土，五行之中也，此天次

之序也。……木居左，金居右，火居前，水居後，土居中央，此其父子之序，相受而布。……五行之隨，各如其序，五行之官，各致其能。是故木居東方而主春氣，火居南方而主夏氣，金居西方而主秋氣，水居北方而主冬氣。是故木主生而金主殺，火主暑而水主寒，使人必以其序，官人必以其能，天之數也。土居中央，為（為同謂）之天潤。土者，天之股肱也。其德茂美，不可名以一時之事，故五行而四時者，土兼之也。……人官之大者，不名所職（蓋參天子坐而議政，無不總統，故不以一職為官名），相其是矣。天官之大者，不名所生（生，疑主之誤），土是矣。（《春秋繁露》卷十一〈五行之義第四十二〉）

董仲舒提出的自然範疇和關係大都能從陰陽五行說中找到源頭，但是經他整理和改造後則成爲別具特色的新體系。最主要的成果是把自然範疇變爲道德範疇。社會秩序，尊卑等級，人倫關係，君臣位置等等，都能從含有科學認識成分的自然法則中找到相應的支援。似乎從宇宙論上把社會角色的不平等認定和權力結構一勞永逸地確定化了。通過陰陽五行，人類行爲和宏觀宇宙建立起直接聯繫。「天」是統一兩者的根據。其中有大量似是而非、無可不可的比附，如說「土」代表「天之股肱」，象徵「人官之大者」，用來比喻皇帝。董仲舒所標舉的宇宙圖式最根本的特點是解釋的主觀隨意性，他對自然和社會現象進行解釋時都竭力運用陰陽五行或經驗知識作爲工具，經常把解釋的過程變成一種創造過程，以自己的意圖爲歸宿，帶有明顯的詭辯性質。他在《春秋繁露·必仁且智》中提出觀察天意的兩種方法是：「天意有欲也，有不欲也。所欲所不欲者，人內以自省，宜有懲於心；外以觀其事，宜有驗於國。」按此說法，一種方法是內省，另一種是外觀。結合他所作的解釋的範例就可知道，所謂「內以自省」就是以主觀性的體會和意圖爲出發點進行聯繫；「外以觀其事」就是結合一些經驗素材，隨意地進行比附，只要「有驗於國」、即達到解釋者本人想要達到的政治目的或政治效果就可以了。這樣，對於同一個具體對象或事件，不同的人就能提出不同的解釋，或者同一個人也能作出不同的解釋。由此可知董子所說的「《詩》無達詁，《易》無達占，《春秋》無達辭，從變從義」，究竟是什麼意思了。它們不是與作品保持同一的視界融合，而是符合解釋者需要的變異創新。

儒家理論中沒有想要對君主政治作出任何制度性的徹底改變的論述，他們傾向於在現存架構之內作一些調整和改良，使既定制度盡可能地仁慈化。董仲舒也同樣想保持建立在區分貴賤貧富的基礎上的社會秩序，尤其寄希望於君主能夠自覺承擔道德義務。他想用儒家之道進行節制和協調，使社會不平等不至於無限擴大，保持在爲禮所界定的範圍之內。在這方面他吸收了荀子和《禮記》中的某些思想成分，他說：

> 大富則驕，大貧則憂。憂則為盜，驕則為暴，此眾人之情也。聖者則於眾人之情，見亂之所從生。故其制人道而差上下也，使富者足以示貴而不至於驕，貧者足以養生而不至於憂。以此為度而調均之，是以財不匱而上下相安，故易治也。

（《春秋繁露》卷八〈度制第二十七〉）。

這裏所謂「人道」就是儒家之道，所謂「差上下」就是根據禮「以限等差，苟無其祿，不敢用其財」。《白虎通．禮樂篇》說：「禮者盛不足，節有餘，使豐年不奢，凶年不儉，貧富不相懸也。」意義與董子這裏所言基本相同。這對於當時的社會狀況來說，是有其救弊補偏之目的合理性的。能使這種主張得以運作的先決條件，卻在於昔日的「聖者」、當時的君主的意願。如果君主不願實行儒道，則董子的設計亦無從實現，在君主政治的制度下，這是無可奈何的事。董仲舒說服帝王接受其主張的辦法之一，就是充分利用統治者的鬼神崇拜和恐懼心理，以傳統的天的權威來加強說服力。

從春秋戰國至漢朝建立，戰亂不斷，縱使帝王諸侯之家，也是轉瞬榮枯，朝不保夕，這是鬼神之說一直流行的原因之一。從漢初高帝至漢武帝幾代皇帝或者親身經歷、或者去亂不遠，也具有一種不安定的強烈危機感，所以迷信風氣大興，方術之士盈朝。司馬遷作《孝武本紀》，從武帝即位的第一句話就說：「孝武皇帝初即位，尤敬鬼神之祀。」這是開篇點題，此後在整篇傳記中，荒唐的鬼神崇拜鬧劇和癡迷的神仙追求成爲貫穿全篇的主題。內容以敬祀鬼神始，以冀遇鬼神終。可以明確看出太史公的立意所在。

在天人三策中，漢武帝在第一次策問中就提出「災異」、「鬼神」等問題。在他有關鬼神的問題中，本身就包含著想要得到的答案。即希望有一種超自然的力量護佑漢家王朝，使其統治具有確定性和無限性；甚至還希望他自己也能超越生命的有限性。董仲舒迎合其意，搬來傳統的「天」，並用「天人感應」爲核心製造了一個具有強烈神秘主義色彩的理論體系。他利用陰陽五行等範疇把自然法則與社會法則作簡單的類比，用摹仿自然的藝術原理，描述宇宙的構造及其運動體現天的道德和意志，社會的構造和發展也與天的道德和意志一致。「人副天數」，人與天爲同類，人有什麼，天也有什麼；天有什麼，人也有什麼。最後得出的結論是人君必須按天道行事，一舉一動都要以天爲效法榜樣。

董仲舒在談論天的神性時，一般都是以擬人化的手法比附道德準則，把天的神性體現都歸結爲道德性。目的很明確，要求皇帝按照他所總結出的道德準則行事。不過，天的所有道德特性必須經過董子的解釋才能顯現出來，其他人是不易發覺的。如《春秋繁露．離合根》說：

> 天高其位而下其施，藏其形而見其光。高其位，所以為尊也；下其施，所以為仁也；藏其形，所以為神；見其光，所以為明。故位尊而施仁，藏神而見光者，天之行也。故為人主者，法天之行，是故內深藏，所以為神；外博觀，所以為明也。任群賢，所以為受成；乃不自勞於事，所以為尊也。汎愛群生，不以喜怒賞罰，所以為仁也。

這裏，他實際是將自然天空的現象和屬性，與道德準則作生硬的比附。這也是一種摹仿自然的手法，不過不是以顏色、聲音、造型等感性形式進行摹仿，而是以抽象的道德摹仿自然。如空間的「高」與皇帝之社會地位的「高」、天空之「光」「明」與形容人之道德品質的「光」和「明」等，並沒有同質的聯繫，而只是藝術性的想像或聯想中的聯繫。空氣難以呈現出視覺形象，董子對此用擬人手法解釋為「藏其形」，與君主的無為強作比附；用自然提供陽光雨露，比喻君主「泛愛群生」和「施仁」。他提倡「法天之行」，這所謂「法天」，更確切地說應該是「師造化」而不是「師鬼神」。它們實際是基於強烈個性感受色彩之上的、充分發揮藝術想像的結果。這些屬於藝術認知方式的比喻和想像，與宗教的理論論證不可同日而語。

此類聯想和比喻在中國古代文學藝術中是被廣泛應用、常見的藝術表現手法，由此不足以證明「天」是有意志有目的的，也不足以證明董仲舒是在認眞論證天的目的性。如李斯《諫逐客書》說：「是以泰山不讓土壤，故能成其大；河海不擇細流，故能就其深；王者不卻衆庶，故能明其德。」泰山和河海並沒有「不讓土壤」和「不擇細流」的意識，也沒有「成其大」或「就其深」的目的，借用自然物作比喻，是爲了勸說秦王不要驅逐他國的客卿。再如荀子〈勸學〉：「螾無爪牙之利，筋骨之強，上食埃土，下飲黃泉，用心一也。蟹六跪而二螯，非蛇蟺之穴無可寄託者，用心躁也。」這也是將動物作擬人比喻，說明用心專一的道理。董子在此也使用了相同手法，所描述的一些天的特徵確實有感性認識的基礎，如基於視覺的「藏其形」，基於陽光雨露等現象的「下其施」，等等。他雖然使用了擬人手法，卻沒有使天神與天空這個自然物原型脫離開來，因此這種想像就更多地表現爲藝術性的，而不是宗教性的。他這一段的目的是通過形象的聯想，勸告帝王應該遵守施仁、無爲、博觀、「泛愛群生，不以喜怒賞罰」等道德準則。這都是緣事而發、有特定的針對性。

宗教與藝術的想像都是訴諸於情感，並往往超越理性之疆界。在以直觀和類比爲特徵的非理性認知方式中，所有規律性的東西都失去了尺規，所有呆滯的東西開始運動起來，有認識作用的主體超越時間之流和其他一切關係，以一種神秘方式與萬物合而爲一。但是藝術與宗教的想像又是有區別的。宗教想像的語境單一，它可用確定性的語言對神靈的形象、神性進行描述，構成直觀的異化形象；而藝術表達的語義複雜，其語境包容多種甚至是相互衝突的經驗。如董仲舒這裏的描寫，既有對神靈的比附，又有與之對立的關於自然天空之屬性的聯想。另外，對於宗教來說，所有想像的成果去而忘返，異化爲與人對立的神；而藝術想像卻伴有審美的愉悅，神與物遊之後復歸於人性，不存在異化現象。從董仲舒的比喻中可以看出，雖然他用非理性的方式把天的屬性與道德原則作了聯想，使自然人性化。但聯想之後，天仍然是自然天空，而沒有成爲一個有固定人形和性格的、作爲異己力量的神。天可以成爲人們效法榜樣的、與道德原則一致的自然形態，卻沒有顯示主宰人類命運的主體性和能動性。異化之能夠被克服，天人皆能復歸其位，說明董子所使用的是一種審美移情的藝術方式，而不是宗教信仰的論證。

再如他提出「天」有情感這個論點，這在建立一個神學體系時是非常關鍵的問題，但是他的論證卻完全違背邏輯，純屬藝術的認知方式。他說：

天亦有喜怒之氣，哀樂之心。與人相副，以類合之，天人一也。春，喜氣也，故生；秋，怒氣也，故殺；夏，樂氣也，故養；冬，哀氣也，故藏。四者天人同有之。有其理而一用之。與天同者大治，與天異者大亂。故為人主之道，莫明於在身之與天同者而用之，使喜怒必當義而出，如寒暑之必當其時乃發也。（《春秋繁露．陰陽義》）

春氣愛，秋氣嚴，夏氣樂，冬氣哀。愛氣以生物，嚴氣以成功，樂氣以養生，哀氣以喪終，天之志也。……春之為言，猶偆偆（偆通蠢。《風俗通．祀典篇》：春者蠢也，蠢蠢搖動）也。秋之為言，猶湫湫也。偆偆者喜樂之貌也；湫湫者憂悲之狀也。是故春喜夏樂，秋憂冬悲，悲死而樂生。以夏養春，以冬藏秋，大人之志也。……人主立於生殺之位，與天共持變化之勢，物莫不應天化。……當暑而寒，當寒而暑，必為惡歲矣。人主當喜而怒，當怒而喜，必為亂世矣。（〈王道通三〉）

像這樣用春夏秋冬來比喻天的情感，在《春秋繁露》中有很多處，是董仲舒最常用，最喜用的一種比喻。但是這樣的論證恰恰否定了他的論點，說明天的情感只不過是一種對自然過程的比附，是以四季氣象、氣候的變化和與此相關的動植物活動、生長規律等科學認識爲基礎所作的聯想。他甚至從音訓作出解釋，說「春」之讀音，接近「偆偆」；「秋」之讀音，接近「湫湫」，從語音上找到喜樂與憂悲的感覺差別。這就顯得更加牽強了。從理智認知而言，這樣的「喜怒」缺乏顯示自由意志的和隨意性的人格「情感」的、能夠違反和中斷自然法則的神蹟的證明，實質上是對天有情感或喜怒之觀念的否定。從藝術認知而言，它是一種審美移情現象，人的情感與自然節律產生同構作用，又是富有詩意的。董子以一種摹仿自然的藝術手法，把宇宙規律的確定性當作範式，強調所謂「天」的情感受嚴格規律的限制，最終要求「人主」的情感也要以天、實際就是以道德爲法則，「使喜怒必當義出」。這在君主政治中實際是個很重要的問題，正如董子所說，權力極端集中的君主「立於生殺之位」，其主觀的情緒變化對社會政治也能夠造成重大影響，甚至決定社會的興衰。如劉克莊的詞所描寫的：「醉裏偶搖桂樹，人間喚作涼風。」克服隨意性的世俗權威並加以限制，是當時社會政治需要解決的重要問題。

董仲舒整個理論體系其實並沒有認眞論述天的神性、或者實實在在進行神學理論論證的部分。他提出一些諸如「天者，百神之大君也」等宗教性的論點，但涉及到具體論證，則一概使用基於經驗認識的自然現象來作比附。他甚至不像墨子那樣，大量引用前代的傳說和神話來作證明。天的神性在他的邏輯中只是一個開端，通過大多爲不合邏輯推理的形象思維的聯想，最後達到的終點都是儒家的價值觀念、政治主張和對人主的道德制約。政治從屬於道德、非理性終達於理性這種程式本身表明，表面呈現爲神學的那些觀點，實際就像「買櫝還珠」寓言中的盛珠之櫝，是一種理論的包裝。眞正的「珠」，即其理論內容，則是世俗性的儒家之道。由於他的論證方法是藝術性的、形象思維的，致使神性的天道和儒家的價值體系不能有機地結合起來，大多顯示爲一種包裹、捆綁式的結合。

「天」作爲包裝也是有其特殊作用的，它畢竟具有宗教傳統的權威力量，並且是與保持了上千年之久的影響和權力的宗族觀念聯繫在一起的。雖然董仲舒本人的理論缺乏說服力，但傳統的力量卻能發揮作用，在某種程度上形成統治者所需要的政權的神化表象。

董仲舒的理論中包含著基本矛盾，一方面，要滿足統治者的意願，對政權提供神聖的依據，以非理性因素補充理性的僵硬；另一方面，他又絕對忠誠於以世俗性和理性主義爲主導特徵的儒家價值體系。因此，在神化君權的過程中，最後達到的總是作爲權力根據的儒家之道。由神秘性開始，到世俗性結束，在天人關係等闡述上往往出現相互勝出的混亂，形成類似所謂「宗教原理絕對世俗化」的現象。例如他在論證社會等差結構的合理性時，便以「天」作爲依據。說：

> 人受命於天，固超然異於群生，入有父子兄弟之親，出有君臣上下之誼，會聚相遇，則有耆老長幼之施；粲然有文以相接，歡然有恩以相愛，此人之所以貴也。……故孔子曰：「天地之性人為貴」。（《漢書》本傳）

> 為生不能為人，為人者天也。人之（為）人本於天，天亦人之曾祖父也。此人

之所以乃上類天也。人之形體，化天數而成……則堯舜之治無以加，是可生可殺，而不可使為亂。（〈為人者天〉）

他說諸如父子兄弟、君臣上下、堯舜之治等人類秩序都是「受命於天」的，所以把社會不平等結構說成是絕對的，「不可使爲亂」。天這個先驗範疇在這裏是一個最高的價值標準，但是他在用這個標準確定社會秩序之權威的同時，深入到儒家所界定的人的本質屬性中去，不自覺地提升了人類自身的意義。「爲生不能爲人，爲人者天也」，「天亦人之曾祖父也」（亦即天爲人之祖）等說法，並不是從生物學上對生命繁衍或起源作出判斷，也不是在那種神之創造意義上而言的上帝創造人類。這裏，他把「爲生」、即自然生命現象，與「爲人」、即寄寓在生命現象中的人類本質作了分別。「爲人者天」，說明人類從天稟受了所以爲人的道德倫理的本質屬性。「人之爲人本於天」，通過賦予人類本質屬性的「天」這個依據，社會秩序也成爲人的本質的體現，得到充分肯定。

眞正從生命繁衍角度而論，董子把生化功能歸於更多屬於物理意義上的自然，而不是具有神性嫌疑的「天」。如說：「天地之精所以生物」（〈人副天數〉），「天地之生萬物也，以養人」（〈服制象〉），等等。這裏「天地」聯言，則明確爲自然之義，實際仍屬於先秦精氣說，同於〈易繫辭〉「天地絪縕，萬物化醇；男女構精，萬物化生」那種宇宙生成論。

董仲舒常把天和人說成是同類的，說人「上類天」、「人之形體，化天數而成」。但這種類比不屬於性質相同事物之間的類比，不過是通過對兩者某些外部的、現象的、偶然的聯繫，作形象思維的聯想。通過這些聯想，他表達了關懷現實人生、充滿入世精神的儒家之道，最後變成了古代人類不能一下辨認出來的無神論。例如：

天地之精所以生物者，莫貴於人。人受命於天也，故超然有以倚……人有三百六十節，偶天之數也；形體骨肉，偶地之厚也；上有耳目聰明，日月之象也；體有空竅理脈，川谷之象也；心有哀樂喜怒，神氣之類也。觀人之體，一何高物之甚而類於天也！（〈人副天數〉）

天、地、人，萬物之本也；天生之，地養之，人成之。（〈立元神〉）

宇宙意義之完滿，無人不成。所謂「人」也不是僅限於聖人、君子或帝王，而明確是指具有「形體骨肉」、包括「君臣父子」在內的整個人類。董仲舒這裏對現實人生的熱情讚頌和謳歌，與他用天來規範社會秩序和制約君主權力時的論述顯然出現矛盾。天之原本居高臨下、宰制人類的地位在一致的自然生命感受中不復存在，天之原本作為效法楷模而與人對立的威嚴在強烈的同類意識中化為烏有。「天地」是為了自我出現而生化人類，天與人實際變成了作為「萬物之本」的共同實體。

董子這種絕對地提升和肯定現實人生價值的意向，並非他自己所獨有，實際繼承了自孔、孟便開始形成的一以貫之的積極進取態度。這是儒家學說的基本特徵之一，如《禮記·禮運》篇說：「人者，其天地之德，陰陽之交，鬼神之會，五行之秀氣也。」又曰：「人者，天地之心也，五行之端也，食味、別聲、被色而生者也。」與對人的毫無保留地讚頌相比較，「天」和鬼神又有什麼神秘權威和特殊地位可言呢？然而這裏的鬼神作爲非理性因素的符號，對於全面高揚人的生命意識，又是必不可少的。在一種不僅是價值判斷，而且也含有審美體驗的描述中，「天」變成了「人類自我中心」的自然。

如果說諸如基督教的上帝，也是按照他自己塑造了人，賦予人相同的本質的話，那麼完全不同的是：宗教對於現實人生從總體傾向上是持否定態度的。超越的上帝正是與人類的罪惡、和世俗的無價值或缺乏價值相對立，絕對眞實圓滿的神佛正是與人生的痛苦和相對虛幻相對待，從而獲得超越性存在的理由的。儒家學說與宗教神學最根本的區別在於：絕對肯定人生和世俗世界的價值。道德在與社會秩序發生衝突的情況下，兩者拉開距離，分成兩個領域。道德準則能夠以經驗世界規律性的「天」或「道」的樣式、或者以具有神秘經驗因素的「天」或「天命」的樣式出現，對被擾亂了的社會秩序進行規範。如董仲舒經常宣揚在君主的行爲不道德的時候，「天」就會降下災異以譴告。但無論採用什麼樣式，都是策略性的，以兩者能夠拉開距離的方法，而不是以宗教那種超越性的方法進行調節。這是儒家理論體系自身所特有的調節機制的作用。但由於儒家理論建立在絕對肯定人生和經驗世界的價值的基礎上，它的目的是追求人間政治理想的實現，所以在其語境中經常把人類自己奉爲神聖，從而消除了天人的對立，使人與自然兩者統一起來。董仲舒所謂「人之絕於物而參天地」（〈人副天數〉），就是在實存的意義上達到與天比肩的高度。因此，董仲舒學說中常常不自覺地流露出神秘主義外貌與理性主義信念產生的矛盾，這些矛盾解構了其神學表象。

三、神學外殼及「大愚」之罪

董仲舒在構築其理論體系的神學外殼時，其邏輯基礎是建立在陰陽五行學派和易傳哲學所總結的經驗知識和自然規律上，如：「天地之氣，合而爲一，分爲陰陽，判爲四時，列爲五行。」（〈五行相生〉）「天、地、陰、陽、木、火、土、金、水；九；與人而十者，天之數畢矣。」（〈天地陰陽〉）從這些自然範疇出發，想要描述出一個與經驗性的規律系統相對立的天神的意志和目的，顯然十分吃力和勉強。在人們的意識中，「天」常常習慣性地回到它已經基本確定的位置——反映古代人們理性認識的自然界。正如董子自己在神化天的時候，也常常以知覺到的感性經驗作比附的依據，但感性經驗天然地含有對神秘主義的解構因素，使董子的人格化的神意解釋出現不待解構而自解構的不穩定性。這是他的學說中經常出現的問題，《春秋繁露．同類相動》如下這幾段話就具有代表性：

今平地注水，去燥就濕；均薪施火，去濕就燥。百物去其所與異，而從其所與同；故氣同則會，聲比則應，其驗皦然也。試調琴瑟而錯之，鼓其宮則他宮應之，鼓其商而他商應之；五音比而自鳴，非有神，其數然也。美事召美類，惡事召惡類，類之相應而起也，如馬鳴則馬應之，牛鳴則牛應之。帝王之將興也，其美祥亦先見；其將亡也，妖孽亦先見。物故以類相召也，故以龍致雨，以扇逐暑，軍之所處以棘楚（高注：軍師訓眾，以殺伐為首，棘楚以戮人，喜生戰地，故生其處也）。

天有陰陽，人亦有陰陽。天地之陰氣起，而人之陰氣應之而起；人之陰氣起，而天地之陰氣亦宜應之而起；其道一也。明於此者，欲致雨則動陰以起陰，欲止雨則動陽以起陽，故致雨非神也，而疑於神者，其理微妙也。

故琴瑟報彈其宮，他宮自鳴而應之，此物之以類動者也；其動以聲而無形，人不見其動之形，則謂之自鳴也。又相動無形，則謂之自然，其實非自然也，有使之然者矣。物固有實使之，其使之無形。《尚書大傳》言：周將興之時，有大赤烏銜穀之種而集王屋之上者，武王喜，諸大夫皆喜，周公曰：「茂哉茂哉！天之見此，以勸之也。」恐恃之。

他在這裏以經驗事實爲出發點，主旨在說明「物故以類相召」的天人感應之理。從物質性的「去燥就濕」或「去濕就燥」，「五音比而自鳴」，「馬鳴則馬應之，牛鳴則牛應之」等現象，聯繫到天地的陰陽之氣也是「陰以起陰」、「陽以起陽」。從同類相召的道理而言，否定了神靈的作用，所以說「非有神，其數然也」，世界的許多現象都是這規律的作用，而不是「神」的支配。他甚至以「致雨」爲例作解釋。在古代農業社會，祈雨是最普遍、最頻繁的帶有巫術性質的活動，但是他說：「致雨非神也，而疑於神者，其理微妙也」。董子肯定說求雨得雨並非是神靈之功，但既求而得，看起來很像是神靈的作爲，其實是一種「微妙」之「理」的作用。

這微妙的道理也並不難理解，我們按照他的思路便可找到答案，就是根據同類相召的原則，可得到重複性的驗證、卻無法用理性究其奧義之「動陰以起陰」的作用而已。至於具體作法，他在〈求雨〉篇曾作過詳細說明，要根據不同季節，紮不同顏色的龍，服不同顏色的衣服進行祝禱。蓋在他認爲龍爲陰物，故「以龍致雨」如同「以扇逐暑」一樣順理成章。另外他在〈求雨〉篇還說「令吏民夫婦皆偶處，凡求雨之大體，丈夫欲藏匿，女子欲和而樂」。這是一種非常古老的迷信觀念，以性別分男陽女陰，蓋以女巫求雨的巫術是從商周流傳下來的習俗。董仲舒自認爲掌握了微妙的獨得之秘，這裏他認爲一種具有重覆性、必然性，可經實證驗證的自然法則在發揮作用。除此之外，這種自然法則關係著不是神靈、而是某種超概念的神秘經驗。所謂「其理微妙」，是說神秘經驗涉及到其自身無法知悉，超越意識可以把握的事物之莫測高深、絕對內在的原理。

董仲舒進一步把同類相召原理應用到社會行爲的價值效應和道德因果上去，得出「美事召美類，惡事召惡類」的結論。這個論點很簡單，卻是他的理論體系的邏輯核心。政治治亂、國家興亡等種種複雜社會現象都可從這個原理得到解釋。他以《尚書大傳》中「有大赤鳥銜穀之種而集王屋之上者」的記載爲例，說明周行仁政這樣的「美事」，召來祥瑞之兆這樣的「美類」，預兆「周將興」。他說：「又相動無形，則謂之自然，其實非自然也，有使之然者矣。」這裏所謂「自然」，是指沒有原因。同類相召所以能成爲社會行爲的因果律，就是因爲它是一種只有神秘經驗所特有的同一性才能接觸到其幽深、奧秘的世界統一法則。

在「其理微妙」、「疑於神」、「非有神，其數然也」和「同類相動」等論證中，可以明顯看出，董仲舒把超出理解力的任何範疇的事物都竭力納入我們理解力的範圍之內加以解釋的努力。

他認爲如治亂等社會現象或者災異之類，雖然看起來像是沒有原因、突如其來的，其實是有原因的，「有使之然者」。直接的原因是天地之氣「使之」，然而其後還有一種一般處於未然狀態、而經感動則在一剎那間「使之然」的世界本質爲根本原因。對於這種歸之於神秘經驗的原理或本質，董仲舒並沒有作出明確的說明，只是強調它處於動人的、隱約的、又無法表達的認識狀態。他恪守早期儒家創立的宗旨，不追究理智認識之外的事情。然而他一方面肯定地說「非神也」、強調不是神靈的作用；另一方面又渲染它的神秘性，「疑於神」、「其理微妙」。這就更加深了人們對這種原理或法則的神秘感。這是董子的一種策略，用神秘感來加強其學說的權威感。然而這屬於藝術性的感動能力，並不是訴諸宗教信仰的權威。其實歸根到底，最終起決定性的還在於人自己，自己行了「惡事」，則招來「惡類」；自己行了「美事」，則招來「美類」。因此，人類的命運、包括政治命運，還有漢武帝所問的「性命之情」等關於個人的命運，都取決於人類自己的行為。天作為決定幸或不幸的輔助力量，可以直接由人所操縱。

無論「同類相動」這個論題本身是否含有眞理性、以及其中究竟含有多少非理性因素。董仲舒把它當作眞實的、必然的、並有經驗知識作根據的規律來應用，這種應用本身對神秘主義就是一種有力的解構。因為凡是能夠被認識的、凡是有規律可尋的事物，就很難再保持神秘的面紗。按董仲舒的邏輯，人的命運能夠由自己的行為所決定，而判斷行為的標準又是儒家之道。縱使天帝鬼神在董仲舒的理論體系中占有獨立地位，比較那些通過它們要達到的目標來說，它們也只具有從屬的或次要的價值。如果理智經驗遠較神秘經驗佔優勢，那就是哲學思維。

鑒於漢初諸帝「不問蒼生問鬼神」的情勢，董仲舒為了弘揚儒家之道，講了一些巫鬼之事（如〈求雨〉篇）。但這可能是不得已而為之。他實際上接受了五行家和易傳哲學建立的宇宙圖式，並按照先秦儒家的精氣論來理解鬼神。如他在「天人三策」中說：「刑罰不中，則生邪氣。邪氣積於下，怨惡畜於上。上下不和，則陰陽繆戾而妖孽生矣。此災異所緣起也。」（《漢書・董仲舒傳》）這裏說「妖孽」、「災異」都說成是陰陽之氣的變化結果，那麼鬼神也是一種「氣」的存在。而陰陽之氣發生異常變化，導致妖孽怪異出現，都是錯誤的政治措施造成的。自我行爲是根本原因。在正常情況下，「天」和鬼神妖孽一般不出現，也不發揮作用。說到底，「天」和鬼神不過是一種維護儒家道德原則或在這種原則指導下的社會秩序的權威標誌，它們沒有獨立存在的價值。這也是董子所謂「非有神，其數然也」的寓意之一。

另外，董仲舒給他的理論精心營造了一個神秘主義的表象，運用了不少非理性的東西進行組織，卻絕不借用實體性的神靈或靈魂的觀念。如其〈三代改質文〉中說祭天亦兼祭前代百王，因爲那些帝王「聲名魂魄施於虛，極壽無疆」。這裏實際是對靈魂觀念的否定。所謂「魂魄施於虛」，同於先秦儒家的「氣變異類」和「形消氣散」的觀點。而所謂「極壽無疆」，等於今天所說的「永垂不朽」。所以《春秋繁露・義證》中，蘇輿在此處索性引《朱子語類》解釋：「『魂氣歸於天，是消散了。正如火煙騰上，去何處歸？只是消散了。』又云：『聖人安於死即消散。』亦與此施虛義合。」在那個通俗鬼神之說特別盛行的時代，董子迴避神靈和靈魂觀念，並強調人死後精神「施於虛」，是非常耐人尋味的。

董仲舒的理論具有一個薄弱的神學外殼，所包裹內容卻是非宗教性的。他製造這個外殼十分必要。首先，它是一種與其他學派（如黃老）的競爭策略，在黃老、陰陽家和方士都以神秘主義特徵贏得社會青睞的形勢下，董子也爲他的學說塗抹一層神怪色彩，以迎合帝王的心理，使他們接受儒家之道。其次，在決策權力高度集中，君主意志沒有制約的情況下，借用「天」的傳統力量來防止權力濫用，比理智的勸說更加有效。

其實他那種屬於審美範疇的神秘經驗、缺乏邏輯論證的關於天的神話，並不能長久地瞞過漢武帝。《漢書．董仲舒傳》載：

先是遼東高廟、長陵高園殿災，仲舒居家推說其意，草稿未上。主父偃候仲舒，私見，嫉之，竊其書而奏焉。上召視諸儒，仲舒弟子呂步舒不知其師書，以為大愚。於是下仲舒吏，當死，詔赦之。仲舒遂不敢復言災異。

這一段史實很富戲劇性，又生動地說明董仲舒理論中神怪之談的眞正性質。《傳》中所謂「推說其意」，大概就是編造的意思。《董仲舒傳》還載：「仲舒治國，以《春秋》災異之變推陰陽五行所以錯行」，可知他在解釋災異的寓意時還必須附以陰陽五行作根據。但陰陽五行之「錯行」，歧義紛擾、變數很多，如何貫徹解釋者本人的意圖，則需要費一番功夫了。如果有確定的規律可尋，董子完全可以一揮而就，不必既要「推說」又要先寫「草稿」。可知對災異的解釋並無一定之規，需要隨機應變，以逆己志，此即董子所言：「《春秋》無達辭，從變從義」之一解。主父偃看到的草稿，顯然與平時上奏給皇帝，講得頭頭是道的成品不同，留有煞費苦心編纂的明顯痕跡。而呂步舒不知是其老師的作品，大概原因有二：一是董仲舒平時居家「進退容止，非禮不行」（《史記儒林列傳》），也許不語怪力亂神；弟子又不一定親見其人（參見《董仲舒傳》「或莫見其面」之顏師古注），不知其用心所在，故聞所未聞。二是草稿的編造竄亂之跡既見，荒唐不經之處則暴露無遺，董氏弟子本是儒生，傾向於理性主義的信念，故斥之爲

「大愚」。

漢武帝對此事的處理也是意味深長的。漢承秦法，相當苛繁，「大愚」是否在律條，已不得而知。但他爲這樣一件看起來微不足道的小事對董仲舒問罪，論成死罪之後又下詔赦免。經此一番死裏逃生，嚇得董仲舒從此「不敢復言災異」了。漢武帝的用心非常明顯，他認爲自己出於統治的需要，接受了董仲舒的建議而獨尊儒術，對於天譴那些鬼話其實並不相信，而董仲舒卻以爲自己眞糊塗，用災異之說含「刺譏」（《史記・儒林列傳》）之意而干涉時政，所以要以「大愚」論罪，趁機還以顏色。漢武帝沒有做「買櫝還珠」那樣的笨事。相反，他「買珠還櫝」，留下「大一統」治道之「珠」，通過這次問罪把那神秘主義之「櫝」又還給董子。

漢武帝並非不迷信。《史記・孝武本紀》和〈封禪書〉等用了極長的篇幅寫他相信方術之士的話，苦苦求索神仙和不死藥。雖然一次次上當受騙，至死不悔。他寧肯求助於方士也不相信董仲舒所說的「能見不見」（〈祭義〉）那樣的鬼話，可證眞正癡迷鬼神的人，能夠感受到董子學說中的反傳統立場和非宗教性質。

在歷史上，武帝之剛愎自用，喜怒無常，刻薄寡恩是非常著稱的。從現實效果看來，董仲舒想用天的權威來約束權力濫用的目的並沒有達到。

但是，董仲舒使儒學上升到國家正統學派的位置，爲儒家學說開闢了幾千年的基業，居功至偉。他所創造的理論體系既具有理性主義內核，又呈現出天人一體的恢宏氣勢和具有藝術情致的理想特徵，給後世儒學的發展提供了特殊的形式和風格。

第八章　兩漢經學

諸子百家之學，是在「道術將爲天下裂」的形勢下，由統一的天的信仰分裂出的多元的新的思想和學說。天的信仰本身，卻隨著這些新思想和學說的出現而瓦解了。戰國末法家思想首先體制化，其敵視傳統的性質使宗教權威在制度層面受到徹底的滌蕩。

從戰國末至秦漢之際，中國學術又出現一種新的潮流，社會統一的趨向和步伐刺激起人的主體意識的膨脹。生產力提高，人類知識和經驗範圍擴大，也是促使人們想要認識世界之新的領域、探索所有現象之間的聯繫和它們背後的奧秘之欲望的因素之一。陰陽家以天文地理等經驗知識爲基礎，建立起一個探「天人之際」、「人之所不能睹」的包羅萬象的恢宏體系。它的魅力之一就在其龐大和新奇的特徵。太史公對鄒衍也非常欣賞，《孟子荀卿列傳》中說：「騶衍其言雖不軌，儻亦有牛鼎之意乎！」〈索隱〉注：「《呂氏春秋》云：『函牛之鼎不可以烹雞』，是牛鼎言衍之術迂大，儻若大用之，是有牛鼎之意。而譙周亦云：『觀太史公此論，是其愛奇之甚』。」人們追求對世界一種整體的綜合的認識，社會歷史的發展固然是外部的原因，但思想自身發展的規律是更加深刻的內部原因。司馬遷所說的「牛鼎之意」，是說陰陽家的體系如同用烹牛之鼎烹雞。雖然其中「仁義節儉，君臣上下」等價值意義的含量太少，但人們仍然傾心於那種體系之天風海雨般的逼人氣勢。

儒家自覺順從這種思想表達方式，董仲舒成功地把儒學推上獨尊的寶座，很重要的原因之一就是其理論得「牛鼎」之助。相反，此前與儒家同列顯學的墨家，尊天明鬼，保存傳統的成分亦不讓儒家。《孟子．滕文公下》說：「天下之言不歸楊，則歸墨」，其影響聲勢似應勝過儒家。但墨家後學卻沒有順隨歷史潮流，現傳《墨經》中的〈經〉上、下，〈經說〉上、下及〈大取〉、〈小取〉等，蓋為後期墨家的著作。對邏輯學、和其他一些科學學科的研究非常深刻，但滑向深、細一流，終於湮沒不傳。

一、《易傳》宇宙圖式中的認知結構

儒學之理論結構向宏觀發展，並不始自董仲舒。在此之前，戰國後期至秦漢之際一些儒家後學所著《易傳》、《禮記》等，在理論形態上都趨向宏觀。尤其是《易傳》哲學，竭力要把自然和人事都聯繫為一個整體，給予總體的說明。如說：「大哉乾元，萬物資始」（《乾卦．彖傳》）；「天地感而萬物化生」（《咸卦．彖傳》）；「有天地然後有萬物，有萬物然後有男女，有男女然後有夫婦，有夫婦然後有父子，有父子然後有君臣，有君臣然後有上下，有上下然後禮義有所錯」（〈序卦〉），等等。並且試圖以卦象為依據提供宇宙生成和變化的圖式。

《易傳》哲學構成儒家哲學中宇宙論的主體部分。不過，它所提供的宇宙圖式與陰陽家之說有本質不同。陰陽家的圖式宏大迂怪，很多是通過「坐於室而見四海，處於今而論久遠」（《荀子．解蔽》）那樣先「驗」後「推」的方法進行誇張，如把中國稱爲赤縣神州，謂世界上有像中國這樣的州共有八十一個的「大九州」之說，既有經驗的成分，又有很多主觀臆想的成分。他們的宇宙論大多是對世界的解釋和描述。按這種思維進行，最後會達到一個固化的宇宙結構論。各個世界性宗教或高級宗教都擁有這樣一個固化結構，其中包含以臆想爲基礎的天國地獄，是神學理論中超驗論證的形象依據。而在《易傳》中，卻沒有建立起這種性質的宇宙結構論。

《易傳》努力追求的不是像陰陽家那樣的宇宙說明圖式，而是建立一個存在於主、客體相互作用之中的、用來把握和理解宇宙萬有的認知結構。〈繫辭上〉說：

> 《易》有太極，是生兩儀，兩儀生四象，四象生八卦。八卦定吉凶，吉凶生大業。是故法象莫大乎天地，變通莫大乎四時，縣象著明莫大乎日月，崇高莫大乎富貴。

這一段話中，「兩儀」指天地。「四象」按孔穎達解釋爲五行中的金木水火四種元素，而朱熹《周易本義》則解作陰陽，認爲是指太陰、少陰、太陽、少陽。「八卦」本身象天、地、風、雷、水、火、山、澤四種物質實體或自然現象。朱熹認爲「八卦」指天、地、人三才之象。由此宇宙組成一個整體。那麼位於這整體頂端的「太極」作何解釋？韓康伯注云：「夫有必始於無，故太極生兩儀也。太極者，無稱之稱，不可得而名，取有之所極，況之『太極』者也。」孔穎達說：「『太極』謂天地未分之前，元氣混而為一，即是太初、太一也。」朱熹說：「一每生二，自然之理也。易者陰陽之變，太極者，其理也。」

由是而言，所謂「太極」既可以解釋成混一不分的「元氣」；又可解釋為宇宙萬有之所從生的「無」，或陰陽二氣變化之「理」。那麼這個太極究竟是物質或精神？按照今天的哲學範疇來分析它，似乎是很矛盾的。但實際上這就是易傳之宇宙發生圖式的特徵，單從世界的現象而言，經驗的和先驗的因素同時並存，或者說是不確定的。

問題的關鍵是「易有太極」這句話。宇宙存在一個作為本源的太極，而何謂「《易》有」？最合理的解釋，只能說《易》是一個既非宇宙本身，又與宇宙相符合的認知結構。唯其如此，才能以認知模式的「太極」，在主體與客體雙向作用的建構中契合外部宇宙中的「太極」。這裏的《易》是指這個認知模式，也是人們據以解釋世界的特殊視角。

涉及到《易傳》的具體認識論內容，先驗與經驗之間的「矛盾」表現得非常明顯。《易．繫辭下》講包犧氏之王作八卦的經過，是「仰則觀象於天，俯則觀法於地：……」，認為八卦依據自然現象而作，先有天地萬物的「法象」，然後才有八卦的「易理」。但同在《繫辭下傳》中解釋具體卦象的時候，幾乎都是說先有卦象的道理，然後才有感性事物。如「刳木為舟，剡木為楫，舟楫之利以濟不通，致遠以利天下，蓋取諸『渙』。」顧頡剛就指出：「於此可見所謂『以制器者尚其象』本是莫須有的事。這很明顯，制器時看的象乃是自然界的象而不是卦爻的象。例如造船，一定是看見了木頭浮在水面而想出來的。倘單看渙卦，則但知木在水上而已，這不沉的德性如何可以看得出來？」（《古史辨》第三冊第四十五頁，《論易繫辭傳中觀象制器的故事》）認爲只看卦象，就能把握自然事物的一切屬性的說法是荒唐的。

像此類例證在《周易》中很常見，如「斲木爲耜，揉木爲耒，耒耨之利，以教天下，蓋取諸益」；「斷木爲杵，掘地爲臼，杵臼之利，萬民以濟，蓋取諸小過」；「上古穴居而野處，後世聖人易之以宮室。上棟下宇，以待風雨，蓋取諸大壯」（《繫辭下》）；等等。這裏均是說觀象制器。

然而，從聖人所制之器皆爲人的創造而言，形式（象）在先的判斷也是有一定合理性的。人造之物與自然之物不同。人造物之質料的選擇與形式的制定都取決於使用性，它們首先是形式與質料的分離，然後是形式規範質料。所以《繫辭下》說：「近取諸身，遠取諸物，於是始作八卦。以通神明之德，以類萬物之情。」使用之物的產生，有一個人們用自己經驗物的概念方式作爲框架、用理性控制設計出物的過程，有一個主體性先於客體性、理性先於非理性、形式先於質料的階段。

在《易傳》中，先天認識形式在先和感性知覺在先的矛盾觀念無處不在。從哪一個角度找證據，都能找到很多，但作出它單純地屬於先驗論或經驗論的判斷都是不正確的。這些矛盾恰恰說明主體與客體之間雙向互動的關係，只有從主客體之間不斷作用、不斷建構的《易傳》整體義蘊中，才能掌握易道的意義。

無論是先觀後作還是制器尙象，〈易傳〉肯定人類存在自爲自在的認識能力，能夠通過自身的力量以直觀（理智）把握特殊，以推論（理性）把握一般。與神相區別的「聖人」，不過是人類理性存在的象徵而已。

引文中關於「四象」和「八卦」的內容也很複雜。它們兼有陰陽、五行和八卦所象徵的意義。這裏實際相容並包含了歷史不同階段的認識成果。其中八卦出現最早，《易經》中只有八卦和六十四卦的卦爻辭，而無陰陽五行思想。按八卦最早也是最普遍的取象意義，乾爲天、坤爲地、震爲雷、巽爲風、坎爲水、離爲火、艮爲山、兌爲澤。把世界歸結爲天、地、風、雷、水、火、山、澤，是相當古老樸素的認識。這種分類以經驗性和直觀性爲特徵，對事物自然狀態的感覺和用概念條理化的表達混而不分，而不是本質的把握。像天、地、水、火等概念比較抽象，而山、澤等又是具體的事物。地與山、水與澤、天與風，在物質屬性上又有重覆。八卦反映的是比較原始的經驗認識。而陰陽五行思想則屬於後起的，含有辯證的、和把物看作是屬性的載體或形式的質料等內容，是對世界高度抽象的把握，反映了人類思維水平的進步。

在〈易傳〉中，各個歷史階段的思維成果混而不分，兼容並蓄。按照現代哲學的邏輯進行分析，它們是有衝突而且不和諧的，然而易道之變動不居的推演又把各種矛盾衝突化解於無形，構成一個辯證、和諧的整體。任何拘囿於局部的認識都會歪曲其整體意義。

〈易傳〉強調變化，是有別於陰陽家體系的表面特徵之一。〈易傳〉提出「生」、

「動」、「神」、「化」等一系列表達變化運動的範疇，強調要用變化的觀點看待世界萬物。如《易傳》對卦象的解釋，無論是取象還是取義，都建立在變的原則上。根據卦象、互體和卦變，一個卦就可以造出無數的東西來，圓融得無路不通。顧頡剛先生感慨地說：「八卦是怎樣一件神妙的東西！這陰陽的卦畫會把宇宙間的東西全都收了進去；還不算，更會從互體和卦變上把各種東西的相互關係闡明詳盡至此，伏羲氏眞不愧爲首出禦世的聖王了。」（同上）

〈易傳〉雖然含有宇宙發生論的內容，但它最終達到的不是一個固化的宇宙結構論，而是一個充滿辯證和邏輯法則的整體認知模式。這個模式在主體和客體的互動中具有整體性、轉換性和自調性。這是它呈現出對現象進行綜合並展示複雜變化之功能的內在原因。

《易經》是一本卜筮之書，〈易傳〉在此基礎上建立起一套理論，必然含有神秘主義因素。〈繫辭上〉：「夫易，聖人之所以極深而研幾也。唯深也，故能通天下之志，唯幾也，故能成天下之務」；「備物致用，立成器以爲天下利，莫大乎聖人。探賾索隱，爲深致遠，以定天下之吉凶，成天下之亹亹（意爲勉勉營爲）者，莫大乎蓍龜。」在易傳所描寫的結構宏偉的運轉的宇宙圖式中，存在一些超越經驗範圍的玄妙而神秘的事物。韓康伯注：「極未形之理則曰『深』；逮動微之會則曰『幾』。」即是說易道能夠把握認識尚不能達到的東西。這裏面還包含著孔子及郭店楚簡中思孟學派所表達的命運或宿命的觀念。故孔穎達注說這就是此經中「君子將有爲、將有爲，問焉而以言。其受命也如響，無有遠近幽深」，遂知來物的意思。認爲用蓍龜可貞知命運，把握幽深的命運之理。這也許是從孔子開始便形成的不解之結，總覺得有一種無形的力量困惑著人生。作〈易傳〉的這些儒家後學，接續了前代的思考，想以頗爲神秘的《易經》爲基礎，「備物致用」，構造出一個與外部世界相符合的主體認知模式。

《易經》用五十根蓍草進行占筮，〈易傳〉作者們便因此以數目爲主，結合卦象、卦德、卦爻辭等，再聯繫陰陽五行思想，作成一個複雜演變的邏輯骨架。實際它的演變有些符合邏輯思維的法則，有些則不合邏輯，顯出非常牽強的主觀任意性。故從卦序到某些具體的演變，在歷史上常出現爭論和不一致的解釋。無論如何，這個結構的核心由數目、陰陽和五行等組成，具有高度抽象性的內蘊。這反映出人類智慧的發展。但另一方面，在古代人類抽象思維相對較弱的情況下，這些概念化的符號體系所顯示出來的抽象性，本身就構成多少有些神秘的感覺。再加上占筮的《易經》的底本作用，這個體系便呈現出既理智又神秘的獨特性狀。

這個核心又廣泛聯繫外部世界的事物、事件及其運動，聯類無窮。如《文言・乾卦》：「夫大人者，與天地合其德，與日月合其明，與四時合其序，與鬼神合其吉凶。先天而天弗違，後天而奉天時」。天地、日月、四時、鬼神等，世界的一切物質與精神現象，都能從這個結構得到答案。所謂「大人」或「蓍龜」等語，不過是一種符號，實際意義也是指《易傳》哲學中的這種認知結構而言的。所謂「先天而天弗違，後天而奉天時」，所論述的乃是認識本身。掌握了這種認識法則，無論行事在「天時」之前或

「天時」之後，都能與自然相合。〈易傳〉認爲這種結構與天地萬象一致，其精妙和深奧也符合自然現象背後的深機，能夠「探賾索隱，鈎深致遠」，窮盡一切。〈易傳〉中存在大量這種自神其說的誇耀，其中也寄託著易傳作者們試圖認識和把握世界的眞誠努力與希望。

二、關於「神道設教」問題

〈易傳〉雖然也有鬼神等語，但基本上是無足輕重的。在某種意義上說，它與八卦取象意義在〈易傳〉中的地位和性質相同，只代表歷時性的傳統部分。〈易傳〉從時間和空間上把宇宙聯繫爲一個整體，它試圖窮盡外部世界和人類生命的全部奧秘，所以也包括代表非理性意識的鬼神部分。但是，它已經暗中移換了鬼神的意義，並把它們置於次要地位。

〈易傳〉中提出的「神道設教」命題，實際包含著使人類社會進程與宇宙常規進程保持一致性的努力。

〈易傳〉講「神」，與西方宗教神學中的有人格的上帝完全不同，它是指自然界中的微妙變化。〈繫辭上〉說：「陰陽不測之謂神」；〈說卦〉云：「神也者，妙萬物而爲言者也。」不測是不可預測，妙是微妙。所謂「神」，皆指自然現象及其運動變化的錯綜複雜而言。

然而，〈易傳〉成書在戰國末期，其中也必然含有一些神秘主義因素。陰陽家和流行的通俗信仰起正面推動作用，缺乏道德信念的法家體制起反面的刺激作用。〈易傳〉又以卜筮用的《易經》爲底本，所以也保留了一些宗教的遺痕和情緒化的個人無意識內容。

〈觀卦〉：「盥而不薦，有孚顒若」；〈彖傳〉云：「大觀在上，順而巽，中正以觀天下。觀盥而不薦，有孚顒若，下觀而化也。觀天之神道，而四時不忒。聖人以神道設教，而天下服矣。」這裏提出「神道設教」，不能成爲易道以鬼神設教的證據。

「盥」指祭祀時灌酒於地以降神，「薦」是獻牲於神。此卦的經文，是講祭祀的事情，郭沫若懷疑其中「孚」字是指俘虜，殺俘虜以作犧牲。而傳注則將「孚」解爲「信」。經文的本意，已難以確切考知，總之是關於祭祀之事。按〈彖傳〉的主旨，是說聖人利用「神道」作榜樣，使百姓通過觀感而接受教化。

此卦的卦體是下坤上巽，九五陽爻象徵君位和中正之道，其下四陰爻象徵百姓，卦辭又是祭祀之事，由此給〈彖傳〉的解釋提供了根據。

王弼注〈彖傳〉：「統說觀之爲道，不以刑制使物，而以觀感化物者也。神則無形者也。不見天之使四時，而四時不忒；不見聖人使百姓，而百姓自服。」這裏「神」、「天」都含有「無」的意義，是用玄學「無爲」之理作解釋。無論神與天爲玄遠的實體，還是爲鬼神，都並不重要，重要的是「下觀而化」或「觀感化物」，這才是目的。由此而言，王弼的觀點也可成立。

無論〈彖傳〉還是王弼注，所說的天之「神道」，其實皆為摹仿自然的意思。「四時不忒」是他們提出所謂神道的主要內容，是說天之道像四季變化，春去秋來，夏暑冬寒一樣有規律。只有自然才能給人生和社會提供具有永恒和絕對價値的眞善美。在這裏，「天之使四時」是一種「自然」，「自然」作爲理性的化身，是用來檢驗社會風俗是否具有合理性的最高標準。然而又稱其爲「神」，則含有所要摹仿的物理世界之自然既是經過理性加工而成爲概念對象，又是無因而自因、生動活潑、客觀存在的意義。對於後者而言，抽象認識並不能完全窮盡它。自然過程含有種種謎一樣的火熱因素，超越邏輯關係的生命之流的奇妙和閃光，這只能用非理性的無意識層次的純粹觀審才能把握它。

所以，〈彖傳〉中的「神道」既不是理性的絕對化，也不是非理性的絕對化，而是可以專入專出，含有藝術摹仿特徵之認知方式的經驗統一性。

〈彖傳〉和王弼注都強調由「觀」而化，這裏還有微妙的區別。王弼以玄學來理解，故所謂「神」之爲義，含有現象背後之萬有根據的意義。而〈彖傳〉之「神」，是以卦體爲根據進行發揮的，不離卦體。故〈彖傳〉的解釋，其「觀」其「神」皆有象與數相互作用的因素。如「大觀在上，順而巽」，含有以《易》本身爲認識事物之依據，或在認識結構意義上而言的以「觀」爲「神道」的內蘊。

對於「盥而不薦，有孚顒若」這句卦辭，王弼注云：「王道之可觀者，莫盛乎宗廟；宗廟之可觀者，莫盛於盥也。至薦簡略不足復觀。故觀盥而不觀薦也。孔子曰：

『禘自既灌而往者，吾不欲觀之矣。』盡夫觀盛，則下觀而化矣。」其中所引孔子之言，出自《論語・八佾》。何晏集解：「灌于太祖以降神也。既降以後，列尊卑、序昭穆。而魯逆祀，躋僖公，亂昭穆，故不欲觀之矣。」邢昺對此事作了詳細的疏解。其實，因薦禮「簡略」而不足復觀，和孔子因「魯逆祀躋僖公」而不欲觀本不是一回事，但這個矛盾卻提醒我們注意到儒家對於祭祀的態度。簡略和逆祀都屬於祭祀本身的事情，儒家對於祭祀，是注重祭祀本身而不注重祭祀對象的。

通過祭禮的隆重莊嚴之過程，和伴隨著在這過程中神秘體驗所喚起的內心對於自然法則的尊崇與敬畏感，作出尊卑貴賤之社會秩序的示範。所以王弼說的「可觀者」歸根到底是「王道」。〈彖傳〉作者似也應在這個意義上講「神道」的，所以用「四時不忒」這樣的自然規律來比喻「神道」，而不用怪力亂神之神爲作譬。

我們認爲，即使〈彖傳〉作者在這裏的本意就是以鬼神之教爲神道，也不足以說明〈易傳〉是提倡或宣揚宗教信仰的。因爲十翼本身非一人所作，不能以一概全。〈易傳〉力圖建立一個在時間和空間上完全符合宇宙整體的認知結構，所以不可能完全排除文化傳統在各個歷史階段的成果，也不排除與理智經驗相連續、相聯繫的非理智經驗。從其整體而言，這種神秘部分雖然是必要的，卻居於從屬地位。〈易傳〉作爲全面反映當時認識成果的整體，不是構成因素的簡單總和，而是有機聯繫，它大於部分相加之和。

保留和利用傳統文化是儒學的特點之一。《周易》從占術走入孔門，固然《易》的哲學使其自身儒術化、哲學化，但不可能完全消除術士的影響，因此保存著筮占的神秘性質。然而由於〈易傳〉的知覺經驗之本質特徵，使它與經驗世界難解難分，具有開放性和變動不居的特點。對於情緒性的非理智經驗的適度釋放，起到一種有助於保持《周易》的理性主義主導精神的抗體作用。

《易》所以能夠成爲符合人類認識能力的模式，運用它可以達到認識宇宙的目的，是因爲在〈易傳〉作者看來，人與自然有一種同質和同源的關係。例如出於《周易》的「三才」之說，就是以此爲基礎的。《易·繫辭下》說：「易之爲書也，廣大悉備，有天道焉，有人道焉，有地道焉。兼三材而兩之，故六。六者非它也，三材之道也。」又〈說卦〉：「昔者聖人之作《易》也，將以順性命之理，是以立天之道曰陰與陽，立地之道曰柔與剛，立人之道曰仁與義。兼三才而兩之，故《易》六畫而成卦。分陰分陽，選用剛柔，故《易》六位而成文。」這裏是說《易》這部書是廣大悉備的，包含了整個世界的知識和道理。易卦以天、地、人三才作爲基本內容，用六爻作爲象徵，形成一個說明它們自己和它們之間的關係的認知模式。三才雖各有其道，但又相互聯繫而貫通。「道」就是規律和法則，通過卦畫可以表現出來。它們交錯成文，道一成而三才備，卦一成而六位備，由此可以窮盡世間所有的規律、運動或性命之理。

「三才」既分而爲三，又合而爲一。其特點在於主張自然和人事由於同質同源而相通，故具有同樣的變化法則。一方面，三才之說強調人類應自覺地效法天地，擇善而行，趨吉避凶。所謂「天地變化，聖人則之」（〈繫辭〉）；「曷謂性命之理？陰陽也，柔剛也，仁義也。是性命之理也。順之則聖、則賢、則君子、則無咎、則吉；逆之則愚、則鄙、則小人、則悔、則凶」（《誠齋易傳．說卦》）。陰陽、剛柔、仁義三道皆是性命之理。另一方面，又特別強調人與自然的密切關係和人在這種關係中的突出地位。如王夫之《周易外傳．繫辭傳下第十章》說：「且夫天地之際，間不容髮，人與萬物，皆天地所淪肌浹髓以相涵者也。……故天地之際甚密，而人道參焉。相容相受，而人終不自失。別而有其三，同而統乎人，《易》之所以悉備乎廣大也。」人與天地由於「同」而「統乎人」，結構非但沒有消滅認知主體，反而使「人終不自失」，凸顯了人生的價值。然而又由於「同」，由於人類的原始本能和自然的感性本質在深層結構中融而爲一，故人類能夠在這種關係中不斷地消除自我中心化，由「相容相受」、「淪肌浹髓以相涵」達到認識的主觀性和客觀性的統一。

「三才」之論非但沒有人脫離自然或超乎自然的意思，反而恰恰是強調應該把他們視作一個統一的有機整體、經驗存在的自然整體。天與地，或天道與地道，代表的是同一個自然界。如〈繫辭下〉：「天地之道，貞觀者也；日月之道，貞明者也；天下之動，貞夫一者也。夫乾確然，示人易矣；夫坤隤然，示人簡矣。」韓康伯云：「確，剛貌也；隤，柔貌也。乾坤皆恒一其德，物由以成，故簡易也。」天地萬物，剛柔爲用，變化森羅，但《易》道有「簡易」之便，可以把握「變易」之世界，這就是「貞夫一者」，即天地萬物之同質同源的關係。由同質同源而言，可稱作「恒一其德（得），物由以成」。有了這個基礎，主體意識則能夠對外部環境進行主動適應，從整體性的整體上「簡易」地掌握結構的深層本質。

儒學非宗教性之最根本的原因之一，還在於〈易傳〉作爲其學說的宇宙論主體部分，與宗教的宇宙論存在本質區別。按成熟的世界性宗教，都有它自己的獨特的宇宙結構論，如佛教的三千大千世界，基督教的十層天體等。它們是宗教哲學理論的基礎，是超驗與世俗、靈魂與肉體、超自然與自然對立的根據。而〈易傳〉所提供的，則不是這種固定化的、解釋完成的宇宙結構，而是一種與外部世界相應的認知模式，兩者性質是根本不同的。〈易傳〉的宇宙圖式既是宇宙論的又是認識論的，歸根到底是一種含有對宇宙解釋內容的認識方法論。

三、兩漢經學與讖緯

春秋戰國持續了幾百年（前七七〇～前二二一）的動亂，秦的苛政暴虐，都成爲滋長神秘主義思潮的溫床。由於時局的動蕩，國祚不長，帝王本身也有一種難以把握命運的不安定感。如《史記・高祖本紀》記劉邦作大風歌：「大風起兮雲飛揚，威加海內兮歸故鄉，安得猛士兮守四方。」歌之泣下。爲流矢所中，行道病，不肯就醫。說：「吾以布衣提三尺劍取天下，此非天命乎？命乃在天，雖扁鵲何益！」這裏劉邦所言的天命中的「天」，缺少商紂所言「有命在天」中天帝的意義，而同於孔子所說「死生有命，富貴在天」中的天命，代表盲目自因的命運意義。

神秘主義思潮在兩漢的延續，通過敬信鬼神的兩漢諸帝表現得極爲明顯。統治者有時爲了鞏固權力的需要，有時甚至只是爲了把握自我命運的需要，總想在身外尋找到一種神學認可。這是科學理性還沒有充分發展起來的歷史階段中很自然的現象。然而中國社會歷史和文化發展的特殊性，又自然地在制度層面排斥神學思想，故把各種宗教勢力及其萌芽推向民間，使之成爲非制度性存在的民間信仰。

漢朝雜用儒法，「習文法吏事，緣飾以儒術」，以刑名進行實際統治。這種以士民階層爲基礎的儒、法定位，成爲不斷重複的中國古代政治制度史的基本形態。

社會制度之確定的同時，文化上出現一種由鬆散趨向極度集中的整體建構。這是士民群體經過長期的角逐，最後勝出，成爲社會政治之支配力量的反映。這個體系的核心是儒學，但它還包羅歷史傳統以及其他思想。兩漢時期便開始並基本完成了「道統」的建構，主要包括以下幾個方面。把本來語言風俗不同、姓氏有別的民族，基本上統歸於黃帝爲祖先的民族系統。把本來隨時改易的禮制，統一於五德或三統說籠罩下的重覆循環。把本來救世蔽、應世變的紛紛之說，納入堯舜爲榜樣的理想政治之道。把本來思想不一致的典籍，以孔子編撰爲由統歸於一。這幾種趨同分支最後歸結於道統，解釋爲古代的帝王莫不傳此道統，古代的禮制莫非古帝王之道的表現，而儒家經書及理論則是這個道統的文本依據。由此形成一個既有排斥又有同化功能的「文化自我」。

儒家之道統以世俗性的古史系統爲基本形態，其結構的緻密性使神學很難侵潤滲透。

董子的「天」實質是儒家之道的權威象徵，並沒有眞正的神學本質。爲了使得到統治者支援的民間神秘主義思潮不致對儒家思想造成破壞，並且反過來起到輔助作用，董仲舒採取了「導」而不是「堵」的辦法。他借用天的傳統宗教表象，結合陰陽五行學說中某些非理性因素，並演繹其中一些神秘經驗之內容，建立起一個既與神秘主義思潮發生聯繫、又不至於改變儒學世俗本質的理論體系。這個體系與通俗信仰的接觸點，並產生最重要的社會功效者，就是災異之說。災異之說本是三代宗教中的固有內容，在其他宗教教義皆已式微的情況下，它適應新的需要，又挾傳統之權威，配合占筮、預言等前兆迷信，在中國歷史上悠遠綿長地占得一枝獨秀。

《史記・儒林列傳》載董仲舒「以《春秋》災異之變推陰陽所以錯行」，而且專門著有《災異之記》。

由於董仲舒的學說被官方認可和推尊，今文經學占了上風。一班立爲學官西漢的經師，雖然特別強調家法，彼此間存在學術觀點上的分歧，但卻一致排斥未立學官的古文經學，並以講災異作爲治經的重要方法。他們學董仲舒之求雨止雨的榜樣，也講占卦、講求雨、開口是禎祥，閉口是災異，把平凡的事物都講成了不平凡的怪異。學董仲舒把《春秋》陰陽五行化的榜樣，把其他經書也都陰陽五行化。如結合陰陽五行用《易經》講占驗，用《尚書》的〈洪範〉講天人合一，把陰陽五行和政治進行比附；講《詩》則有五際六情之說；講《禮》則有「明堂陰陽」之說。

儒家十三經中，西漢通行的今文經有《詩》《書》《禮》《易》《春秋》五經。講陰陽災異者，乃今文家爲其濫觴。《詩》有齊、魯、韓、毛四家，獨毛詩爲古文學，流傳至今；其餘三家皆爲今文學，均湮沒無聞。齊詩在景帝時列於學官。「五際、六情」說出自齊詩，均見《漢書·翼奉傳》：「奉竊學齊詩，聞五際之要。」顏師古注：「陰陽始終際會之歲，於此則有變政之政也。」《詩緯·氾曆樞》：「亥爲革命，一際也；亥又爲天門，出入聽侯，二際也；卯爲陰陽交際，三際也；午爲陽謝陰興，四際也；酉爲陰盛陽微，五際也。」皮錫瑞認爲《詩》之五際，就是陰陽災異之類。「六情」亦見〈翼奉傳〉。翼奉甚至以時占驗，而「律知人情」，類同術士。〈齊詩〉的五際六情說，可參看迮鶴壽《齊詩翼氏學》，陳喬樅《齊詩遺說考》、《齊詩翼氏學疏證》等，內容爲怪誕不經之談。

《禮記》爲今文學。《漢書·藝文志·六藝略》載禮家有〈明堂陰陽〉三十二篇，〈明堂陰陽說〉五篇，今皆亡。唯《禮記》之〈月令〉、〈明堂位〉及《大戴禮記》之〈盛德〉等三篇略存其概。《禮》之「明堂」，時雜鬼神術數陰陽方位之說。《史記封禪書》和《漢書郊祀志》中亦存漢初治禮有關記載。

從《左傳》《國語》等史籍可知，春秋時的筮占，已用《周易》的定辭。也有不用《周易》的定辭而隨意命辭的。兼有卜師所據不是《周易》的成文，疑另有其源。但到了西漢，孟喜、梁丘賀、焦贛、京房、高相等一班經師，又用已經哲學化了的《周易》來占筮，或長於卦筮，或傳說陰陽災異（《漢書·儒林傳》）。

除了經學直接依經書談陰陽災異外，社會上還流行著龜、天文和占夢、禎祥、精怪等雜占。其中天文類的占星望氣等，把科學經驗、陰陽五行和占驗雜糅在一起，顯示出獨特的文化內涵。《漢書·藝文志》載「天文」類圖書很多。說：「天文者，序二十八宿，步五星日月，以紀吉凶之象，聖王所以參政也。」可見紀吉凶之像是重要內容之一，所列圖書雖已不傳，可能多與占驗有關。據《隋書經籍志》和《新唐書經籍志》的記錄，天文及五行兩類所記的書籍，關於占驗的特別多。兩漢至隋唐以前的「天文」書籍，除了很少一部分，如張衡《靈志》、王蕃《渾天象注》及《渾天儀》、《渾天圖》及《昕天論》、《安天論》等，屬於純粹有關天象的說明和研究之外，大都是講「吉凶之象」的占驗書籍。《隋書·經籍志》及新、舊兩唐志所記「五行」一類的書籍，也是占驗的最多。這些都是民間神秘主義思潮在社會生活中的反映。

由於統治者的支援，談怪異者能得到高官厚祿，就使得神秘主義思潮又得到一種功利主義的推動，對儒學產生更深刻的影響。其直接後果是，經學由陰陽災異發展到讖緯之說。《後漢書·方術列傳序》說：

> 仲尼稱《易》有君子之道四焉，曰：「卜筮者尚其占」。占也者，先王所以定禍福，決嫌疑，幽贊於神明，遂知來物者也。……至乃河洛之文，龜龍之圖（出自《尚書中侯》，有「玄龜負書」，「黃龍負卷舒圖」等語），箕子之術（箕子說〈洪範〉五行陰陽之術），師曠之書（漢時為託的占災異之書），緯候之部（緯，七經緯也，侯，《尚書中侯》），鈐決之符（兵法有〈玉鈐篇〉及〈玄女六韜要決〉），皆所以探抽冥賾，參驗人區，時有可聞者焉。……

漢自武帝頗好方術，天下懷協道藝之士，莫不負策抵掌，順風而屆焉。後王莽矯用符命，及光武尤信讖言，士之趨赴時宜者，皆馳騁穿鑿，爭談之也。故王梁、孫咸名應圖籙，越登槐鼎之任，鄭興、賈逵以附同稱顯，桓譚、尹敏以乖忤淪敗，自是習為內學（注：內學謂圖讖之書也。其事秘密，故稱內），尚奇文，貴異數，不乏於時矣。是以通儒碩生，忿其奸妄不經，奏議慷慨，以為宜見藏擯（注：謂桓譚、賈逵、張衡之流也）。子長亦云：「觀陰陽之書，使人拘而多忌。」蓋為此也。

雖然《方術列傳》從「仲尼稱《易》有君子之道四焉，曰：『卜筮者尙其占』（此處注引〈易繫辭〉）。」由《易》和僞稱仲尼之言開始，引出「河洛之文」和「緯候之部」等，但這正是道統觀念形成以後言事必推至遠古和聖人的飾詞。從上引文可以看出，讖緯圖籙的眞正源頭不是儒學本身，而是通俗性質的「方術」，並經統治者的提倡才發展起來。所謂「方術」中亦包括陰陽家的東西。它們借董仲舒宣揚的災異之說，附會儒家整理的前代文化遺產的經書，發展成爲讖緯學。

「緯」是對儒家「經」進行闡釋的著作。緯與經互文見義，經之原義爲直的絲，緯爲橫的絲，故所謂緯被說成是演義解經的書。它們在解經時多雜荒誕術數或神怪之語，甚至假託古帝或聖人之言。緯書主要是爲《詩》《書》《禮》《樂》《易》《春秋》《孝經》七部經書而作，一般稱「七緯」（《論語》沒有緯書，《七錄》載其有讖書八卷）。每一部經書不止一部緯書，如今傳有零散之文或篇目的《易緯》即有不下八種：《乾坤鑿度》、《乾鑿度》、《稽靈圖》、《辨終備》、《通卦驗》、《乾元序制記》、《易類謀》、《乾元序制記》等。其中也有一些哲理性的內容，但多爲散漫不經之說。大概緯書之作，多爲那些利欲薰心、「負策抵掌」、鼓足勁頭「順風而屆」的民間陋儒所編造，故可觀者絕少。緯書除對「讖」進行編纂和系統化之外，還納入了許多古老的神話傳說和爲當前政治需要而新編的神話。有些神話傳說在世後或轉入道教及其他民間宗教，或在其他書籍中零散保存下來，具有某些文獻價值。

所謂「讖」就是預言，是以術數占驗之言，詭爲隱語，預決吉凶，推處祥妖。它們多以神秘預言的形式用作干預政治現實的手段。讖與緯的分別，在緯用來解經，而讖與經書沒有什麼直接關係。但從內容的荒誕和非理性特徵而論，兩者沒有多少實質的區別。在一定範圍內，可以說解經的讖就是緯。

讖緯興盛於西漢哀帝、平帝之間，與戰國末即開始流行的民間神秘主義思潮合流。然而讖的起源甚早，可以說就是戰國神秘主義思潮中的一支。如《史記·趙世家》記「趙簡子疾，五日不知人」和「他日，簡子出，有人當道，辟之不去」兩大段文章，便是一番推背圖式的讖語。其中預言簡子之夢見射死熊羆，是范氏中行氏的象徵，並預言其子將據有代國、後代之胡服騎射之事。

〈始皇本紀〉還有兩條。一云：「燕人盧生使入海，還，以鬼神事，因奏錄圖書曰：『亡秦者胡也。』始皇乃使將軍蒙恬發兵三十萬人北擊胡。」又云：「因言曰：

『今年祖龍死。』使者問其故，因忽不見，置其璧去。……（始皇）退言曰：『祖龍者，人之先也。』使御府視璧，乃二十八年行渡江所沈璧也。」這兩條都是以隱語爲預言，而且必須有上帝之臣屬下凡來作解釋才能懂其寓意。故秦始皇未得其解，「亡秦者胡」意爲胡亥而始皇以爲是北方胡人；「今年祖龍死」本指始皇而始皇以爲是指人之祖先。盧生所奏的讖稱作「圖書」，也是後來對讖的另一稱謂，可知讖常常是有圖又有書的。

災異和讖言都屬於神秘的前兆觀。災異之說大多與道德原則密切聯繫，人們的行爲違背道德原則，則出現災異以表示天意的警告，反之則出現祥瑞代表天意的獎勵。災異說一般直接關係君主的施政。讖言與之比較，所顯示或預兆的內容具有範圍更廣、應用性更強，更加具體也更加荒誕的特點。讖言是災異說進一步發展和普遍化的結果。

讖緯預言反映出一種普遍而深刻的社會危機心理。從西周末開始五百多年的戰亂，所形成的集體無意識，是適應和準備迎接隨時可能發生災難的心理準備。漫長的社會戰亂至漢代突然結束，人們之有意識和無意識的心理平衡被打破，在意識層面，是生活比較安定而且希望保持安定，而在無意識層面，是社會不穩定的預期。

如劉邦之「安得猛士兮守四方」的歌詞，就是這種潛意識的反映。因此，或許是表層的個人無意識、或許是深層的集體無意識，形成一種感情色彩十分濃烈的普遍情結，構成想要預知社會和個人命運的心理動力。這是使兩漢神秘主義思潮及讖緯流行的情感源泉。

讖緯不但在特定歷史階段內，能夠有效地滿足和支配臣民們的想像和情感；而且也使帝王產生權力受到超自然神秘力量的可靠保護的虛幻感覺。西漢讖緯圖書、預言神話已充斥社會，《漢書·藝文志》及《眭兩夏侯京翼李傳》等多有記載。西漢末的王莽和劉秀等人，甚至迷信它們能夠預示政權轉移或對政治具有直接的支援和指導作用。王莽好卜筮，是哀、平間讖緯盛極的直接原因之一。

其後東漢開國之君光武帝劉秀沈迷篤信讖言，對讖緯更是推波助瀾。《後漢書·光武帝紀》載，劉秀命人整理校定圖讖，於中元元年（五六）「宣佈圖讖於天下」。《後漢書·桓譚傳》載：「是時帝方信讖，多以決定嫌疑。」《東觀漢記》亦載：「光武避正殿，讀讖從廡下，淺露，中風苦咳。」《後漢書·鄭興傳》把反對以讖決疑的桓譚說成是「非聖無法」，險些將其斬之。光武帝對讖言的興趣到了癡迷的地步，甚至在具體政事上也捕風捉影地嚴格依據讖文而行。如讖文有「王梁主衛」之語，便以王梁爲大司空；讖文有「孫咸征狄」之語，便以孫咸爲大司馬。漢章帝時又召集一批今文學家，考論五經異同於白虎觀，撰成大量引證讖緯的《白虎通義》，不但使讖緯系統化，而且試圖使它們上升到官方化的高度。

在經學研究上，曹褒於顯宗（明帝）時以緯書傳慶氏學，定漢禮（事見《後漢書·曹褒傳》）；賈逵於肅宗（章帝）時以圖讖與《左氏》（事見《後漢書·賈逵傳》）。東漢最著名的經學家馬融、鄭玄等，都曾「考論圖緯」（事見《後漢書·鄭玄傳》）。可知在東漢的政治文化上，都滲入讖緯的影響。

哀、平以後，社會上流行的具有先兆迷信性質讖緯之學。由於《易經》的卜筮性質，最容易附會，揚雄甚至擬《易》而作《太玄》，附會天文曆數，力求跨過《周易》，內容為半占筮，半哲學化的東西。其實也懷抱利祿的目的，然而終不見知於王莽。

東漢時的讖緯大盛，匯合西漢時經學術士化的潮流行進不止。外部又有帝王的推尊和名利的驅使，本來完全有條件把儒學轉向神秘主義一途，但這時候遭到了來自儒學內部的理性主義的頑強抵抗。

偏偏在讖緯最盛的時候，古文經學興起，而且勢力不斷壯大。這不完全是巧合。古文經學與今文經學的鬥爭，除了強調文字訓詁的重要性之外，就是指斥今文學講讖緯之「妖妄」。《隋書．經籍志》載：

> 起王莽好符命，光武以圖讖興，遂盛行於世。漢時，又詔東平王蒼，正五經章句，皆命從讖。俗儒趨時，益為其學，篇卷第目，轉加增廣。言五經者，皆憑讖為說。唯孔安國、毛公、王璜、賈逵之徒獨非之，相承以為妖妄，亂中庸之典。故因漢魯恭王、河間獻王所得古文，參而考之，以成其義，謂之「古學」。當世之儒，又非毀之，竟不得行。魏代王肅，推引古學，以難其義。王弼、杜預，從而明之，自是古學稍立。

由此可知，對圖讖妖妄的排斥，主要出自儒家內部。雖然經歷了漫長的歷史時期，但讖緯自方盛時起就不能在儒學內部通行無阻，最後被掃蕩淨盡，也主要是內因的作用。

古文經在西漢末哀帝之前，雖有傳本，但未立博士，不列於學官。所謂「當世之儒，又非毀之，竟不得行」，即是說漢代的今文經學家斥古文經爲僞作，故一直受到排擠。西漢末平帝時由劉歆提議、王莽支援，把古文經《左氏春秋》、《毛詩》、《古文尚書》、《逸禮》等列入學官，並立了五個古文經博士，與今文學博士對抗。東漢光武帝迷信讖言，故廢古文而倡今文。光武朝立經十四博士，都是今文經學，把王莽所立的各種古文經學再次排斥在官學之外。但是，由於古文經學已經大興於世，大多數今文經學派的學者也改變了態度。這時的家法、學風已經不像西漢時那麼涇渭分明了。今文經學內部也出現一種「博學洽聞，通貫古今」的學風，由此衝擊了無根的讖緯妖妄等不經之談。同時古文學勢力仍在儒學內部不斷發展，到了東漢中葉以後，就占了壓倒優勢。當時出現的古文學大師有衛宏（治《毛詩》、《古文尚書》）、賈逵（兼通《古文尚書》、《毛詩》、《周官》、《左氏春秋》、《穀梁春秋》等）、馬融（著《三傳異同說》，注《孝經》、《論語》、《易》、《書》、《詩》、《三禮》等），還有被譽爲「五經無雙」的許慎（著《說文解字》、《五經異義》等）。

古文學家是清除讖緯的主要力量。《後漢書·方術列傳序》所謂「是以通儒碩生，忿其奸妄不經，奏議慷慨，以爲宜見藏擯」中的「通儒碩生」，多是指古文學家而言。如在最迷信讖言的光武帝時期，桓譚就「不勝憤懣」，慷慨上奏，稱圖書讖記等，皆群小「欺惑貪邪，詿誤人主」的行徑。其後安、順之世張衡也切諫上書，用大量事實揭露讖言之「欺世罔俗」，要求「收藏圖讖，一禁絕之」。（各見《後漢書》本傳）

但是更加意味深長的地方是，讖緯之學可謂「最繁華時最憂愁」，正是兩漢之際最興盛的時候，同時儒學內部興起最後消滅它的古文經學。那些在讖緯最盛時而斥其妖妄的古文家，有許多自身就曾經出入圖讖。如賈逵與《左氏傳》，明明是以圖讖異象為由向皇帝推薦的。但《後漢書．方術列傳序》的注卻說對讖言「忿其奸妄不經，奏議慷慨」的人之中有賈逵。《隋書．經籍志》也說以讖為妖妄而非之的人中包括賈逵。史載馬融確曾「考論圖緯」，並以此作為衡量弟子們學識的標準。而馬融卻不信任《尚書》中偽造的《秦誓》，其中有「火復於上，至於王屋，流為雕」的話，馬融則斥其「在子所不語中」（《尚書正義》卷十一〈秦誓〉序疏引）。而最初對它推波助瀾的今文經學，後來也發生了變化。這表明儒學在兩漢已經發展為一個具有穩定內在本質的理論結構。在它的發展中，允許一些訴諸於情感的非理性因素、表現藝術情境的神秘經驗參與其中，但它的人文理性精神卻是內部聯繫中固定不變的常項，對整個體系起著調節和控制作用。當非理性因素失去節制、沈溺於某種東西而不能自拔時，人文理性便會構成儒學之意識域的中心，排除成為障礙的部分，使之正常運轉，適應周遭的環境。

儒學內部對讖緯的排斥不僅是古今文學派鬥爭的結果，歸根到底是為儒學自身的本質所決定的。儒學的世俗道德體系、理性主義傳統和建構主義結構的宇宙論特徵，都對神秘性或宗教性的異己力量具有天然拒斥力。所以儘管有利祿的引誘，有大量俗儒的參與，甚至有《白虎通義》那樣的系統化和正統化的嘗試，讖緯仍不能侵入儒家的理論核心。

四、讖緯之消亡

東漢末王充、仲長統等一班不慕利祿的儒生對讖緯奮起掃蕩。王充的書由蔡邕、王朗等大儒的推薦，影響廣泛，使讖緯在儒學中已處於不合法的異己地位。至於文字上的清除，只是等待時機，遲早必然發生的事。

到了晉代，於武帝太始三年，乃下令焚禁，悉取緯書付之一炬。《隋書．經籍志》載：

至宋大明中，始禁圖讖，梁天監已後，又重其制。及高祖受禪，禁之愈切。煬帝即位，乃發使四出，搜天下書籍與讖緯相涉者，皆焚之，為吏所糾者至死。自是無復其學，祕府之內，亦多散亡。今錄其見存，列於六經之下，以備異說。

從晉至隋，官方陸續禁止和焚毀讖緯之文字圖書，逐漸澄清儒學的面貌。其間還有宋武帝、梁武帝、隋文帝等亦下令焚禁。煬帝對讖緯的打擊是最沈重的一次。頗耐人尋味的是，不僅漢族的政權掃蕩讖緯，魏晉南北朝時期北方少數民族建立的政權也對讖緯進行嚴厲打擊。

北朝的石季龍、符堅皆禁圖緯，尤以北魏孝文帝之措施最爲堅決。《魏書．世祖太武帝紀》載，北魏太武帝曾於太延元年（四三五）六月的詔書中說他相信陰陽、報應、禎瑞之說，命令天下「大酺五日，禮報百神」，「上答天意，以求福祿。」後來他開始滅佛。于太平眞君五年（西元四四四年）的詔令中又說：「愚民無識，信惑妖邪，私養師巫；挾藏讖記、陰陽、圖緯、方伎之書。又沙門之徒，假西戎虛誕，生致妖孽。非所以一齊政化，布淳德於天下也。」他在滅佛的同時還要「宣文教」、「整齊風俗」（同書〈釋老志〉載爲太平眞君七年）。所謂文教，當指居正統地位的儒學。而所謂「讖記、陰陽、圖緯、方伎」等，不唯東漢以後逐漸興起的佛教和神仙道教所有，實際是在戰國末即開始的神秘主義思潮和兩漢經學災異讖緯中所出現的東西。這些通俗的迷信內容大概在佛、道二教興起後，在它們那裏找到了容身之處。如梁時的僧人寶誌就以能預言未來而知名，他長於作讖記，往往流傳後世。其事蹟散見於《南史》之〈梁武紀〉、〈王僧辯傳〉、〈徐陵傳〉，《梁書》之〈何敬容傳〉、〈劉歆傳〉等各傳。兩晉及此後的沙門道士多有兼事占驗、方伎等現象。太武帝的滅佛不僅針對佛教，也把流行於社會的民間之「妖邪」和「師巫」等一併掃除，客觀上也起到純正儒學的作用。

約四十年以後，北魏孝文帝推行歷史上著名的漢化改革，並在文化政策上也採取了相應措施。孝文帝時，對以儒學爲主要代表的中國文化和傳統瞭解更加深刻了，對「五經之義，覽之便講。」所以他非但不排斥佛教，而且「史傳百家，無不該涉」，「善談莊、老，尤精釋義。」鮮卑族拓跋氏積累了長期統治經驗，在對漢文化具有比較深刻的理解基礎上，孝文帝針對經學存在的問題，開始掃蕩經學中的讖緯妖祥。《魏書・高祖孝文帝紀》載，孝文帝於太和九年（四八五）下詔說：

> 圖讖之興，起於三季。既非經國之典，徒為妖邪所憑。自今圖讖、秘緯及名為《孔子閉房記》者，一皆焚之。留者以大辟論。又諸巫覡假稱鬼神，妄說吉凶，及委巷諸卜非墳典所載者，嚴加禁斷。

這次不僅是對讖緯進行徹底的清除，而且還把矛頭指向氾濫了七、八百年，歷經了至少六、七個王朝的民間神秘主義思潮。西晉末年的「五胡亂華」，造成文化傳統和思想潮流的一度中斷。這使出身少數民族的英主掃除滌蕩民間之巫覡鬼神諸卜吉凶等現象時，減少了來自文化風俗內部的阻滯力量。而對正統的儒學進行提純性的續統措施時，又沒有試圖保存這一部分內容的、漢民族中累世經學之貴族群體的干擾。因此具有比較容易實施的文化和社會基礎。《魏書高祖紀》末載「史臣曰」，云北魏在孝文之前，「咸以威武爲業，文教之事，所未遑也」。至文帝則「欽明稽古，協御天人，帝王制作，朝野軌度，斟酌用舍，煥乎其有文章，海內生民咸受耳目之賜。」孝文帝的改革，除了漢化的功勞之外，在掃蕩讖緯、恢復儒學的理性主義精神、建立「朝野軌度」方面，也具有不可忽視的歷史業績。

北齊魏收在《魏書》中稱讚孝文之治「煥乎其有文章」，直比孔子之理想中的周代禮樂。雖有過譽之嫌，但從儒學的發展來說，這個時代確實出現了儒學歷史上一個往往被人忽略的亮點。此前被孔子盛讚的周代禮樂，是儒家所憧憬的理想政治藍圖，實際上周代並沒有儒家之道。儒學在諸子時代是百家中的顯學，但沒有得到官方支援。在漢武獨尊儒術的時代，儒學必須披上一種神秘外衣，此後則被通俗信仰和讖緯占驗所纏繞，在與強大的神秘主義思潮的鬥爭中艱難行進。魏晉又玄風昌盛，儒教衰歇。只有在北魏孝文帝統治的這一短暫時期和半壁中國的地域中，儒學才以本真的形態成爲官方「文教」。它在時間和空間上都是有限的，然而卻是第一次取得最理想的外部環境。

其後，《隋書．經籍志》所載隋煬帝「發使四出」收焚讖緯，也是在北朝所建立的政治和文化環境的基礎上，收舉重若輕之功的。

其實在董仲舒的理論中，非理性的東西就是一種粉飾或補充，至兩漢這些東西增加了。但在通儒碩生的眼裏，這些都屬於明顯的異己成分。東漢的今古文之爭，已使這些異己成分基本喪失了能動性，以一種假寐的文本形式寄居在儒學中。東漢以後，晉、宋、北魏、隋等幾朝，先後取締讖記、陰陽、圖緯、妖邪、師巫、鬼神、吉凶等通俗信仰。官方的行政措施具有摧陷廓清之功，減輕了周邊的神秘主義思潮對儒學的壓力。但促使達到正本清源、使那些讖緯圖書終未能流傳下來的根本原因，還在於儒家內部的理性主義特徵和自組織的調節機制。

儒學在隋唐以後繼續按照人文理性的軌道行進。如宋代歐陽修奏請刪除五經注疏中所引之讖緯的殘餘部分，雖然未果，亦產生重要影響。南宋魏了翁作《九經正義》，把注疏中的讖緯全部消除。

兩漢讖緯學和神秘主義社會思潮的主體部分是前兆信仰性質的占驗和預言。這種前兆觀本身就含有重人事，輕鬼神的特色，如大多荒唐之言不直接訴諸於上帝或天，而借聖人或方仙之士表現出來，其中多少含有天之神性已經減弱的因素。它的內容很複雜而且特殊，其中含有一種不易察覺的世俗屬性。

首先，前兆觀固然與神靈崇拜有聯繫，但是在兩漢，在人們過多過濫地、特別過分地強調前兆現象時，注意力往往只聚焦在前兆現象及其所引起的後果之關係上，反倒淡漠了鬼神意識。如趙翼《廿二史劄記》卷三〈兩漢多鳳凰〉條：「兩漢多鳳凰，而最多者，西漢則宣帝之世，東漢則章帝之世。」趙翼從《史記》、《漢書》中找出許多記載，他說：「得無二帝本喜符瑞，而臣下遂附會其事耶？」又說：「以衰亂之朝而鳳凰猶見，可知郡國所奏符瑞，皆未必得實也。」鳳凰象徵太平盛世，皇帝聽說符瑞便喜悅，並不認眞考察神靈爲何要示吉兆。而奏報發現符瑞的郡國官員，則更明知此兆象鬼神無涉。

其次，前兆信仰的特徵是提出問題，但是人們往往希望得到自己所喜歡的答案，所以不占驗到自己滿意而不止。這在春秋戰國時代就形成風氣。如《左傳．僖四年》：「初，晉獻公欲以驪姬爲夫人，卜之不吉，筮之吉，公從筮。卜人曰：『筮短龜長，不如從長。』」兩種占驗方法得出的結果不同，於是晉獻公就選取自己想要的結果。《禮記．曲禮》：「卜筮不過三，卜筮不相襲。」〈曲禮〉大約是秦漢之際的作品，它所以提出這樣的原則，必是過去經常出現此類問題。鄭玄注〈曲禮〉，以爲「求吉不過三」；「卜不吉則又筮，筮不吉則又卜，是瀆龜策也。晉獻公卜取驪姬不吉，公曰筮之，是也。」鄭玄這樣強調，可知人們求吉往往「過三」，或者卜筮並用，總之最後要達到自己的目的。這樣做的結果，鬼神的意志失去權威，而人之自我意志加強了。中國這種形成傳統的前兆信仰之特徵，使占驗成爲表達人的意志的工具。

再次，漢代的讖緯往往結合陰陽五行說，把事情的因果聯繫歸結爲聖人的作用，或者是按陰陽家解釋的自然規律，而不是歸結爲鬼神。如《白虎通義．辟雍篇》說：「《論語》讖曰：五帝立師，三王制之。」把《論語》說成是孔子爲了後代帝王取法而預言的法典。《孝經緯．援神契》說：「孔子作《春秋》，制《孝經》。」「告備於天曰：孝經四卷，春秋河洛凡八十一卷，謹已備。天乃虹郁起，白露摩地，赤虹自上下，化爲黃玉，長三尺，上有刻文。孔子跪受而讀之，曰『寶文出，劉季握，卯金刀，在軫北，字禾子，天下服』。」（《宋書．符瑞志》引）又《春秋緯．漢含孳》說：「孔子曰：丘攬史記，援引古圖，推集天變，爲漢帝制法，陳敘圖錄。」（《公羊傳序》疏引）從這些文字中，可知作爲社會秩序和具體的歷史事件是由五帝、三王、孔聖等聖人事先規定的。甚至具體而微到哪個朝代由什麼人出來作帝王，如「卯金刀」爲劉字，表明孔子在幾百年前就預定由劉氏掌握漢代政權。這樣的解釋固然荒誕，但是這種觀念的要點在於，在神秘的因果關係之中，起直接的決定作用的是聖人。天只是聖人的決定之權威根據，使他們的決定神聖化；或者是爲聖人的製作提供示範模式（「推集天變」）。這裏，聖人不僅僅像西周的帝王那樣，是天神與社會秩序的仲介，也顯示出一定的創造力和獨立性。

因此，從讖緯自身的內容來說，儘管其本質是神秘主義的，然而又具有不完全符合宗教性質的異化因素。它爲了迎合帝王的口味，給政權提供神意依據，於是毫無保留地肯定現存秩序，甚至具體化到細微末節。過猶不及，這就失去了宗教超驗存在的主要理由——對既定社會秩序產生疑問。這種異化因素是其自我淘汰、註定枯萎零落的原因之一。

另外，由於漢末佛、道二教興起，民間神秘主義思潮有了寄頓之處。客觀上使社會意識的宗教情感不再攀附儒學，通俗信仰向二教洩洪分流。對儒教擺脫神秘成分來說也是至關重要的。

顧頡剛先生《春秋時的孔子和漢代的孔子》一文中說：

> 恰巧這時（指王莽時及東漢初）經學方面有一個新派——古文家——起來，於是這一個派裏就絕對不收進神話的材料，只順著經書的文字釋義，把經書看成了歷史。經這樣一幹，孔教的大本營就覆滅了。宗教一面的材料沒有寄頓之處，只得改拉了老子作教主，成就了道教。有了道教，於是民眾的信仰一齊流了進去。孔子就純粹地成了士大夫們的先師了。（《古史辨》第二冊第一三九頁，上海古籍出版社一九八二年三月版。）

可知讖緯和民間信仰離開儒學，除了外部的行政措施之外，經學內部的排斥作用和新的宗教體系的向心力也是重要原因。這離散和輻湊兩種不同的趨向，也是儒學與宗教具有本質區別的外部證明。

第四部份

儒教無鬼論

第九章 儒教無鬼論

在儒家的理論中，自然和人生是一個緊密交融的整體，是一個無限發展的共同過程。脫離了這個整體的生命或精神沒有任何獨立存在的意義。由此而論，以個人解脫爲基礎的實體性靈魂和神靈的觀念則很難成立。在儒家看來，宇宙並非具有本體論意義，只是用作人類行爲的模範。如《禮記・孔子閒居》載：

子夏曰：「三王（注曰：三王謂禹、湯、文王也）之德，參於天地。敢問如斯可謂參於天地矣。」孔子曰：「奉三無私以勞天下。」子夏曰：「敢問何謂三無私？」孔子曰：「天無私覆，地無私載，日月無私照。奉斯三者以勞天下，此之謂三無私。」

又《論語・泰伯》載：

子曰：「大哉堯之為君也！巍巍乎！唯天為大，唯堯則之。蕩蕩乎！民無能名焉。巍巍乎！其有成功也；煥乎，其有文章！」

朱熹《論語集注》：「蕩蕩，廣遠之稱也。言物之高大，莫有過於天者，而獨堯之德能與之准。故其德之廣遠，亦如天之不可以言語形容也」；又引尹氏曰：「天道之大，無為而成。唯堯則之以治天下，故民無得而名焉。所可名者，其功業文章巍然煥然而已。」

天地日月的自然形態成爲人類道德的範式，「無私」、「高大」、「巍巍」、「蕩蕩」都屬於事物的表現形式，孔子把人的道德、人格與精神與自然界某些現象相聯繫，只是一種形式上的移情現象或同構作用。在儒家理論中，社會等級也是效法宇宙的模式組織起來的，特別是它的等級結構，是效法天高於地的。《禮記．樂記》：「天尊地卑，君臣定矣；卑高已陳，貴賤位矣」，我們可以把這些說法和許多其他類似的論點看作是比喻性的。這些論述並不屬於宇宙論和本體論的範疇。它們表明，世界的一切現象，包括人的存在和意識，都是一個以含有道德意義的自然法則爲基礎的統一整體。根據世俗的道德定位，就可以對人生和世界作詳盡無遺的把握。

一、儒學的祭祀之禮

儒家學說成立之初，便從宗教權威中解脫出來，形成一種世俗道德體系。爲了達到把自身體系借傳統輪廓奉爲神聖的目的，此後也借用一些民間信仰的非理性因素，如董仲舒便利用「天」來包裝他的理論。儒家對於某些傳統風俗習慣和外在的民間神秘主義因素並不採取根本性的排斥態度，相反，它在保持自己非宗教性界定的前提下，儘量利用傳統風習和民間信仰。

儒家提出敬天法祖，以祭祀作爲表現形式之一，就是借助於習慣風俗和傳統意象以發揚其道。《禮記・郊特牲》：「萬物本乎天，人本乎祖，此所以配上帝也。郊之祭也，大報本返始也。」《孔疏》云：「此一經論祖配天之義。人本於祖，物本於天，以配本故也。……天爲物本，祖爲王本，祭天以祖配，此所以報謝其本。返始者，反其初始，以財言之謂物爲本，以終言之謂初爲始。謝其財，謂之報；歸其初，謂之反，大義同也。」可知所以要祭天祭祖，不在於向神靈和鬼魂祈求什麼，甚至神靈和鬼神本身的神性在祭祀中也無足輕重。儒家祭祀的定位是對於用宇宙論範疇來比喻的傳統的尊崇，在這裏「天」代表萬物的根本；「祖」代表人類和社會秩序的根本，它們合起來代表整個世界及其自然形態。所以這裏一再強調祭祀中表示尊崇和虔敬的對象是「本」和「始」。然而「天」和「祖」本身又含有關於上帝和祖先神靈的記憶，儘管儒家賦予這兩個概念以新的意義，傳統的意象仍然會在情感層面呈現，與新的涵義發生不自覺的溝通。於是思維和情感在這種表達中消除了對立，以一種隱含深蘊的方式融合起來。

儒家特別重視祭祀，把它看作是「神道設教」的主要方式。但是儒家提倡祭禮的同時卻繞開鬼神、甚至表現出否定鬼神的傾向，這是最能深刻反映儒家理論之特殊性的地方。

經書講祭祀，主要在禮學部分。而三禮中最早出亦最可信者爲《儀禮》，它是反映周代典禮、倫理關係和吉凶婚喪等社會生活的史料。《周禮》則爲西漢中後期始出的古文經，故歷代爲人所疑。清人汪中《周官徵文》舉六證說明先秦已有此書，王國維亦曾做過考證。此書可作爲春秋及戰國之史料。然而眞正表現儒家思想者，還應該是大小戴之《禮記》。

按《漢書·藝文志》記載，漢興，儒生們世代傳習之禮學，指的是《士禮》，即現存《儀禮》之前身。除《士禮》之外，當時的禮學家們還附帶傳習一些有關禮制研究的參考資料，即附《士禮》而行的《記》。這些《記》限於家法，各有不同，它們是用當時通行隸書傳寫的，屬今文經學。隨著古文經勢力的崛起，也漸漸摻進古文經記。《漢書·藝文志》著錄「《記》百三十一篇」。東漢後期鄭玄給收錄四十九篇文字的所謂《禮記》（即傳爲戴聖所輯《小戴禮記》）做了出色的注釋，使它得以擺脫對《士禮》的附屬地位而獨立成書，至唐代上升爲官學之經。而八十五篇的傳爲戴德所輯的《大戴禮記》則漸次佚失，現存僅約三十九篇。

大小戴《禮記》的篇章大多成於戰國和漢代。它們不僅是儒生彙輯的資料，其中也有講解、解釋、闡述和筆記心得。在三禮中，只有《禮記》記載最多儒家的思想，最有代表性，而不僅是對傳統的記敘。

表現儒家關於祭祀的認識，亦主要存在於《禮記》中。

祭祀本應是人與神之關係的表現，但儒家卻用它來突出人的關係、人的情感和人類社會的道德和秩序。在祭祀把神的偶像變成爲只起襯托作用的道具，「事鬼敬神而遠之」。

這種特殊現象，除了有意識的教化目的之外，大概亦與士民階層潛意識深處的傳統情結有關。宗法制之五世而遷等規定自然地淘汰貴族身份，定期地把一部分貴族變爲平民。失去身份的貴族後裔也同時喪失了祭祖的權力，但是在他們心理上還保存著一種與往昔聯結在一起的集體記憶或原始意象。被剝奪了祭祖權力之創傷性經驗的壓抑最後形成一種深層的心理內容。當出於士民群體的儒家討論祭祀問題時，這種超個性的心理基礎便開始發揮作用。作爲祭祀對象的實體神靈，是直接造成其心理創傷而成爲潛意識中所排斥的事物；而祭祖的意義卻與其身份的原始記憶相聯繫，潛意識的作用使儒家強調祭祀本身具有給現實人生提供「始」與「本」之根據的作用，並以祭祀表現「萬物本乎天」之意義而提升世俗生命的價值。

不重視祭祀對象而重視祭祀的意義，其意義又是原始意象和基於這種意象之變異創新的統一，這就形成墨家所批評的儒家君子之無鬼神而學祭祀的怪現象。

因爲祭祀是宗教活動的一項主要內容，故《禮記》中也包括一些非理性的內容。這是不可避免的。《禮記》並非成於一人或一時，而且它畢竟與宗教傳統相聯繫。但是它的主要方面，尤其是不關古代禮制之研究而專爲儒家闡述思想理論的部分，人文理性的傾向是非常明顯的。

形成《禮記》中的特殊的祭祀觀，不止是心理原因，也有社會歷史的和儒家理論之特殊性的原因。作爲士民階層代表的早期儒家，更多地是關心現實政治和世俗道德，並注意解決時代新變之後的社會問題，而對於宗教傳統和以宗教傳統爲權威的舊政治是不感興趣的。如《論語・八佾》載：「或問禘之說。子曰：『不知也。知其說者之於天下也，其如示諸斯乎』指其掌。」在這段記載中，孔子先是明確回答「不知」禘之說，後來又使用了「指其掌」那樣的身體語言，頗爲費解。故舊注對此衆說紛紜，而且解釋得相當神秘。通行的說法是孔子說不知而非不知，所以說不知是因爲魯國違禮，爲其諱言。還有其他種種說法，都有隔靴搔癢之嫌。其實禘祭是王者之事，是祭祀民族之始祖的。《禮記・大傳》說：「禮，不王不禘。王者禘其祖之所自出，以其祖配之。」始祖之所自出，當然就是天了。鄭玄用秦漢時出現的五方天帝來解釋天，說「大祭其先祖所由生，謂郊祀天也。」這種祭祀代表一種最高的政治權力。中國古代把祭祖權分得很清楚，謂「得姓之祖，爲之始祖；始封之君，爲之大祖。諸侯不禘，惟得祭其大祖，而于大祖以上則不得祭矣。」可知禘祭之規格最高，連諸侯也不得舉行禘禮。而孔子之時的士民群體，休說不得祭始祖，甚至連祭祖權力也喪失了。孔子說不知，並指諸掌，說明他認爲那是帝王之事，完全出於他所關心的範圍。無論知與不知，其實根本沒有知的必要。儒家所關心的主要在道德原則，這種由祭禮直接表現等級制度中最高權力的問題，是他們不感興趣的。

另外，禘祭由上古而來，是把始祖與上帝配享的。士民群體被動地脫離了祭祖權力，使得他們也同樣被動地漸漸疏遠了對神靈之理解的意願。這種不願理解的主觀性

「前結構」，使神在某種意義上也失去了存在方式。

儒家倡導親親爲大，以最近的血緣關係展開它的倫理學說，因此順水推舟地把傳統宗教的祖先崇拜利用起來，強調郊天必配以祖，家族必要重視祭祖。這樣可以借用傳統的權威，突出儒家的忠義孝悌等道德準則。《禮記・禮器》：「祀帝於郊，敬之至也；宗廟之祭，仁之至也。」「天地之祭，宗廟之事，父子之道，君臣之義倫也」。祭祀之事，最後落到儒家提倡的「敬」、「仁」和君臣父子之道等道德準則上。《中庸》也說：「郊祀之禮，所以事上帝也；宗廟之禮，所以祀乎其先也。」又《孝經・聖治第九章》：「孝莫大於嚴父（尊嚴其父），嚴父莫大於配天，則周公其人也。昔者周公郊祀後稷以配天，宗祀文王於明堂以配上帝。」這是說以父配天之禮，始自周公。周公作爲傳統權威的象徵，確定了郊天配祖的基本格式。這種郊祀宗廟之禮，其實兼有宗教之祖先崇拜、上帝崇拜、自然神崇拜等傳統意象。但是所有的崇拜偶像之實體意義都很淡薄，並呈現某種不確定性。這種不確定性是因爲儒家在解釋祭祀的意義時是訴諸於邏輯與理智的，而非訴諸於神學或神性。那些宗教性的意象是浮在心中殘缺片斷的聯想，沒有形成充分的表象或明晰的畫面，它們只能對儒家理論起到情感上的補充作用。就內容方面而言，只有那些意象成爲被充分意識到的、被意識經驗所填滿時，它才能成爲確定性的。

《荀子・禮論》：「天地者，生之本也；先祖者，類之本也。……無天地，惡生？無先祖，惡出？」只從「生」、「出」、「類」與「本」等本源意義上論天地先祖。

《易．序卦》：「有天地然後有萬物，有萬物然後有男女，有男女然後有夫婦，有夫婦然後有父子，有父子然後有君臣，有君臣然後有上下，有上下然後有禮義。」這裏，自然、祖先和人類社會秩序渾成一體，故儒家郊天而配以祖，實際是把自然法則與社會秩序之抽象整體看作是所要尊崇的內容。

在採用宗教形式的祭禮中，卻缺少祈福等構成宗教祭禮意義的要素。如《禮記．禮器》云：「君子曰：祭祀不祈」。鄭玄注：「祭祀不爲求福也。《詩》云：『自求多福』，福由己耳。」這裏明確提出不祈求福報的觀點，與其他宗教相比是很特殊的。

另一方面，儒家又提出通過祭祀能夠「受福」，但對所謂「福」又規定了新的特殊意義。《禮記．祭統》開篇云：

> 凡治人之道，莫急於禮。禮有五經，莫重於祭。夫祭者，非物自外至者也，自中出生於心也。心怵（怵，感念親之貌）而奉之以禮，是故惟賢者能盡祭之義。賢者之祭也，必受其福。非世所謂福也。福者，備也；備者，百順之名也。無所不順謂之備，言內盡於己而外順於道也。忠臣以事其君，孝子以事其親，其本一也。上則順於鬼神，外則順於君長，內則以孝於親，如此之謂備。

其中孔疏云：「孝子祭親，非假他物從外至於身，使己爲之。但從孝子身中出生於孝子之心也。」可知儒家講祭禮，並非是他律性的，也不是對鬼神的依賴或畏懼感使然，而是一種自發的情感表達。

在〈禮器〉篇說君子不祈福，而在本篇卻說祭者「必受其福」，這看起來很矛盾。但〈祭統〉篇的作者緊接著聲明這裏所說的「福」不是「世所謂福也」。「世所謂福」就是指傳統的宗教所祈之福。孔疏對這一點特別作了進一步解釋：「『非世所謂福也』者，言世人謂福爲壽考、吉祥、佑財於身。若賢者受福身外，萬事皆順於道理。……所云不求者，謂孝子之心無所求也。但神自致福，故有受祿於天之言。若水旱災荒禱祭百神，則有求也；故大祝有六祈之義，大司徒有荒政索鬼神之禮。」由此可看出儒家竭力使他們自己所賦予祭祀的意義與一般宗教的意義區別開來。儒家的「賢者之祭」並不祈求壽考、吉祥、佑財等，也不是像遇見水旱災荒時向百神請求幫助、或神職人員及相關的官員那樣的宗教活動。這裏值得注意的是，它特別把「大祝」的六祈、大司徒因政治不良而「索鬼神」的制度性的宗教活動與儒家的賢者之祭作了分別。古代王朝存在一套完整的祭祀禮儀，其與儒家的祭義是不同的。

儒家所說的實受之「福」，是「內盡於己而外順於道」，是道德人格的完成和「忠孝」等道德準則的實現。這裏面不包括功利性的考慮。

儒家不但把自己的祭與制度和習俗的祭分別開來，有時甚至對傳統性的「若水旱災荒禱祭百神」等活動也作了無神的解釋。如《荀子．天論》說：「雩而雨何也？曰：無何也，猶不雩而雨也。日月食而救之，天旱而雩，卜筮然後決大事，非以爲得求也，以文之也。（得求，得所求。言爲此以示急於災害順人之意，以文飾政事而已）故君子以爲文，而百姓以爲神。以爲文則吉，以爲神則凶也。（順人之情以爲文飾則無害，淫祀求福則凶也)」按此說法，雩祭求雨和卜筮決疑等宗教活動根本與神無涉，不過是順應習俗、專門做給愚夫愚婦看的、聊以進行心理安慰的表面文章而已。非但如此，荀子還斷言以爲這是有神靈感應則有害，看透這只是順應人情的文飾才有好處。這種說法與董仲舒所謂「致雨非神也」的說法完全一致，只是態度更堅決。

〈禮器〉與〈祭統〉同在《禮記》中，對祈福的否定與肯定的兩種表達，從正反兩個方面表明儒家始終保持著鮮明的世俗合理性意識，故能自覺地將他們自己的祭義與宗教祭義明確進行區分。他們對祭祀行爲事先已有明確的預期，想要達到的是保持儒家規定的社會秩序、忠孝等世俗性道德準則。一個行爲的倫理價值往往取決於行爲者情感、意向和信念的價值，所以儒家之祭義所體現出的是世俗性的價值認定。他們對兩者自覺作明確區分，表明「上則順於鬼神」之類的表達，並沒有眞正的宗教情懷，只不過是想要達到世俗目的的一種策略性表達。它充其量可以作爲肯定社會秩序的權威象徵，而「外則順於君長，內則以孝於親」才是賢者之祭的預定後果。

在祭禮中，因爲不求福報，鬼神的意志和神性亦無從體現。因此這種祭祀很接近世俗之典禮儀式的性質。

世俗性的典禮或禮儀之「祭」，大概在西周初既已盛行。吳其昌《王觀堂先生尚書講授記》有一段釋《尚書・顧命》中的「王三宿三祭三吒上宗曰饗」句云：

王三宿三祭三吒。《孔傳》及《鄭康成注》皆云：「康王祭神」。其實非也。

此蓋太保進酒於康王也。古者，王者分封諸侯，必饗之以酒，此時太保代表成王以君位授康王，故亦用王者授爵位於臣下之禮；故下文云：「上宗曰饗」。謂上宗命康王饗也。《通典》九十三引《白虎通》云：「王再拜，興，祭，嚌，乃授宗人同。」嚌即咤，今文尚書咤作詫（詫）——可知祭與咤，皆康王自祭而後咤——咤，飲酒至齒也——非以祭神也。此今文尚書家之說也。故鄭康成尚有一說，亦同今文家言；《通典・奪情議》引鄭玄曰：「即位必醴之者，以醴嚌成之也；以醴嚌成之者，醴濁，飲至齒。不入口曰嚌；既重喪，但行其禮，而不取味。」此即可為《通典》所引《白虎通》之說之疏證也。後世校《白虎通》者，未嘗引及《通典》，此說遂無人知。更有一確證，可以證明此說者，即下文：「太保受同，降，盥，以異同，秉璋以酢」是也。古禮：主人獻賓，賓酢主人，此特敵體之主賓然耳；至若獻於君，則君不答酢，而臣引爵自酢。此時太保已授王圭同，則已不能代表成王，故退而自守臣禮，既獻於王，復引爵自酢也。（《古史新證》，清華大學出版社一九九四年月十二月版。）

可知「祭」字雖有人神相接和向神進獻祭品的意義，但從王國維的考證來說，至少在周初隆重大典上，有「自祭」而「非以祭神」之「祭」。中國古代很重視禮儀，如王國維所說的分封諸侯要有典禮、地位相等的賓主之間的「主人獻賓，賓酢主人」有特定的儀式。這些典禮或儀式本身是非宗教性的。它們雖然訴諸崇敬、敬畏或莊嚴的情感，但其過程是在世俗意識的支配下進行的。這樣的典禮儀式數量很多，形成恒定的世俗性的禮儀意識，在這種意識中人們對現存的生活方式增加了合法性的信念。

《論語．學而》載有子曰：「禮之用，和爲貴，先王之道斯爲美，小大由之。」儒家所追求的是對世界的適應而不是對立，同時也追求通過禮的節制使人們遵循熔鑄成傳統的「先王之道」樣式的儒家之道，以此作爲適應自然和社會的規範。

因爲儒家祭禮與宗教祭禮想要達到的目的不同，所以孔子講六經中的禮祭，就能夠隨時變通，已不是死板地追求形式了。《論語．八佾》載孔子說：「禮，與其奢也，寧儉；喪，與其易也，寧戚。」說明舉行祭禮要不忘它的本意，內容比形式更重要。如果奢侈會失其本意，就不如節儉；如果態度平和會失其本意，就不如哀戚。

又《論語．陽貨》載孔子說：「禮云禮云，玉帛云乎哉？樂云樂云，鐘鼓云乎哉？」是說禮的作用在於誠敬秩序、安上治民，而不貴在玉帛；而樂的作用在移風易俗，調和心情，而不貴在鐘鼓。

又〈子罕〉載：「子曰：『麻冕，禮也。今也純，儉，吾從衆。』」這裏說按照禮，應該頭戴麻冕，也就是緇布冠。遠古不知種棉，故古之所謂布非棉織品而皆爲麻織品或葛織品。古之作緇布冠之布，也是麻葛織成，但用量多、用工費。孔子之時出現了絲織品，稱爲「純」，以絲制冠，反而省事。孔子認爲既然絲織品作冠儉省易成，當時又流行，所以不必拘囿於古禮，非要戴緇布冠不可，可以改易，隨時從衆。因爲包括祭禮在內的禮的本意是加強「傳統」意識，所以也不必一味地要求儉省，奢之與儉，可視具體情況靈活變動。

形式所以必要，完全在它所表達的意義。〈八佾〉：「子貢欲去告朔之餼羊。子曰：『賜也！爾愛其羊，我愛其禮。』」按古禮，人君每月有告朔之禮，以餼（牲生曰餼）羊爲祭品，而魯國自文公開始廢朝享告朔之禮。子貢認爲禮既已廢，祭品歲時擺放，乃爲虛費，故欲撤去餼羊。孔子在這裏堅持不廢餼羊，不涉及財力的問題，而以堅守形式表示堅守禮制規定的決心。

儒家所倡導的喪禮、祭禮等，經常表現出詩意的、藝術的、情感的特徵，而非宗教性的、對神力的尊崇或畏懼。如《禮記．問喪》一篇，把失去親人的痛苦心理描寫得淋漓盡致。整篇充滿細膩的形象刻畫和情感抒發，如同一篇文學作品。其中說：

> 送形而往，迎精而反也。其往送也，望望然（瞻望），汲汲然（促急之情），如有追而弗及也。其反哭也，皇皇然（意彷徨）若有求而弗得也。故其往送也如慕，其反也如疑。求而無所得之也，入門而弗見也，上堂又弗見也，亡矣、喪矣，不可復見已矣。故哭泣辟踴，盡哀而止矣。心悵焉、愴焉、惚焉、愾焉，心絕志悲而已矣。祭之宗廟，以鬼魂饗之，徼幸復返也。……此孝子之志也，人情之實也，禮義之經也。非從天降也，非從地出也，人情而已矣。

這裏用非常形象化的語言描繪出具有普遍性的人之常情，把人們爲什麼寧願相信鬼魂存在的心理原因——徼幸復返——也刻畫得深刻眞實。也就是說，要舉行喪禮的原因出於人們自然情感的需要，「非從天降也，非從地出也」，不是無事自擾、憑空編排出來的。所謂「禮義之經」，即禮義的道理、法則或原則，就是存在於日常生活中人們流露出來的眞實感情。

《禮記》還深刻分析人所以產生鬼魂觀念的心理原因。《祭義》篇說：

是故君子，合諸天道，春禘秋嘗。霜露既降，君子履之，必有悽愴之心，非其寒之謂也。……致齊於內，散齊於外。齊之日，思其居處，思其笑語，思其志意，思其所樂，思其所嗜，齊三日乃見其所為齊者。祭之日，入室，僾然（彷彿）必有見乎其位（見親之在神位）；周還出戶，肅然必有聞乎其容聲；出戶而聽，愾然必有聞乎其歎息之聲。……唯聖人為能饗帝，孝子為能饗親。饗者，鄉也，鄉之然後能饗焉（言中心向之，乃能使其祭見饗也）。……於是諭其志意，以其恍惚以與神明交，庶或饗之。「庶或饗之」，孝子之志也。（疏：孝子以其思念情深，恍惚似神明交接，庶望神明或來歆享……言想見其親，彷彿而來也。）

這是從感覺和心理進行分析，皆由於思念至深的作用，三日後似乎見到所祭祀的死者，彷彿見其容貌，聞其聲音，甚至聽到「歎息之聲」。鬼魂之彷彿，完全出於主體的思念之情，是在精神恍惚的情況下出現的幻覺。在這些描寫的過程中，始終伴有清醒的理智判斷，幾乎是在解剖鬼神崇拜的心理原因，批駁神秘主義的解釋。《禮記》中出現此一類議論，並不是偶然的。

儒家的祭祀或儀禮，有一個典型特徵，就是專重祭祀過程本身而不重祭祀對象。《禮記・檀弓上》說：「之死而致死之，不仁而不可爲也。之死而致生之，不智而不可爲也。是故竹不成用，瓦不成味……」。鄭注：「之，往也。死之、生之，謂無知與有知也。」

又〈檀弓下〉說：「孔子謂爲明器者，知喪道矣，備物而不可用也。……孔子謂爲芻靈者，善謂爲俑者不仁，殆於用人乎哉？」鄭注：「俑，偶人也，有面目機發，有似於生人，孔子善古而非周」。孔疏：「殆，盡也，謂近於用乎生人爲殉」。

如果完全按照理性主義的態度對待死亡，下結論說死者無知，則爲不仁；如果專從情感上對待死者，認爲死後一定有知，則爲不智。儒家提出一種妥善解決兩者矛盾的折中方案：即「備物而不可用」；所謂「備物」者，就是爲死者安排隨葬品，希冀他能夠使用，以便滿足人們情感上的需要；同時又知道這些隨葬品「不可用」，這是從理智而言，明知死者已不能用，實際是無知的。儒家在喪禮之類的禮儀上雖然儘量順從傳統的風俗習慣，但仍然保持著嚴格的理性主義判斷。孔子強烈譴責用人形的偶人隨葬，因爲它出於比附用活人殉葬的風俗。縱使是比附，孔子也進行強烈的抨擊，甚至說「始作俑者，其無後乎？」（《孟子・梁惠王上》）這樣激烈的言辭，在孔子而言是很少見的，表明儒家對生命的尊重，以及對他們自己道德體系的固守。由此可見，儒家利用和適應傳統風俗，但並不是無條件的。他們對不合其原則的陋俗堅決淘汰，其學說也注重移風易俗的方面。

儒家的祭祀、喪禮等，主要在它的教民化俗目的。故強調過程本身，注意力集中在這過程中由人的感情向道德意識的轉化，而不是像三代宗教那樣相信死人有知，向其祈求或用隨葬品給予其冥間的生活安排。《禮記．檀弓下》：「喪禮，哀戚之至也，節哀順變也，君子念始之者也……惟祭祀之禮，主人自盡焉耳，豈知神之所饗？亦以主人有齋敬之心也。辟踴（撫心爲辟，跳躍爲踴），哀之至也。有算，爲之節文也。」在父母的喪禮上，君子要節哀，應念父母之心，勿傷己性。祭禮主要是祭祀行爲者自盡孝養之心的，設祭如生，若親猶存，「自盡」祭祀者本人之情感，而不計「神之所饗」。並不是知道死者必來享，才設此祭。所謂「有算」，指哭號跳躍都是有規定數目的，用禮來節制，過則傷性。這樣論述喪禮，從痛苦的節制到情感的慰安，作者的視域始終放在祭祀主體這一方，而不認眞討論祭祀對象的問題。這是孔子「未知生，焉知死」，「未能事人，焉能事鬼」等思想的具體表現。

由這種思想引申下來，關於祭祀對象的象徵意識也就愈發明確了。《禮記．檀弓下》：「子路曰：『傷哉！貧也！生無以爲養，死無以爲禮也！』孔子曰：『啜菽飲水，盡其歡，斯之謂孝；斂首足形，還葬而無槨，稱其財，斯之謂禮。』」這裏孔子說，縱使孝子家貧，只能供給雙親像豆粥清水那樣清淡的食物，但能使他們歡樂，就是盡孝了。親亡後，縱使因貧不能按禮制規定的日期進行祭祀活動，不到日期即迅速埋葬，且棺外無槨，只要盡其財力，斂以衣冠，使其形體不露，那也算是盡禮了。這裏突出倫理的、情感的意義，而不是考慮鬼神信仰。

儒家看重祭祀時主人的心誠，勝過祭祀對象。所謂「唯祭祀之禮，主人自盡焉耳！豈知神之所饗」；「孔子謂爲明器者，知喪道矣。備物而不可用也」等等，與宗教的祭獻、施食、追薦、超度等活動的認眞對待祭祀對象的態度不可同日而語，儒家的祭禮中的祖先或鬼神，只是使祭祀主體完成其倫理行爲的、起陪襯作用的象徵性的對象，而不是一種能與祭祀主體相溝通和交流的、眞實存在意義上的對象。

宗教祭祀活動中卻是把祭祀對象當作一種眞實存在來對待，並具有對於他們的特徵、情感、境遇、場景、活動、需求之類的宗教想象細節和說明。這些細節使它們生動起來，與祭祀者相對待，構成宗教祭祀活動中的主要部分。與之比較，儒家的祭祀對象則缺乏主體性，明顯地傾向於符號化了。

儒家特別提倡人民「報本反始」之習，通過祭祀等活動不是達到增強宗教信仰的目的，而是達到世俗道德春風化雨的目的。《論語．學而》：「曾子曰：愼終追遠，民德歸厚矣。」注引孔曰，謂「愼終者，喪盡其哀；追遠者，祭盡其敬。君能行此二者，民化其德，皆歸於厚也。」疏釋「歸厚」爲「不偷薄」。最後的目的很明確，是使世俗道德規範成爲生活和行爲的普遍指導。

儒家一再強調祭祀的意義在「報本反始」，「反古復始」，實際是借用古、始、本等本源性的範疇來提高儒家政治理想的權威。《禮記．祭義》：「築爲宮室，設爲宗祧，以別親疏遠近，教民反古復始，不忘其所由生也。衆之服自此，故聽且速也（自，由也，言人由此服於聖人之教也。聽且順其教令）」；「天下之禮，致反始也。……致反始，以厚其本也」：「君子反古復始，不忘其所生也。是以致其敬、發其情、竭力從事，以報其親，不敢弗盡也」。〈坊記〉：「修宗廟、敬祀事，教民追孝也。」可知儒家祭祖立廟，並不能成爲有鬼論的證明。儒家借助祭祀等宗教傳統的形式，使人民聽從並順從世俗教令或教化，由外部的儀式引起內心的敬意等情感共鳴，以完成主體和社會的倫理關係。

上引《禮記》中的「反始」、「反古」中的「反」，意爲還返，回復。儒家主張返還的「古」和「始」，有最古之社會的意思，但實質上這種社會是儒家的理想。「歸其初，謂之反」，把祭禮當作追思初始和遠古的重要手段，由此闡揚儒家的理想政治。值得注意的是諸子學說中也有相同的現象，如《老子》「反者道之動」，把違反和復返的意義上升到道的運動邏輯的高度。《老子》說「遠曰反」，「各復歸其根」等，在倫理和社會意義上而言，則是回復和返古。三十八章說：「失道而後德，失德而後仁，失仁而後義，失義而後禮」，從倫理的角度言，應由禮復返於道。十九章說：「絕聖棄智，民利百倍；絕仁棄義，民復孝慈」，也是以理想托古代，以返歸傳統增加其主張的合理性。但儒、道雖然都標舉反古，兩者社會理想並不相同。道家的復反其始固然並非是眞正的原始社會，其中寄託著他們的少私寡欲、孝慈等道德原則；儒家的理想古代也非實際的原始社會，包含著他們改造和創造的新內容。《論語》顏淵問爲邦，孔子曰：「行夏之時，乘殷之輅，服周之冕，樂則韶舞」，則知使孔子得爲施政，也未必處處墨守周公舊典。

在諸子之時，儒家的主要對手墨家能夠更直接、更深刻地洞察儒家祭禮的特點所在。《墨子・公孟》載：

> 公孟子曰：「無鬼神。」又曰：「君子必學祭祀。」子墨子曰：「執『無鬼』而學祭禮，是猶無客而學客禮也，是猶無魚而為魚罟也。」

這裏一語道破儒家祭禮的奧秘，而不像儒家自己那樣對鬼神之有無的問題模稜兩可。儒家寧願採取一種比較含混的表達，這是爲其教化的利用目的所決定的。因爲他們希望這樣能夠兼顧理智與情感，兼顧社會各群體，使沒有知識下層民衆也能接受它，哪怕是通過誤解而接受。《荀子・禮論》說：「祭者，志意思慕之情也。忠信愛敬之至矣，禮節文貌之盛矣。苟非聖人，莫之能知也。聖人明知之，君子安行之，官人以自守，百姓以成俗。其在君子以爲人道也，其在百姓以爲鬼事也。」實際以祭祀爲人道的「君子」是理性的代表；以爲鬼事的「百姓」是非理性的代表。雖然儒家允許理性與非理性並存，但君子小人之判則表現了儒家贊許理性，而貶抑非理性的明確態度。聖人君子明知之而且安行之，縱使百姓把「人道」當作「鬼事」，只要它能夠形成習慣，達到化民成俗的目的就可以了。

二、「三代以下不聞有真鬼神」

靈魂說和有神論是迄今爲止所有宗教之能夠成立之根本性的原則和前提。許多現在已經失傳、見於記載的原始宗教或民間宗教，以及現在仍然興盛的原生性或創生性宗教，諸如猶太教、印度教、基督教、伊斯蘭教、佛教、道教等，無一例外是以鬼神觀念爲其前提，它們各種各樣宗教的信條、教義和教理的形成和發展，也是從靈魂、神靈和神性概念的基礎上開始的。

一般宗教的鬼神，從靈魂的意義上發展而來。「靈魂」指人們想像思想、情感、自我意識等精神現象是寄寓人們身體中的獨立存在，它在人死後成爲脫離肉體或與肉體對立的、單獨存在的精神實體（某些宗教認爲靈魂由無影無形的神奇的稀微物質組成）。「靈魂」必須是不滅的，同時保持著與生者相同的、並與他者不同的個體特徵，這指的是性格、氣質、記憶、思想、感情，甚至還有痛苦和快樂的「感覺」，並獲得超自然的活動能力。一般宗教所描述的鬼神，都有這些特點，由此顯示出「一個人」那樣的完整的實在性或主體性。

有些宗教所說靈魂不滅，是在「無限」的意義上、而不是「終極」的意義上而言的。例如佛教在終極的意義上講要達到光呑萬象、寶月圓成的涅槃境界。只要任何人仍然還不失爲自我，完全的精神自我圓成就不可能達到。涅槃最終達到的則相當於神秘直觀到與絕對實在同一的自我。這在邏輯上不可避免的目標就是斷滅欲望、自我毀滅。佛教徒不僅要脫離每一種世俗社會形式，還要脫離世俗生活本身的欲望。通過漸修或頓悟的意志行動使自我耗盡了自己，最後剩下的僅僅是絕對實在。從「入滅」這個否定的表達形式來說，佛教的終極目標是否定個體精神意義上的靈魂，要求完全泯滅自我意識的。

另外，中國道教主張煉神還虛，一切歸元。也是在絕對實在的層次上，消滅自我和自我圓成之間的矛盾。

但是達到宗教終極實在的目標，畢竟是一種邏輯上的歸宿和終結，可望而不可即。對人類來說，追求自我圓成是一種無限的過程，超驗和世俗的內在矛盾永遠存在的日常生活中，靈魂伴隨著這種張力也無限地、無止境地存在。

而儒教則不同。首先，它的理論在建立之初就與有神論拉開距離。在傳統的有神論語境中，孔子堅決不語怪力亂神、對鬼神敬而遠之，不談死後的事。從共時性的橫斷面考察，置宗教傳統尚保存相當影響的現實中，可知他實際對靈魂觀念是持否定態度的。孔子並沒有深入地探討靈魂問題，而是在他的言論中表現了一種傾向，即對靈魂、神靈和神性觀念表現出不是很激烈的排斥傾向。這種否定態度雖然爲情感需要作了保留，表現得比較消極但卻是立場堅定。

儒家成爲社會主流思想以後，三代的鬼神崇拜實際就失去了正統的存在地位。故洪亮吉《意言．鬼神篇》說：

> 鬼神之說，上古無有。上古之所謂神者，山川社稷之各有司存是也；上古之所謂鬼者，高曾祖考是也。三代之衰，始有非鬼神而謂之鬼神者，杜伯之射周宣王，

> 趙先之殺晉厲公，以及天神降莘，河神祟楚是矣。然此直名之為怪，不可言神，不可言鬼。何也？鬼不能以弓矢殺人，及壞大門、抉寢門，皆非鬼所能。又聰明正直之謂神，豈有天神而與人接談，河神而祟人以求食者乎？
>
> 吾故曰；三代以上有真鬼神，三代以下不聞有真鬼神，而有怪。鬼神有理，怪則無理；鬼神者吾當畏之，怪者不必畏也。不必畏則視吾氣之強弱，氣強則搏之，氣弱則為所攝而已。人未有見高曾祖考祟其子孫者也，人未有見山川社稷之神祟其管內之民者也。則知鬼神者不害人，其為人害者，皆反常之怪耳。若怪而名之為鬼，是直以高曾祖考待之也；怪而名之為神，是直以山川社稷凡著在祀典者待之也，可乎？不可乎？

三代以上有「眞鬼神」，三代以下就沒有「眞鬼神」了。乍聞似屬一種怪論，但這是站在儒家立場而言的，符合中國古代思想發展的眞實情況。商、周時代人們把鬼神看作是實體的神靈，認爲他們有個性，有超自然能力。三代以後、儒、道等學說以氣來解釋鬼神，使鬼神失去了實體性。就有神論的內容而言，三代的宗教傳統在儒家學說中確實被中斷。

儒教講「天命」、「天道」、「天理」等，常常賦予「天」象徵性的主宰意義，但又否定其神靈和神性的意義。天命或天道之類僅僅是帶有某種本體論或宇宙論比喻意義的儒家之道，或是以人類社會秩序、道德倫理和宇宙萬物本身爲現象的「自然之理」。它不同於宗教中有人格的至上神或上帝。儒家這種天命觀有些像指統一的宇宙精神而言的內在神論。如中國道教的道、印度教的大梵、大乘佛教的佛性或基督教的邏各斯。然而兩者不相同的地方在於，那些宗教所說的宇宙精神，是一種絕對實體，非但不排除超越神和自然神的意義，反而把它們作爲必要的應有之義，宇宙精神可以隨時「轉化」或「解釋」爲至上神和人格神。

而儒家的天道或天命觀代表的只是被認爲是固定不變和不可侵犯的世界的宇宙秩序、盲目的必然性、事物屬性的天賦固有等意義。他們出於教化的目的，充分考慮人的心理特徵和社會各群體的接受能力，在天道和天命觀中摻入一些與情感相應的神秘經驗，並以藝術方式聯繫自然和宇宙的超驗性。由於儒家太重視對世界及對其社會秩序和風俗習慣的適應，因而在絕對實體的思索方面從來沒有邁出徹底的一步。宇宙論符號體系組成的眞理在儒家學說中只占有認識論意義和從屬地位。

宗教的宇宙精神及其宇宙結構論密不可分，相輔相成。它們構建起各具特色的地獄天堂或彼岸世界的超驗的宇宙結構圖式，用以說明上帝的創造力和靈魂解脫的歸宿。而儒教始終沒有任何上帝創世的觀念，更沒有建立起一個超越世俗的、結構完整的鬼神世界。它以「氣」或「精氣」的形式否定了宗教的鬼神觀念，又充分肯定現實人生和世俗道德的價值，否定了造物主和至上神的存在理由及其超越性，形成哲學的或倫理學的本質。

孔子學說在創造之初便與創生性宗教顯示出完全不同的性質。他不說玄妙的話，不像宗教教主那樣假造很多神蹟。他是獨立的，只憑自己的理性主義力量成爲偶像。孔子始終沒有被「神化」，如從漢平帝時起，歷朝歷代對孔子封諡爲褒成宣尼公、東漢明帝封爲先師、文聖尼父、鄒國公、至聖先師、文宣王、大成至聖文宣先師。雖然也間或有玄聖、素王之稱，但孔子基本上未被視作是具有超自然力的神，而是一位先師、一個自我圓成的哲學家的偶像。

關於孔子對鬼神的態度，人們熟知他那些著名的話語：「未知生，焉知死」、「未能事人，焉能事鬼」、「祭神如神在」、「敬鬼神而遠之」等等。單從這些詞語表面看，用無神論或有神論來衡量，態度似乎是比較曖昧的。其實，與其他宗教作比較，進行歷史橫斷面的考察，問題就很清楚了。由宗教而論，鬼神死生，乃題中必有之義，發論必然之端。在每一種宗教中都是堅持鬼神爲實有的。而且它們的理論大都以不滅的靈魂作基礎。由斯而觀，孔子不語怪力亂神，不論「性與天道」，說明他堅持「知之爲知之，不知爲不知」的原則，堅持不討論經驗範圍之外的事。這種態度不僅是懷疑論的或不可知論的，實際是一種不與傳統習俗對立的前提下，委婉地否定靈魂存在的表示。

劉向《說苑．辨物》：「子貢問孔子，死人有知？無知也？孔子曰：吾欲言死者有知也，恐孝子順孫妨生以送死也。欲言無知，恐不孝子孫棄而不葬也。賜，欲知死人有知將無知也，死徐自知之，猶未晚也。」這大體上可以代表儒家的觀點。

首先，在理智的層面，孔子把生與死分爲兩個領域。說「死徐自知之，猶未晚也」，是將死的領域置諸不論，也就是否定了這個領域的意義。死者只是由於生者對待他們的態度才被加以考慮，死者有知無知的問題所以存而不論，是爲了不妨礙規定道德行爲的實行。儒家把視域確定在理解力可以解釋的經驗世界之內，認爲只有經驗世界才有意義，堅持不討論經驗之外是否有事物存在的原則。

其次，在情感的層面，孔子將死人有知無知的問題置諸不論。說明儒家認識到，要使他們的價值目的得到實現，不能僅以理智的論證爲依靠，還要憑藉自然流露的情感深入人心。理智不應排斥情感，只有通過更多熱忱和溫情進行思考、感受，才能達到教化的目的。儒家把理智和情感協調起來，用「合情合理」的方式對待人生。

《論語．述而》載：

> 子疾病，子路請禱。子曰：「有諸？」子路對曰：「有之。誄曰：禱爾於上下神祇。」子曰：「丘之禱久矣。」

這段記載表明，孔子是否認神祇具有人格性的。何晏注：「孔子素行合於神明，故曰丘之禱久矣」。朱熹解釋：「禱者，悔過遷善，以祈神之佑也。無其理則不必禱，既曰有之，則聖人未嘗有過，無善可遷。」按原文文意和後儒的解釋，孔子所理解的「禱」，不是宗教性的祈禱，而是行爲要合於善，合於道德準則。其言外之意是，所謂「上下神祇」，不過是一種自然規律的象徵而已。如果它是按照道德因果規律進行，則善有善報，惡有惡報，只要求自己的行爲符合道德準則就有善報，不必祈禱。如果它沒有道德上的因果聯繫，則爲一種盲目的力量，祈禱也沒有用處。這兩種情況，都排除了「上下神祇」能夠創造奇蹟的可能性。神祇沒有能力能暫時中止自然規律，或者只是盲目的力量，那麼亦無神性可言。這是從本質上否定人格神的存在，又否定了祈禱一類純粹宗教活動的意義。不過，孔子和後世儒家並不直接說沒有神祇、神明存在，也不直接宣佈祈禱沒有用處。相反，他們把神祇、祈禱和道德原則置於一種視界融合的平行語境中，但在強調道德原則的決定性的過程中把神祇和祈禱抽象掉了。

又〈雍也〉中「伯牛有疾」那一段，描寫孔子拉著即將永訣的冉伯牛的手，慨歎「亡之，命矣夫！」重覆說：「斯人也而有斯疾也！」痛心疾首之狀躍然紙上。朱熹解道：「命，謂天命。言此人不應有此疾，而今仍有之，是乃天之所命也。」聯繫《論語》中「死生有命、富貴在天」之類的話，可知孔子這裏所說「命」或「天命」，與其把它解釋爲本質像人、而富有憐憫同情之心、能力無限超過人的神；毋寧把它解釋爲命運的意義，或是某種盲目的異己力量。

《論語．爲政》：「子曰：非其鬼而祭之，諂也。」自稱不論事鬼的孔子偏在這裏說事鬼之事，又鄭注：「人神曰鬼。非其祖考而祭之者，是諂求福。」觀其語意，這裏的鬼是指祖先的靈魂。康有爲《論語注》此處云：「孔子定禮，祭止天、祖，其他皆爲淫祀，妄祭以求福，是行諂媚也。蓋上古淫祀之鬼甚多，孔子乃一掃而空之。」這確實爲眞知灼見。儒學開闢之時，即開始掃蕩鬼神，顯示出其特點。儒家對傳統是採取漸進改革和利用態度的，而不是激烈形式的變革。在當時「淫祀之鬼甚多」的情況下，提出

「祭止天、祖」的原則，這已經是相當徹底的措施了。在數量上進行大規模裁減，雖然不是對鬼神觀念的根本推翻，實質仍不失爲一種革命性的行動，會引起移風易俗的本質變化。即使孔子這裏所說的「鬼」等同於傳統之靈魂，也是從祭制而言祭祖，所強調的是儒家重視親緣關係的禮法，論在祭制不在鬼。儒教在靈魂意義上而言的鬼像是一種符號，大都只在祭祀及相關禮儀時出現，似乎專爲定尊卑、論親疏、別男女，教民愼終追遠、報本反始之用的。這也是爲什麼孔子只在祭時說鬼，平時則「不語怪力亂神」的原因。他們平時隱沒無聞，召之即來，揮之即去，「用之則行，舍之則藏」；只有能夠喚起情感作用的親疏遠近之別，然則缺少超自然能力和具體個性特徵。

《孟子》書中談「天」或「天命」的地方較多，孟子用大量文獻來證明天的信仰的力量，使得宗教信仰的痕跡在其著作中尤其顯著。實際上他並沒有繼承這種信仰，他憑藉傳統的天的力量，使儒家倫理學以理想的形式構成一種表現風格。在這種表現風格中，位於比喻性的「天」的道德準則和塵世的權威分成兩個領域。這兩個領域所造成的距離使孟子猛烈抨擊統治者和不符儒家倫理規範的行爲成爲可能的。一方面，他說：「天不言，以行與事示之而已」，「莫之爲而爲者，天也；莫之致而致者，命也。」（《孟子·萬章上》）像孔子那樣，給天保留了最高位置，但是這裏的「天」並非上帝鬼神，而成爲種種道德準則和儒家之社會秩序的體現。他可以由此把儒家倫理準則與他那個時代的現實、特別是政治現實作一個明顯對比。至於「莫之致而致者，命也」，在這個意義上所言的天命，實際是指代表盲目和意外力量的命運意義。在這方面他繼承了孔子天命觀的一些內涵，由命運意義從另一論域否定了「天」的神性內容。

另一方面，孟子並不情願把道德準則置於一個超越人類生活世界偶然性的領域。而是把這種較高的領域降低到人自身，天通過天性、屬性、即「性」的形式賦予人種種道德。《孟子‧盡心上》說：「盡其心者，知其性也；知其性，則知天矣。」為了證明道德在人心中的超驗存在，於是人性論就逐漸移到他的努力的中心位置。孟子認為「天」賦予人惻隱之心、羞惡之心、辭讓之心、是非之心等「善端」，賦予仁、義、禮、智等道德屬性，這是人的本性，也是天的本質，故盡心可以知性。天所包涵的一切，也存在於人心，所謂「萬物皆備於我」，人的心性與「天」相通相齊。由於人性具有先天論的倫理學基礎，人類因此可以不依靠外在權威的道德判斷，天然地具有行動之自律能力。故他主張「反求諸己」，「反身而誠，樂莫大焉。」（〈盡心上〉）孟子論天人關係，降低了天的至高地位，提升了人的精神境界。這使得前代的上帝信仰失去了神秘性，「天」也不過成為一種道德準則的先天論之假設依據。相反，世俗世界和人類精神卻空前地升值了。

與上帝鬼神之權威喪失而平行發展的是，人的命運也由原來為天所掌握改變為自己掌握。《孟子‧公孫丑上》和〈離婁上〉兩次引《尚書‧太甲》之言說：「天作孽，猶可違；自作孽，不可活。」孔疏〈太甲上〉云：「桀放鳴條，紂死宣室，是不可逃也。此據其將來，修德可去；及其已至，改亦無益……天災亦由人行而至，非是橫加災也。此太甲自悔之深，故言自作甚於天災也。」縱使〈太甲〉三篇確實是商代史料，這裏所引太甲之言也應是過激之辭，而不是當時可能出現的理智判斷。孟子卻把這種表現自悔之深的言論當作理智的人生信條來應用，他認爲需要畏懼和謹愼對待的不是天，而是人自己要對之負責的行爲後果。人生的一切不幸都是由於自身的行爲造成的，並不由外部力量所決定。《孟子・公孫丑上》：「般樂怠敖，是自求禍也」；「有是四端而自謂不能者，自賊者也」；《孟子・離婁上》：「言非禮義，爲之自暴也」；「夫人必自侮，然後人侮之；家必自毀，而後人毀之。」所謂「自求禍」、「自賊」、「自暴」、「自毀」、「自侮」等等，都是說人的命運依靠自己掌握。使行爲符合道德，是避免不幸的主要原因，而禍患之來，既非外人所加，更非上帝鬼神所致。

講人的精神修養始於孔子，充分發揮則在孟子。似乎孟子以爲僅用盡心知天不足以張揚其精神，故拈出一個「氣」字，提出「養浩然之氣」的思想。〈公孫丑上〉：「其爲氣也，配義與道，無是餒也。是集義所生者，非義襲而取之也。行有不慊於心，則餒矣。我故曰：『告子未嘗知義』，以其外之也。必有事焉，而勿正，心勿忘，勿助長也。」這種「氣」是自內而生，明道體仁而致，信念堅定、事事無愧而成。它出自以自然狀態存在於人本身的內在理性，是自律的，而非他律的。無需神的啓示，自可「先知先覺」。這種浩然之氣「至大至剛，以直養而無害，則塞於天地之間。」（同上）它內充心體，外塞宇宙，其緻密性使鬼神無從措足於其間。這種精神境界如用宗教的超越性來表示則很不恰當，應該說是世俗生命的昇華。這種「集義」所生、又「勿忘，勿助長」的氣，顯然是基於一種非宗教性的自我教化的倫理學觀點上的。

因為具有浩然之氣，即可作到「富貴不能淫，貧賤不能移，威武不能屈」。世間的任何痛苦磨難，非但不會使人產生逃避或解脫的出世之想，反而會激起「至大至剛」之氣的反彈，把苦難看作是要承擔世間「大任」、鼓舞精神力量的必要準備。〈告子下〉「天之將降大任於斯人也，必先苦其心志，勞其筋骨，餓其體膚，空乏其身，行拂亂其所為，所以動心忍性，增益其所不能」那一段歷代傳誦的名言，是人類精神澡雪和生命昇華的禮讚。這裏雖然說天降大任，但孟子的注意力顯然凝聚在這任務本身及其所具有的激勵作用，而不是這任務的給予者。孟子利用「天」這個概念所固有的抽象之崇高意義，找到一個審視人生的卓越超絕的視點。他不是要從這個視點貶低此岸的人世，而是要挽救平庸凡俗的社會風氣和社會精神，從更高的視點給它提供一個新的依據。這種帶有悲壯美的精神境界，與宗教之畏懼依賴的心理、息心靜慮之暝想是完全不同的；一切天神地祇等崇拜偶像面對這種境界也必定要黯然隱退。

孟子提出的浩然正氣代表中國傳統文化的一種主流精神。他自稱一生為之努力的是「正人心、息邪說，距詖行，放淫辭」(〈滕文公下〉)，他所排斥的「邪說、詖行、淫辭」中，當然也包括傳統之宗教性的天的信仰和墨家的尊天明鬼之說。孟子從人的先天道德屬性，進而集中於人的精神境界，開闢了一條既專注於現實人生又弘揚生命價值的新的道路。這條道路與西方基督教文明的道路顯示出絕不相同的獨自特徵。基督教文明需要用一個先驗的上帝作為世界之外來移動世界的阿基米德支點，由此提高世俗人生的價值，形成一套高於世界的理性支配的教義。在儒家看來，重要的是另一種支點：懂得高貴的心靈是「不可劫而使易意」的內在「自我」。這個內我不是通過與上帝交流，而是通過自我反省和自我陶冶獲得幫助其拒絕與世同流合污的泰然自若的力量。故孟子學說並不追求外部的支點，他向人的內心開掘，證明人心本有可以無限提升生命價值潛力的道德屬性，提升本身又是一種沒有頂端並需要自我不斷保持的過程。最後達到的效果是浩然之氣「充塞宇宙」，既不超越經驗世界，而又賦予經驗世界以最大價值和意義。這條道路始於孔子，由孟子發揚光大，也融匯了其他學派的理論成果，形成中國主流文化的一種特色。

孟子的另一個開闢之功就是對傳統文化的改造。孔子整理或編定古籍，已經在潛移默化地改變著傳統。而孟子在解釋《詩》、《書》等典籍時，創造出一種以己之意解釋前人之志的新方法。他說：「故說詩者不以文害辭，不以辭害志；以意逆志，是爲得之。」（〈萬章上〉）這種「以意逆志」的方法，不是理解的對話過程，而是以解釋者本人的思想範疇和生活方式曲解作者的意圖。最後達到的不是客觀性的理解，而是表達解釋者主觀意願的曲解。所以孟子在自己書中一面大量援引《詩》、《書》等經籍，另一面又說：「盡信書則不如無書」（〈盡心下〉），「如以辭而已矣，雲漢之詩曰：『周余黎民，靡有孑遺』，信斯言也，周無遺民矣！」（〈萬章下〉）。這裏面固然含有一些自孔子始便形成的歷史理性，能夠澄清一些隱含在文本中的歷史眞實。但他主要的方式是突出理解的自我創造性，單純追求符合自己意圖的主觀說明。

顧頡剛《詩經在春秋戰國間的地位》一文中〈孟子說詩〉篇，就援引大量證據，證明孟子有意孟子以其時代觀念曲解《詩經》，開漢人「信口開河」和「割裂時代」之先河。顧頡剛先生說：「孟子是主張王道的人，他說詩的宗旨，就是把詩句牽引到王道上去。《詩經》本不是聖人之作，經他一說，就處處和聖人發生了關係了。」（《古史辨》，第三冊第三五八頁）其實從孔子開始，便似乎有意採用這種「不合理的語義交往結構」，如上引「丘之禱久矣」這句話中的「禱」就是一個例證，把原文所指示的宗教之「禱」，變成解釋者自我理解的善行之「禱」。

儒家對傳統文本的改造是很廣泛和深刻的，如《周易》離了繫辭、文言等，不過是卜筮之書；《春秋》離了《公羊》等傳，不過是「斷爛朝報」；《儀禮》離了《禮記》，不過是個禮單。

但是，這種故意造成的語境謬誤對於擺脫傳統的影響卻是一個有效方法，儒家使用這個方法成功地擺脫了許多他們意欲擺脫的部分，其中包括傳統的上帝鬼神信仰的部分。

三、鬼神為氣說

在儒家之前，中國古代明確存在著精神實體意義上的靈魂和神靈之說。這種宗教觀念直至春秋時還存在。如見於經籍，並後世文學常用作典故的有《左》莊八年載：「齊侯田於貝丘，見大豕，從者曰：公子彭生也。」這是指靈魂可以投胎轉生。《左》僖十一年載：「狐突適下國，遇太子。太子曰：帝（上帝）許我伐有罪矣。」這是指有人格之上帝。《左》文二年：「大事（指禘祭）於太廟，夏父弗忌曰：吾見新鬼大，故鬼小。」此謂鬼有形體。《左》宣十六年：「魏顆見老人結草以亢杜回，杜回躓而顛，故獲之。夜夢之曰：余，而所嫁婦人之父也。」這是說鬼仍保持著生時的思維記憶愛憎，有超自然的能力，能作出類此「老人」之報恩的行爲。《左》昭七年：「鄭人相驚以伯有，曰：伯有至矣，則皆走。子產曰：鬼有所歸，乃不爲厲。」此謂鬼可爲害人世。這裏幾乎包含了所有宗教說鬼的特徵。但是在儒家學說中，基本是以氣論鬼，把鬼神之實體性的特徵都否定了。

首先，神學中的靈魂是永遠不滅的。而儒家在靈魂滅與不滅的問題上，一般表現爲三種態度：一是形謝神滅；二是死後必滅，但有遲速之分；三是存而不論。這三種態度都與宗教不同，實際都是對靈魂的否定。

其次，也是最重要的，儒家雖然也談鬼神，但儒家所謂鬼神、包括其所謂「上帝」在內，缺乏宗教學說中人神的位格和靈魂的個性特徵，多是指「通天地爲一氣」或陰陽二氣等說法中的「氣」。換言之，它們充其量只是一些構成物質現象和精神形式的基本材料或質料。這些質料表現爲不很純粹的存在潛在性，聚散不定地處於存在或非存在的現象界邊緣。

按照人乃「陰陽之交，鬼神之會」（〈禮運〉）等說法，所謂「鬼神」就是構成身體和精神的質料。孔疏：「鬼神之會者，鬼謂形體，神謂精靈。〈祭義〉云：『氣也者，神之盛也；魄也者，鬼之盛也』。形體精靈相會，然後物生，故云鬼神之會。」可知「鬼神」在此類地方含有構成身體和精神之質料的意義，而不是具有自身統一性的靈魂那樣的精神實體。

因此，儒家所謂鬼神與宗教在靈魂意義上而言的鬼神是有本質區別的。儒家稱道的「神」除了有不可測的神妙動力之義外，大多是以氣為言的。有時所言鬼神或是指含有一些神秘因素的純粹潛在性，或是指一種缺乏主體性的精神片段。

儒家的這種「鬼神」觀念是很獨特的，它們在本質上不過是尚處於未然狀態的事物。雖然它們往往通過神秘的直觀方可以把握，然而明確缺乏理智認知意義上的實體性。對它們的認識，理性成分仍然超過神秘經驗，故可以說儒家的鬼神是「其鬼不鬼，其神不神」。

荀子反對傳統的「天」的信仰，認為「治亂非天也」，「從天而頌之，孰與制天命而用之」。(〈天論〉) 其「天人相分」(〈天論〉) 從哲學的高度把自然與社會、天與人的規律和職能嚴格區別開來，指出天道不能干預人事，由此徹底撤消「天」的主宰意義。他又認為祭祀禮儀的作用是「志意思慕之情」，雖為鬼事實乃人道。(〈禮論〉) 他太過認眞，非要駁斥那些姑妄言之的有鬼論，說：「凡人之有鬼也，必以其感忽之間、疑玄(眩) 之時正 (定) 之。此人之所以無有而有無之時也。」(〈解蔽〉) 認為舉凡見鬼的事，都是神志不清時的錯覺造成的。又不厭其煩地作〈非相篇〉專駁相術。這眞有些執而近迂了。雖然荀子的思想略嫌缺少精緻和華麗，但他的觀點的確是儒家思想應有之義。

値得注意的是，荀子指出「氣」是萬物的根本。他說：「天地合而萬物生，陰陽接而變化起。」（〈禮論〉）又說：「水火有氣而無生，草木有生而無知，禽獸有知而無義。人有氣、有生、有知、有義，故最爲天下貴也。」（〈王制篇〉）氣爲根本的說法與道家、陰陽五行家及易傳哲學的認識相一致。

把氣當作萬物本原、用陰陽和五行來解釋自然現象的情況大約從春秋時即已開始。《國語・周語上》載伯陽父以陰陽爲天地之氣，「天地之氣，不失其序。」〈鄭語上〉載史伯（即伯陽父簡稱）與鄭桓公談論西周滅亡的原因時曾說「和實生物，同則不繼」，「土與金、木、水、火雜，以成百物」。

戰國時期，出現了以「氣」來解釋生命和萬物起源，乃至自然現象的思潮。造說者並非皆爲儒家，但後世儒家堅持這種認識，對改變鬼神觀念、建立新的人生哲學起到至關重要的作用。莊子認爲生死是自然現象，如四時之代謝。《莊子・知北遊》說：「人之生，氣之聚也，聚則爲生，散則爲死……故曰通天下一氣耳。」《管子》提出了「道」即「精氣」，「精氣」成萬物的觀點。《管子・內業篇》說：

> 凡物之精，此則為生。下生五穀，上為列星；流於天地之間，謂之鬼神；藏於胸中，謂之聖人。

> 凡人之生也，天出其精，地出其形，合此以為人。

戰國時陰陽五行家認爲除五行盛衰之外，還有陰陽二氣「消」「息」變換，成四時變化。《禮記・月令》把陰陽二氣也稱爲「天氣」和「地氣」。對這些引文中的「氣」，雖然當代哲學史或思想史著作大多把它們解釋爲唯物主義的，但這不合古代思想家們的思維實際。其實它們是不確定的，解釋物質現象時，「氣」就是物質性的；解釋精神現象時，「氣」就是精神性的，在古籍中全憑具體語境而定。氣實際是一種尚未形成事物或精神形式的純質料。對氣的解釋含有某些神秘因素，但是主要方面仍貫穿著可理解性的理性原則。與事物的存在形式相比較，氣是積極主動的東西，不存在沒有作爲質料的氣的純形式。

古人所言的「氣」，總體而言是構成萬事萬物的基本材料。「物之精」本身有一種生化功能，所以說「此則爲生」。它們是湧動流蕩的活力，某種欲存在的衝動使純粹潛在性成爲形式不充分的存在現象，故能「流於天地之間」。由這個意義上言，它們又是具有主動的活動性的、甚至可以用鬼神這樣的概念來表達的存在現象。從沒有特殊形式而言，氣是沒有特殊內容的一般意義上的質料，屬於神秘直觀的非存在現象；從它們的活力和生化能力來說，氣又是存在。可以說，「氣」是出入於理智認知範圍之存在和非存在現象的邊緣的。

按照古人之「氣」的觀念，作爲純質料、尚未形成任何事物形式或形態的氣，也是一種眞實的存在。在天未出其精、地未出其形的階段，我們用非存在、潛在性來解釋它，是在它還沒有形成任何客觀現象的意義上而言的。

《莊子．秋水》有一段話，似可以幫助我們進一步加深理解。其中說：「可以言論者，物之粗也；可以意致者，物之精也。言之所不能論，意之所不能察致者，不期精粗焉。」這裏郭象注爲「有無」，成玄英疏爲「妙理」，皆是以意逆志，申說玄理，各有偏頗。實際上《莊子》這裏是依據中國古代特殊的氣論，解釋自然現象及其構成質料的整體性和系統性。「可以言論」之「物之粗」，是物質現象。「可以意致」之「物之精」，是精神現象或一切可用理智認知方式所把握的事物。至於「言之所不能論，意之所不能察致」之「不期精粗」者，可以理解爲構成物質和精神現象之潛在性質料的氣，或者一切尚未具備充分形式、非理智認知方式所可把握的事物。對於這樣的氣，「意」不能察致，即理解力不能達到，而必須通過神秘體驗才可達到。但是理智經驗的侷限性，畢竟不能否定還沒有構成事物現象、不能用「精粗」來把握的氣，仍然是一種眞實存在。氣構成精神和物質現象的各個階段，從不可思議、玄妙細微到千姿百態，整個世界由此成爲一個雖有分別但又持續不斷的連續統。故〈知北遊〉說：「通天下一氣耳」。

上引與儒、道都有些血緣關係的《管子》中所說的氣，也可用〈秋水〉篇這段話作爲參照。

氣的運動和流蕩根據自己的連續性而發揮作用的方式既是物質的又是精神的。它所形成的結果是被物化的，則成五穀、成星辰；所成的結果若具備了精神形式，則聚而爲生。所謂「天出其精，地出其形，合此以爲人」，天之所出爲精神的形式，地之所出爲物質的形式，兩者相合而成人類。

值得注意的是：這裏所謂「流於天地之間」的、可稱爲「精氣」的鬼神，並不等同於一些單一的、自身具有統一性的靈魂，而是還沒有獲得完全形式的、構成人的精神現象或靈魂的質料。或者說，鬼神作爲跨過邊緣的存在現象，應該只具有片斷的或團塊的形式。

作爲宇宙萬有的基本材料，氣還被賦予了一定的價值意義。氣之運動過程同時表現出某種精神性的目的，計劃和模式。因此〈內業〉又說：「是故此氣也，不可止以力，而可安以德」，「敬守勿失，是謂成德」，成德即可「自充自盈」。而「其所以失之，必以憂樂喜怒欲利」。可知精氣本身含有價值意義，氣構成人，可多可少，可守可失，由此使人產生凡聖智愚差別。這就是〈內業〉說「藏於胸中，謂之聖人」的原因。不確定爲精神因素和物質因素的氣不僅可流蕩於空中成爲「鬼神」，這種有機地交融在一起的氣，還能通過人的自我修養擴充起來，產生出某種第三者的、某種性質上獨特的現象——被稱作「德」或「浩氣」的精神——物質價值。

郭店楚簡中的儒家著作《性自命出》，以氣說性，認爲「性」是人的喜怒哀悲之氣，是「內」，「見於外」者爲「情」。其中說：「喜怒哀樂之氣，性也。及其見於外，則物取之也」；「目之好色，耳之樂聲，郁陶之氣也。」以氣論性，在現有的先秦文獻中尚未不多見。此前有《大戴禮記．文王官人》「民有五性，喜怒欲懼憂也。喜氣內畜，雖欲隱之，陽喜必見。怒氣內畜，雖欲隱之，陽怒必見。欲氣內畜，雖欲隱之，陽欲必見。懼氣內畜，雖欲隱之，陽懼必見。憂悲之氣內畜，雖欲隱之，陽憂必見。五氣誠於中，發形於外，民情不隱也。」〈樂記〉：「是故先王本之情性，稽之度數，制之禮義，合生氣之和，道五常之行，使之陽而不散，陰而不密，剛氣不怒，柔氣不懾，四暢交於中而發作於外……」等相類，所謂「五性」、「四暢」皆指氣言。它們不但是情感的原因，而後還與陰陽剛柔有關，涉及到心理學上的氣質問題。《性自命出》塡補了孔子之後儒家思想的一段空白。它不但明確把氣與精神聯繫起來，指出氣是具體精神表達的內在原因，而且還與人的行爲的道德性聯繫起來（郁陶之氣），使人發現孟子「浩氣」說之承傳的一些痕跡。

古人所說的氣通過運動或流蕩，表達出某種接受形式和經受實質變化的衝動和渴望，這就是生命力的體現。

以氣爲世界現象之質料的特點，又把尚未充分成爲形式的質料稱之爲鬼神。不但使它們有別於一般的宗教的鬼神說，又有別於萬物有靈論、泛神論等宗教學說。儒家的鬼神觀念和對待自然界的態度，很像有些宗教學家推測在初民中可能存在過的「前萬物有靈論」，即覺得整個物質世界是活的，因而其中的每件東西也是活的；無需以各物皆分別具有自己的獨立靈魂爲前提。但一般宗教學家指出，迄今未發現任何實例，足以證明歷史進程中確曾存在過「前萬物有靈論」的觀念。然而儒家與「前萬物有靈論」雖然很相似，卻又有區別，它講自然界的生命力，不完全是一種實在現象的存在，而是一種潛在的、欲出的、也不完全排斥非理性因素的存在或運動。

中國古代哲學認爲事物或物質的形成是有一個從無到有的過程的。如《易緯·乾鑿度》：

有太易，有太初，有太始，有太素也。太易者，未見氣也。太初者，氣之始也。太始者，形之始也。太素者，質之始也。

這裏，有人認爲「太易」相當於本體，這一段話的內容應屬於本體論的闡述。其實如果從現象之形成過程而言，從「太易」至「太素」這一過程中並沒有誰派生誰、誰決定誰的問題。它們只是講自我同一的事物從無到有的各個階段，表現一種總體化範圍內的事物發展普遍過程。太易（未見氣）屬於純粹的潛在性階段，太初（氣之始）是處於存在現象與非存在現象邊緣的質料階段，太始（形之始）是開始獲得形式的階段，太素（質之始）屬於已經獲得形式並存在的階段。所謂「質」，是比「形」更固定的東西。

認爲人的精神現象是由一些精神性的質料構成，人死之後精神實體即瓦解，而靈魂亦不復存在的思想，大約是中國春秋時已有之的一種說法。《左傳·昭七年》載：

曰：「伯有猶能為鬼乎？」子產曰：「能。人始生化曰魄。既生魄，陽曰魂。用物精多，則魂魄強。是以有精爽，至於神明。匹夫匹婦強死，其魂魄猶能依於人，以為淫厲。……而三世執其政柄。其用物也弘矣，其取精也多矣。其族又大，所馮厚矣。而強死，能為鬼，不亦宜乎？」

這裏「魂」與「魄」都是指形成相當於精神的「精爽」或「神明」的質料。「陽曰魂」中的「陽」似應指氣而言。魂魄本身又需取自「物精」，按前人以爲這是指「奉養之物，衣食所資」。依其語意，大概不會是說精神來自物質，也不簡單地等同於營養。可能所謂「精」也是指構成物的氣一類的更基本的質料。所謂「其族又大，所馮厚矣」，是否說宗族人多，則所集之「氣」、稟有的精神質料也多？雖然不能確定，但這樣解釋比較合理。依其後儒家的解釋則此說可成立。按照引文句意，人死後一般是要魂飛魄散的，不存在不滅的靈魂。只是在「強死」、即非疾病造成、非自然死亡的情況下，魂魄才能暫時不滅，依人作祟，成爲厲鬼。

戰國時期，以鬼神爲「氣」的說法成爲中國古代鬼神觀的主流，儒家接受並延續了這種觀念。子產所說的魂魄是否指「氣」而言，實際並不十分明確。但是後世儒家都認爲魂魄是「氣」。東漢許愼《說文解字》：「魂，陽氣也」，「魄，陰氣也。」唐孔穎達對上引子產所言作了大段的解釋，其中說：

人之生也，始變化為形，形之靈者名之曰魄也。既生魄矣，魄內自有陽氣。氣之神者名之曰魂也。魂魄，神靈之名；本從形氣而有。形氣既殊，魂魄亦異。附形之靈為魄，附氣之神為魂也。附形之靈者，謂初生之時，耳目心識，手足運動，啼呼為聲，此則魄之靈也。附氣之神者，謂精神性識，漸有所知，此則附氣之神也。是魄在於前，而魂在於後。故云：「既生魄，陽曰魂。」魂魄雖俱是性靈，但魄識少而魂識多。《孝經》說曰：「魄，白也；魂，芸也。」白，明白也，芸，芸動也。形有體質取明白為名，氣唯噓吸取芸動為義。鄭玄〈祭義〉注云：「氣謂噓吸出入者也。耳目之聰明為魄。」是言魄附形而魂附氣也。人之生也，魄盛魂強，及其死也，形消氣滅。〈郊特牲〉曰：「魂氣歸於天，形魄歸於地。」以魂本附氣，氣必上浮；故言「魂氣歸於天。」魄本附形，形既入土，故言「形魄歸於地。」聖王緣生事死，制其祭祀。存亡既異，別為作名。改生之魂曰神，改生之魄曰鬼。〈祭義〉曰：「氣也者，神之盛也；魄也者，鬼之盛也。合鬼與神，教之至也。」死必歸土，此之謂鬼；其氣發揚於上，神之著也。是故魂魄之名為鬼神也。〈檀弓〉記延陵季子之哭其子云：「骨肉復歸於土，命也。若魂氣則無不之也。」《爾雅．釋訓》云：「鬼之為言，歸也。」《易．繫辭》曰：「陰陽不測之謂神。」以骨肉必歸於土，故以「歸」言之。魂氣無所不通，故以「不測」名之。其實鬼神之本則魂魄是也。劉炫云：「人之受生，形必有氣；氣形相合，義無先後，而此云『始化曰魄，陽曰魂』是則先形而後氣，先魄而後魂。魂魄之生，有先有後者，以形有質而氣無質，尋形以知氣，故先魄而後魂。其實並無先後也。」

這裏所以要不厭其煩地把它抄錄下來，因爲這是儒家解釋生命現象或鬼神的經典注釋，說得相當清楚。第一，精神現象隨人生而生，隨死而滅，肯定說死時要「形消氣滅」。第二，鬼神就是魂魄，而魂魄都是氣。聖王在人死後把生時的魂改稱作「神」，把生時的魄改稱作「鬼」，則鬼神也是「氣」之別名。第三，聖王制定祭祀之禮，「事死」是爲了對待「生」，由此可知爲什麼《易・觀・象傳》說「神道設教」，而在同一處《象傳》卻說「省方觀民設教」（疏：省觀萬方，觀看民之風俗）。第四，神與鬼或魂與魄都有「識」，可知它們皆指精神。但只是指含有構成人那樣的完整精神現象的因素或質料，到生時，才能形成人的「耳目心識」和「精神性識」等精神形式。一般來說，魄是構成人的形體、感覺和運動等基本生理現象的主要質料，所含的物質性因素較多，精神性因素較少。而魂則指純粹精神性質料而言，是構成思維、意識、性情等較高級的精神現象之氣。魂與魄在形成人的身體和精神形式時有一種先後次序，要有一個「化」、「合」、「生」的過程，體現出階段性，要「漸有所知」。第五，合魂與魄才能取得一個人的完整的精神現象、亦即靈魂那樣的精神形式，可知分別開來，魂魄或鬼神不過是構成精神實體的部分，或是形式不完整的質料。

〈禮運〉篇說：「人者，其天地之德，陰陽之交，鬼神之會，五行之秀氣也。」（《禮記正義》卷二十二）其中所謂「陰陽之交，鬼神之會」，可證鬼神也是陰陽之氣，鬼神交會，則成人的生命。

《易傳》是儒家最主要的理論經典。其中〈繫辭〉有一段論生死及鬼神的重要資料：

仰以觀於天文，俯以察於地理，是故知幽明之故。原始反終，故知死生之說。精氣為物，遊魂為變。是故知鬼神之情狀。

這裏「精氣爲物，遊魂爲變」是解說人的生死以及事物成敗的原因。晉人韓康伯注云：「精氣烟熅，聚而成物，聚極則散，而遊魂爲變也。遊魂，謂其遊散也。」明確說生命形成就是精氣聚集，死滅就是精氣遊散。《孔疏》：

精氣為物者，謂陰陽精靈之氣，氤氳積聚，而為萬物也。遊魂為變者，物既積聚，極則分散。將散之時，浮游精魂去離物形，而為改變，則生變為死，成變為敗。或未死之間，變為異類也。

這裏的「精氣」，與《管子．內業》篇中的「精」或「精氣」基本相同，不過更強調氣之運動變化的一面。由「變」體現出事物的存在形式。從這裏的解釋看，由於自然界的萬物和人的生命都是由既有物質性、也有精神性的氣構成的，人和自然顯示出一種同質的關係。人有精神，萬物也因「精靈之氣」而體現出某種精神形式。世間一切生死成敗不過是由陰陽兩種精氣的聚集分散造成的。這裏還提出一種「未死之間」、即某些事物敗壞的過程較長的例外，實際是精氣未散盡、還保留一些「片段」或「團塊」形式的情況。在這種情況下，可能指死人也許會變成厲鬼，或其他事物變成山精木魅之類的事情。但無論如何，運動變化不會停止，聚極則必散，散後的精氣不是具有自身統一性靈魂，有些變成「異類」，是指正在離散的較多質料所成的精神片段和團塊而已。

這種「精氣爲物」說似乎與萬物有靈論相似，但其實不同。首先，「精氣」未必總是精神性的，它在聚成「物形」的時候，就是物質性的質料。其次，這裏的精神，是指「大化流行」、整個自然界的生命力和活力而言的；而這種生命力或活力，並非「爲物」以後的存在，也包括欲「爲」欲「變」和正在「爲」正在「變」的、從非存在到存在現象的衝動和運動過程。所以易傳〈說卦〉云：「神也者，妙萬物而爲言者也……故水火不相逮，雷風不相悖，山澤通氣，然後能變化，既成萬物也。」《繫辭上》云：「天尊地卑，乾坤定矣，卑高以陳，貴賤位矣。動靜有常，剛柔斷矣。方以類聚，物以群分，吉凶生矣。在天成象，在地成形，變化見矣。是故剛柔相摩，八卦相蕩。鼓之以雷霆，潤之以風雨。日月運行，一寒一暑。」其他如「大哉乾元，萬物資始，乃統天。雲行雨始，品物流行……」（乾彖）；「天地以順動，故日月不過而四時不忒。」（豫彖）；「反復其道，七日來複，天行也」（複彖）；「天地感而萬物化生」（咸彖）；「天地之道，恒久而不已也」（恒彖）等等。整個自然界是一個和諧運動的整體。古人看到萬物生化、流行、交互作用，可理解性與不可理解性交織在一起，以此言「精氣」、「精魂」和「神」。

與萬物有靈論的根本區別在於，一般中國古代之自然萬物有精神和生命的意識，不是認爲萬物皆有靈魂的宗教意識，而是基於氣爲構成世界質料的觀念，對自然原始力量和自然界抱有一種詩意的、藝術的認識。他們看到高山流水、大漠孤煙、明月清輝、西風殘照，都能引起心與物的同構，感受到大自然的生命。有些時候，就連那些變為「異類」的東西，成為山精石怪、柳魄花魂，也都是充滿詩意的。古代文學藝術講究神思、氣韻、神韻、氣勢、文氣、象外之象、韻外之致等，乃至理論思辯都要求具有「理趣」。其實儘管這與後來的玄理、禪趣等其他學派的理論有聯繫，但是當他們訴諸情感、表現為文學藝術的形象思維時，作為中國哲學主流之一的氣的觀念仍然起最主要的作用。儒家除了倫理道德之外，還以詩為教，形成一個古代詩的國度。中國思想史上的飽學宿儒，往往也是文學史上的巨擘。甚至如程頤、朱熹那樣專心於道德說教、不以詩文為務者，偶爾的遣興之作，也成為清詞麗句，歷代傳誦。他們無需到自然界之外尋求歸宿，在自然之中，即能「得江山之助」，撫平心靈痛苦，遣散喜怒哀樂。

儒教否定人死後還能保持具有自身統一性的精神、亦即靈魂，這是與宗教的根本區別之一。宗教為了許諾來世的幸福，必要堅持靈魂之說。基督教是由上帝直接賦予靈魂，簡單而切實可行。佛教雖主張人無我和法無我，但無論如何也要造出一個靈魂來，故在理論上，有補特伽羅、法我、阿賴耶識（瑜伽行派認為各有各的阿賴耶識）、識支、生有、中身或中陰等名目，以承擔善惡果報。最苦的是與儒教有血緣關係的神仙道教，他們難以擺脫傳統的元氣、精氣、陰陽、魂魄的概念，只好拼命地想辦法抱元守一，存神固氣，調理三魂七魄，苦煉外丹內丹。《丹經》說：「萬物生復死，元神死從生」，以元神或識神為人的靈魂。唐初道士孟安排在《道教義樞》中竟提出「兩半」說，以「界外一半」和「界內四半」之「兩半」來附會人的靈魂，說明輪迴之理。可知按照宗教超越性的預設，要想利用中國古代哲學理論資源生造出超自然的靈魂觀念，眞是煞費周章，終不免有些尷尬和困惑。

四、塵埃落定的程朱鬼神論

至宋代，儒家理論不斷豐富，資料積累也逐漸增多。對「鬼神」的認識已經定型，有關各個方面的問題都具有了越來越細緻的明確解釋。二程和朱熹的有關論述可爲代表。

儒家各派學說，在解釋鬼神時具有驚人的一致性，他們基本上都以「氣」來解說生死鬼神，認爲生是氣之聚，死爲氣之散。無論氣是不是有「本」，其「性」是否常在，結論都是否定靈魂之說，斷言死後則不復存在具有與肉體對立的、獨立的精神實體。有些折中的說法是，在特殊情況下，精神可以暫時不散盡，但遲早要散盡的。

例如《二程集．遺書》卷十一：「氣外無神，神外無氣。或者謂清者神，則濁者非神乎？」〈遺書〉卷十八：「問：『世言鬼神之事，雖知其無，然不能無疑懼，何也？』曰：『此只是自疑爾。』曰：『如何可以曉悟其理？』曰：『理會得精氣爲物、遊魂爲變，與原始要終之說，便能知也。須是於原字上用工夫。』或曰：『遊魂爲變，是變化之變否？』曰：『既是變，則存者亡，堅者腐，更無物也。鬼神之道，只恁說與賢，雖會得亦信不過，須是自得也。』」可知直到宋代，易傳的「精氣爲物，遊魂爲變」仍是儒家解釋鬼神的根據。但是有關問題研究得越來越深入了。程子斷定氣外無神，清、濁之氣皆是神。而且所謂變，就是強調氣以運動顯示它的現實性，而不斷的運動注定會使存在的形態消散或消亡，直到「無物」之非存在。

氣是所有事物的質料，是經驗世界取得統一性的根據。如《朱子語類》卷三〈鬼神〉篇：「通天、地、人，只是這一氣，所以說：『洋洋然如在其上，如在其左右！』」這裏第一句，同於《莊子》所言「通天下一氣耳」。第二句出自《中庸》「洋洋乎如在其上，如在其左右」，亦同於《論語》「禱爾於上下神祇」句意。可知氣爲萬物質料、鬼神爲氣的觀念是至少包括儒、道兩家之古代中國的主流觀念。

再進一步，鬼神就是自然造化。〈遺書〉卷二十二上程頤說：「《易》說鬼神，便是造化也。」由此他們批判民間信奉的巫鬼淫祀。〈遺書〉卷二十二上說：「只氣便是神也。今人不知此理，才有水旱，便去廟中祈禱……土木人身上有雨露耶？」又說：「只妖亦無，皆人心興之也。」從鬼神即氣、即自然這個命題出發與民間的宗教性鬼神崇拜劃清界限。

他們又說明，祭祀中的鬼神，也是暫來之氣，不是永駐的靈魂。有時人死爲厲鬼，或出現山水之怪、鬼火之屬，也是氣的反常變化，如同自然界氣候時令的反常變化一樣。〈鬼神〉篇說：

高誘《淮南子注》曰：『魂者，陽之神；魄者，陰之神。』所謂神者，以其主乎形氣也。人所以生，精氣聚也。人只有許多氣，須有個盡時；盡則魂氣歸於天，形魄歸於地而死矣。……人死雖終歸於散，然亦未便散盡，故祭祀有感格之理。先祖世次遠者，氣之有無不可知。然奉祭祀者既是他的子孫，畢竟只是一氣，所以有感通之理。然已散者不復聚。釋氏卻謂人死為鬼，鬼復為人。如此，則天地間常只是許多人來來去去，更不由造化生生，必無是理。至於伯有為厲，伊川謂別是一般道理。蓋其人氣未當盡而強死，自是能為厲。子產為之立後，使有所歸，遂不為厲，亦可謂知鬼神之情狀矣。……若論正理，則似樹上忽生出花葉，此便是造化之。又如空中忽然有雷霆風雨，皆是也。但人所常見，故不之怪。忽聞鬼嘯、鬼火之屬，則便以為怪。不知此亦造化之跡，但不是正理，故為怪異。如《家語》云：「山之怪曰夔魍魎，水之怪曰龍罔象，土之怪曰羵羊。」皆是氣之雜揉乖戾所生，亦非理之所無也，專以為無則不可，專以為無則不可。如冬寒夏熱，此理之正也。有時忽然夏寒冬熱，豈可謂無此理！但既非理之常，便謂之怪。孔子所以不語，學者亦未須理會也。……祭祀致得鬼神來格，便是就既屈之氣又能伸也……如祭祀報魂報魄，求之四方上下，便是皆有感格之理。

按朱熹等人所說，祭祀時「感格」而來的氣，確實不是具有自身統一性的、相當於靈魂的精神實體，而是尚未散盡的、「不復聚」的餘氣。通過祭祀時神秘的「感格之理」而能召至。但畢竟終要散盡的。所以說「先祖世次遠者，氣之有無不可知。」所謂不可知，實際就是消散的意思，如謂死人無知，有違仁厚之意，故委婉言之。「伯有爲厲」是古代談鬼神的一個經典性的典故，這裏朱熹說程伊川作過解釋。蓋人之橫死，神魂積怨不散，可爲妖鬼。但這魂氣只能積聚一時，當怨恨消散，則氣也消散。可知不消散是相對的，人死氣散是絕對的。他把一些怪異的傳說和當時尚不能解釋的現象，如鬼火鬼嘯等，都解釋爲如同「冬寒夏熱」那樣的自然現象之類的氣之變化。這種盡可能把神秘的和難以解釋的現象都納入理性認識的努力，與民間鬼神信仰有天壤之別。

儒家堅持肯定和適應現實世界的宗旨，對待自然持有一種詩意的樂觀主義精神。因此在生死大限的問題上，儒家的態度是不求永生，坦然豁達，安於大化。《二程集・遺書》卷一：「聖賢以生死爲本分事，無可懼，故不論死生。佛之學爲怕死生，故只管說不休。」人們對生的神秘和死的恐懼是原始宗教形成的主要情感基礎之一，而儒家基於氣爲萬物質料的自然觀，對生命現象抱有一種達觀的態度。如《荀子・禮論》說：「生，人之始也；死，人之終也；始終俱善，人道畢也。」他們追求的是人生的意義和價值，只要「始終俱善」，獲得生命意義的目的達到了，便非但不懼怕死亡，而且坦然處之。

死亡在形式上雖是氣的消散，但它本身也是人生完整意義之不可或缺的一部分。故《論語・泰伯》曰：「仁以爲己任，不亦重乎？死而後已，不亦遠乎？」從實現儒家之道德要求來說，人生之重任不是一時之事，必須至「死而後已」。需要用生命的整個過程來完成這個重任，因此從任務先於存在的意義而言，人生意義在時間上是長遠的、甚至是無限的。諸葛亮《後出師表》：「臣鞠躬盡力，死而後已，至於成敗利鈍，非臣之明所能逆睹也」；曹操《龜雖壽》：「老驥伏櫪，志在千里；烈士暮年，壯心不已」；李商隱「春蠶到死絲方盡，蠟炬成灰淚始乾」；陸游：「王師北定中原日，家祭無忘告乃翁」；顧炎武《與人書之六》：「故君子之學，死而後已」，等等。這些大都繼承了孔子對人生的認識，人生的努力在死亡時才能達到最高可能性，完成爲自己的行爲和命運所承擔的全部責任。這就是人類精神對於自我生命的反思，對於積極的人生價値的總結。

儒家本身作爲一種非宗教的倫理學說，對傳統宗教和民間信仰雖然採取抵制和批判的態度，但並不表現出強烈的排他性。《朱子語類．鬼神》篇說：「神祇之氣常屈伸不已，人鬼之氣則消散無餘矣。其消散亦有久速之異。人有不伏其死者，所以既死而此氣不散，爲妖爲怪。如人之凶死，及僧道既死，多不散。若聖賢則安於死，豈有不散而爲神怪者乎！如黃帝堯舜，不聞其死而爲靈怪也。」這一段解釋很有特色，從一個特殊的視角給我們提供了儒家對待佛、道等其他宗教的態度。從人和鬼都以氣爲質料作爲出發點，用氣的屈伸和消散說明離開肉體的精神形式。朱熹說「消散亦有久速之異」，實際上既堅持了儒家的鬼神觀，又對民間信仰作出一定程度的讓步。說「僧道既死，多不散」，是給佛道二教的靈魂說保留了存在領域。《禮記．檀弓上》所謂：「君子曰終，小人曰死。」與此大意略同，表現出儒學對宗教信仰一貫的寬容態度和利用策略。但是所謂不散只是保持時間長一些，正常情況是終要「消散無餘」的，這裏又顯示了儒教否定神靈實體性的原則。

雖然僧道死後可以暫不散，朱熹卻堅持說儒家奉爲聖賢者，縱使如黃帝、堯、舜，也一定是人死氣滅的，不會成爲具有靈魂意義上的裝神鬧鬼的神聖。這使儒教與其他宗教畫出明確界限。

從「氣外無神，神外無氣」或「通天地人只是這一氣」這個前題出發，最終達到的是人與自然、生與死都是一個同質的整體，死亡反而更增加了這個自然整體的生動和活力。從潛在性到欲存在，從欲存在到不充分的存在現象，從不充分的存在現象到充分的存在現象，這是一個持續運動的過程。物質與精神現象的消散，又是一個相反的過程。形形色色的物質與精神的生生死死，聚而復散，由運動顯示出無限生機，其實只是一氣作用。《朱子語類．鬼神》篇載：

> 才卿問：「來而伸者為神，往而屈者為鬼。凡陰陽魂魄，人之噓唏皆然；不獨死者為鬼，生者為神。故橫渠云：『神祇者歸之始，歸往者來之終。』」曰：『此二句，正如俗語罵鬼云：『你是已死我，我是未死你。』《楚辭》中說終古，亦是此義。」

無論生死鬼神，都沒有不散的道理。縱使爲神祇也只是消散過程的開始，消散者則是聚積的終結。不斷的屈伸聚散之變，也唯有屈伸聚散之變代表事物的常態。正如張橫渠所言：「神祇者歸之始，歸往者來之終」，作爲人的精神現象，就是這樣逝者如斯，去而忘返。從大化流行，終始一氣的意義上講，不但人鬼同質，所有的事物、事件及其運動都是同一整體的不同現象。「你是已死我，我是未死你」這句民間俗謠，道出了表現儒家自然觀的眞諦。生與死、自我和他者，其實是同質的而不是異己的。縱然人死不能復生，但儒家認爲宇宙整體就是一個大我，是充滿運動、潛力和活力的自然。生命——使我們得以存在的那個過程的所有部分，實際與沒有生命的精神形式，乃至沒有物質和精神形式的潛在性的部分，都是一個「原始反終」的不斷過程。儒家將死亡僅僅視爲組成每個生命機體的質料的解體。既然精神現象或實體的永恒轉換並不損傷自然本身，那爲什麼還要在乎個別有機體或個別精神實體的消散解體呢？儒家聖賢所以「安於死」，就是這個道理。

早期儒家提倡道德原則，至宋代朱熹等把道德原則上升爲類本體論的「天理」之高度。現在的哲學史常把「革盡人欲」、「復盡天理」（《語類》卷十三）作爲朱熹學說的特點。然而被塑造成冷峻面孔的道學家之代表朱熹，卻用中國歷史上第一個最偉大的浪漫主義詩人屈原的語句，說明儒家的生命意識之眞諦。這並不是偶然的。朱熹是宋代集道學之大成者，一生致力於儒經的闡釋與傳授，但至晚年卻對《楚辭》傾注了極大熱情，作《楚辭集注》八卷、《楚辭後語》六卷、《楚辭辯證》二卷等。在此用屈原的詩句點明論旨，可證儒家的道德倫理並不是冷冰冰的，其中含有與人類自然情感和諧一致的內在義蘊。

作爲宇宙精神的大我，是許多宗教尋求的終極目標，但儒家所努力追求的，既包括其中的某些意義又具有根本差別。他們並不向超自然的虛幻去求索，而轉向自然界定在的存在狀態本身，也不止於追求一種超越的精神，而是追求一種包括物質、精神、神秘的非物質和非精神的潛在性共同組成的具有連續性和統一性的自然整體之意義。這樣的精神境界，並不完全排除神秘因素和神秘經驗，正如自然本身，具有永遠不能被理性所窮盡的無限可能性一樣；又如人類意識本身，也不可能永遠停留在理智知覺認知的層次上、而不暫時接觸到神秘經驗的無意識層次一樣。但是，從經驗和思維的統一性而言，儒家理論所含有的理智或理性的方面畢竟超過神秘和直觀的方面。所以在這種精神境界中，理智經驗代表整個經驗的性質，理性因素代表整個思維的性質。由此而言，儒家所追求的精神境界與宗教性的宇宙精神具有本質區別。

儒家用一種本質上屬於世俗性的、然而又是浪漫主義的動人方式領悟自然和人生。朱熹用《楚辭》中的「終古」句確切地說明了儒家的精神。按《楚辭．九歌．禮魂》（注：宋黎靖德編《朱子語類》此語下標明《九章．哀郢》「去終古之所之兮」句，非是）：「春蘭兮秋菊，長無絕兮終古。」王逸章句：「春祠以蘭，秋祠以菊，爲芬芳長相繼承，無絕於終古之道也。」這就是儒教的無限與永恒。其中「祠」之一字，把存在與非存在、理性與非理性、純粹質料與生命形式聯繫起來。這種無限與永恒不僅是蒼白、死寂、抽象、冷冰冰的物理世界；而是包括藝術思維和情感世界在內的、卻又突出姹紫嫣紅、暗香浮動、有聲有色同時也有血有淚的自然狀態的宇宙，是凝聚了儒家倫理精神而更加生意盎然的、終古常見而日月常新的大自然本身。

儒學與中國宗教傳統 ／ 陳詠明著. -- 初版. --
臺北市：臺灣商務, 2003[民 92]
面： 公分

ISBN 957-05-1825-1（平裝）

1. 儒學 2. 宗教－中國－歷史

121.2 92018063

儒學與中國宗教傳統

定價新臺幣 350 元

著 作 者 陳 詠 明
責任編輯 葉幗英
校 對 者 吳祖萊 朱肇維
美術設計 吳郁婷
發 行 人 王 學 哲
出 版 者
印 刷 所 臺灣商務印書館股份有限公司
臺北市 10036 重慶南路 1 段 37 號
電話：(02)23116118 · 23115538
傳眞：(02)23710274 · 23701091
讀者服務專線：0800056196
E-mail：cptw@ms12.hinet.net
網址：www.commercialpress.com.tw
郵政劃撥：0000165 － 1 號
出版事業登記證：局版北市業字第 993 號

• 2004 年 1 月初版第一次印刷

ISBN 957-05-1825-1（平裝） 27756010

廣　告　回　信
台灣北區郵政管理局登記證
第６５４０號

100臺北市重慶南路一段37號

臺灣商務印書館　收

對摺寄回，謝謝！

傳統現代　並翼而翔

Flying with the wings of tradition and modernity.

讀者回函卡

感謝您對本館的支持，為加強對您的服務，請填妥此卡，免付郵資寄回，可隨時收到本館最新出版訊息，及享受各種優惠。

姓名：________________________　　性別：□男 □女

出生日期：_____年_____月_____日

職業：□學生 □公務（含軍警） □家管 □服務 □金融 □製造
　　　□資訊 □大眾傳播 □自由業 □農漁牧 □退休 □其他

學歷：□高中以下（含高中） □大專 □研究所（含以上）

地址：□□□________________________________

____

電話：（H）________________（O）________________

E-mail: ________________________________

購買書名：________________________________

您從何處得知本書？

□書店 □報紙廣告 □報紙專欄 □雜誌廣告 □DM廣告
□傳單 □親友介紹 □電視廣播 □其他

您對本書的意見？（A/滿意 B/尚可 C/需改進）

內容______ 編輯______ 校對______ 翻譯______
封面設計______ 價格______ 其他________________

您的建議：________________________________

____

____

臺灣商務印書館

台北市重慶南路一段三十七號　電話：（02）23116118・23115538
讀者服務專線：0800056196　傳真：（02）23710274・23701091
郵撥：0000165-1號　E-mail：cptw@ms12.hinet.net
網址：www.commercialpress.com.tw